THE THEORY ON WAR

战争论

［德］克劳塞维茨◎著　魏止戈◎译　马骏◎主编

"战争论"丛书编委会

主　编 马　骏

副主编 纪明葵

编　委（排名不分先后）

马　刚　王洪福

房　兵　赵子聿

http://www.hustp.com

中国·武汉

图书在版编目(CIP)数据

战争论/(德)克劳塞维茨 著;魏止戈译. -- 武汉:华中科技大学出版社,2016.5(2024.4重印)
(战争论丛书)
ISBN 978-7-5680-1004-7

Ⅰ.①战… Ⅱ.①克… ②魏… Ⅲ.①战争理论 Ⅳ.①E8

中国版本图书馆CIP数据核字(2015)第139904号

战争论
Zhanzhenglun

[德]克劳塞维茨 著 魏止戈 译

选题策划:晋璧东
责任编辑:沈剑锋 康 艳
封面设计:金刚创意
责任校对:孙 倩
责任监印:朱 玢
出版发行:华中科技大学出版社(中国·武汉)
　　　　　武昌喻家山　邮政编码:430074　电话:027-81321913　010-64155588
印　　刷:湖北新华印务有限公司
开　　本:880mm×1230mm　1/32
印　　张:11.5
字　　数:278千字
版　　次:2024年4月第1版第14次印刷
定　　价:36.00元

本书若有印装质量问题,请向出版社营销中心调换
全国免费服务热线:400-6679-118　　竭诚为您服务
版权所有　侵权必究

"战争论"丛书主编马骏同志简介

★ 马 骏 国防大学战略教研部教授,中国第二次世界大战史研究会理事、中国德国史研究会会员、中国史学会军事史学分会会员。长期从事外国军事史、外国军事思想和国际政治教研工作。应邀在北京大学、中山大学、北京林业大学、北京师范大学、北京科技大学、对外经贸大学、首都师范大学、武汉大学、贵州省、山东省、四川省、沈阳军区、新疆军区及日本防卫厅讲学。在中央电视台新闻频道、军事频道、科教频道、法律频道多次做专家访谈。主要著述有:《外国战争史与军事学术史》《日俄战争史》《日本军事战略研究》《外国军事史学研究概论》《科索沃战争研究》《二十世纪经典战役纪实》《美苏在开辟伊朗走廊过程中的矛盾与冷战的起源》等专著。

"战争论"丛书副主编纪明葵同志简介

纪明葵 国防大学教学督导组专家,原国防大学副教育长,少将军衔。战略、战役学教授,国家军事仿真专业组特聘专家。清华大学、哈尔滨理工大学、兰州大学、内蒙古师范大学、中国延安干部学院兼职教授。《国家智库》执行主编、中国网专栏作家。著有《现代战役研究》《危机控制与管理》《打击跨国犯罪》《国际恐怖主义与反恐怖斗争》《A地区战略危机决策与控制管理》《信息化条件下的国防动员》《反空袭作战研究》等专著,发表学术论文几百篇。

"战争论"丛书编委马刚同志简介

马 刚 国防大学战略部军事思想与军事历史教研室主任，国家安全战略和国际战略学科学术带头人，博士研究生导师，校学术委员会委员。毕业于解放军外国语学院和国防大学，历任国防大学战略研究所研究员、第二炮兵导弹旅旅长、国防大学防务学院训练处长、办公室主任、国防大学战略研究所副所长等职，曾在俄罗斯工作，长期从事国家安全、国际战略问题研究和我军对外培训工作。著有《新中国军事外交》《中国人民解放军战略文化》《胜利的启示》等专著。

"战争论"丛书编委王洪福同志简介

⭐ **王洪福** 国防大学战略教研部军训室主任,军事战略学科学术带头人,军事战略学硕士生导师,空军大校。先后毕业于西安空军工程大学、陆军指挥学院、国防大学、巴基斯坦国防学院。先后出国担任中国驻老挝、津巴布韦军事教官组组长,获得老挝国家三级功勋勋章。长期从事战役战略教学与科研,并应邀在全国各地以及全军多个部队讲授有关国家安全形势方面的专题讲座。著有《现代国防理念略论》,参与编写《空军战略学》《军种战略学》等专著。

"战争论"丛书编委房兵同志简介

★ **房兵** 国防大学战役教研部军训教研室副主任,大校军衔,军事学博士。CCTV—10《探索发现》系列专题片《百年航母》《马岛战火》《特战奇兵》《突然袭击》主讲人。中央电视台《海峡两岸》《今日关注》《防务新观察》《环球视线》《东方时空》,北京电视台《军情解码》,深圳卫视《军情直播间》,云南卫视《经典人文地理》《新视野》等栏目特约军事专家,中国国际广播电台《环球资讯广播》特约评论员。著有《大国航母》《烽烟利比亚》《马岛战火启示录》《航空母舰与战争》。

"战争论"丛书编委房兵同志简介

房 兵 国防大学战役教研部军训教研室副主任，大校军衔，军事学博士。CCTV—10《探索发现》系列专题片《百年航母》《马岛战火》《特战奇兵》《突然袭击》主讲人。中央电视台《海峡两岸》《今日关注》《防务新观察》《环球视线》《东方时空》，北京电视台《军情解码》，深圳卫视《军情直播间》，云南卫视《经典人文地理》《新视野》等栏目特约军事专家，中国国际广播电台《环球资讯广播》特约评论员。著有《大国航母》《烽烟利比亚》《马岛战火启示录》《航空母舰与战争》。

我们的战争观：不好战！不畏战！决战必胜！
——写在"战争论"丛书出版之际

马克思曾说，战争是推动人类文明前行的火车头。他形象地指出了，战争机器如同推土机一般，碾过历史的血肉之躯，于荆棘中开疆拓土，前行的轨道上沾满血腥。生命在战争面前是那么地脆弱。残忍，是战争诞生以来形成的秉性。战争同暴力几乎就是一对同义词，暴力是战争的本质属性，也是马克思主义的战争观。即使进入现代战争模式之中，诸如贸易战、金融战、外交战、黑客战、网络战、病毒战、舆论战等，战争的本质仍然是残酷的，充满暴力的。所以，我们认为，所谓的"武器仁慈化""战争非暴力化""战争泛化"等观点是不妥当的。因为，当前形势下，战争将无时不在，无处不在。身为中华民族的一份子，必须时刻对各种战争形态保持高度警惕，因为战争的根本法则，依然是保存自己、消灭敌人！

正因为战争的本质是残忍的，同时它又是人类历史发展进程中的常态现象，所以，对于战争的看法，自古以来就分为多种复杂的看法。比如，西方军事理论家克劳塞维茨在《战争论》中写道：战争是强迫敌人服从我们意志的一种暴力行为。德意志帝国铁血宰相俾斯麦认为，我们所处的时代的重大问题不是靠演说和决议所能解决的，这些问题只有靠铁和血才能解决。战争理论家伯恩哈迪认为，战争是人类生活中一种具有头等重要意义的生物法则，它是人类社会中不可缺少的起调节作用的东西。无疑，这几位西方军事大师，对战争都是笑脸相迎的。

与其相反，是反对战争的人们。比如，罗马时代的军事家、历史学家李维认为，对那些需要战争的人来说，战争是正义的；对那些失去一切希望的人来说，战争是合理的。曾经以炮舰政策横行世界、身经百战、建立起日不落帝国的英国，却对于战争有着这样的民间谚语：战争一开始，地狱便打开。而作为东方文明古国，中国经历了无数次的烽火狼烟，更深刻地体会到战争的血腥与残酷，所以，我们的老祖宗谆谆教导中华儿女："师之所处，荆棘生焉。大军之后，必有凶年"（老子）、"兵犹火也，不戢将自焚"（陈寿）、"皇帝动刀枪，百姓遭了殃"。2015年11月7日习近平主席在新加坡国立大学的演讲更是鲜明地指出，国强必霸并不是历史的必然规律，中华民族历来热爱和平，深知"国虽大，好战必亡"的道理。

我们认为，天下虽安，但忘战必危；虽然冷战结束了，但战争的硝烟一刻未熄。我们必须要有备才能无患。围绕"战争"，我们需要明白如下几个问题：

战争的首要目的是为了和平。 战争只是一种手段，战争的最高境界就是"不战而屈人之兵"。对于一次战役（战斗）来说，战争的目的是消灭敌人、保存自己。而从整体的、纵向的角度来说,战争除了在历史上扮演着王朝更替的催化剂、助产士这类角色之外,符合人类社会发展进步的战争,归根结底其目的应该是为了和平。正如亚里士多德所说,战争的目的必须是为了和平。这样的战争才是正义的。然而,存在着繁杂利益纠葛的人类社会要想取得和平并不是简单、无代价的,因为"你想和平,就要准备战争"(韦格蒂乌斯)、"只有胜利者,才能用战争去换取和平"(萨卢斯特)。对于我们中国来说,构建强大的、现代化的军队是维护世界和平的重要战略支撑力量。

战争需要理性对待:不好战。正由于战争是头洪水猛兽,因此需要高超的驾驭能力。只有驾驭得好,才能避免引火自焚。在能够避免战争爆发的情况下,应尽一切努力化解矛盾与纠纷。所谓上兵者伐谋,不战而屈人之兵。即使在具体的战场(战役)指挥中,总司令最重要的品质是冷静的头脑,尤其是在国际风云变幻莫测的复杂背景下,如何理性地对待战争,如何理性地在战争与和平之间做出选择,考验着每一个中国人的智慧。总之,当我们被愤怒"操纵"的时候,当我们希望通过战争这一手段,快刀斩乱麻地解决麻烦与纠纷的时候,我们需要对战争持有一颗理性、冷静的心,并记住:叫喊战争的人是魔鬼的参谋;狂热者的脑袋里没有理智的地盘。我们更要懂得著名诗人贺拉斯的一句反战名言背后的意味:所有的母亲都憎恨战争!而历史已经反复告诉世界:中国人不好战!

战争需要一种勇气:不畏战。无论是冷兵器时代还是高科技战争时代,战争都是残忍的,需要付出的是生命的代价。因此,战争机器不能轻易启动。不过,不好战不代表完全拒绝战争、排斥战争、畏惧战争。在世界丛林的游戏法则中,一个民族一个国家,要想生存发展,保持必要的用于自卫的强大武装力量是必要的,更是必须的。1840年鸦片战争以来,西方以炮舰政策强加在中华民族头上的羞辱与屠杀的历史教训告诉我们,只有自身强大、手握撒手锏,才能避免被杀戮、羞辱的命运。民族、国家的尊严,是构建在必要的武力基础上的,尤其是当关系到我们的国家主权和民族尊严、关系到我们的核心利益时,战争是必须的。历史事实已经多次郑重地告诉世界:中国人不好战,更不畏战!

战争需要一种理智:英勇善战。人们若想取得战争的胜利,就必须认识战争的客观规律,将其抽象为战略战术,在客观条件许可范围内,运用从客观中抽象出来的战略战术指导战争,战争是智者的搏弈。毛泽东说:"指导战争的人们不能超越客观条件许可的限度,期求战争的胜利,然而可以而且必须在客观条件的限度之内,能动地争取战争的胜利……指挥员在战争的大海中游泳,他们要不使自己沉没,而要使自己决定地有步骤地到达彼岸。作为战争指导规律的战略战术,就是战争大海中的游泳术。"

战争需要一种凝聚力:忠于祖国。作战需要彼此配合,在战场上尤其是在特殊的环境下,危险会来自四面八方。所以,只有铸造一种团结一致、统一对外的团队精神,才能帮助每一个作战中的人消除防范时刻出现的危险。无数的事实已经证明,每一个英勇善战的部队,每一支特种作战部队,要想取得胜利克敌制胜,必须是铁板一块!法军统帅拿破仑说过,统一指挥是战争的第一要事,也是产生凝聚力不可缺少的要素。那么,凝聚力来自哪里?对于中国军人来说,首先来自于听党指挥、忠于祖国、忠于人民这一神圣的最高宗旨,来自于共同的保家卫国的誓言,来自于全心全意为人民服务的社会主义核心价值观，来自于不怕苦不怕累不怕牺牲、做忠诚可靠的人民子弟兵的信念。其次，凝聚力来自于科学合理、统一规范的军队制度化建设，来自于平时官兵一致、爱兵如子、相亲友爱的军内关系。最后，凝聚力也来自于绝对服从、铁的纪律。

战争需要一种自信：会打必胜。战争是一种你死我活的搏斗，所以，保存自己、消灭敌人是战场上的最高法则。对于军人来说，拥有坚韧的必胜的自信心，是一种高贵的品质。当然，自信不是自负，那种不顾实际情况、盲目草率的军事行动，只能归为冒险盲动主义。坚定的必胜信念来自于知己知彼、百战不殆。军人的自信心，既要求军队的指挥官养成信赖自己的习惯，即使在最危急的时候，也要相信自己的勇敢与毅力，也要求普通士兵具备想当将军的优秀品质。为什么不想当将军的士兵不是好士兵？因为这样的士兵没有必胜的自信心。凡是有决心取得胜利的人，从来不说不可能。

战争需要学习。对于中国军人来说，无论是古今中外的战争实例、战争历史、军事著作、谋略经典、军事名家，还是当代他国的军队建设成就、最新武器装备成果，都需要我们秉持古为今用、洋为中用、兼容并包、取长补短的谦虚谨慎、认真仔细的态度，去学习其经验，汲取其教训，最终在掌握精髓、创造创新中超越，并将其转化为自己的真实本领。毛主席曾经教导中国军人，没有文化的军队是愚蠢的。诸如"战争论"丛书里的蒋百里《国防论》、克劳塞维茨《战争论》、马汉《海权论》《海军战略论》、杜黑《空权论》、若米尼《战争艺术概论》、韦格蒂乌斯《兵法简述》、米切尔《空中国防论》、鲁登道夫《总体战》，都是我们学习的优秀精神食粮。当然，作为将来要上战场的军人，不仅要重视学习军事理论，更要在平时的摸爬滚打中铸就高素质的作战能力。平时流汗，才能避免战时流血。因此，西谚有云，你有一天将遭遇的灾祸是你某一段时间疏懒的报应。军人需要的就是一种学习、学习、再学习，坚持、坚持、再坚持的韧劲。

战争需要研究。战争既是一门艺术，也是一门科学。作为艺术，战争需要驾驭它的人必须具备高超的领导力与决断力；作为一门科学，需要我们认真对待，通过去伪存真、去粗取精、由表及里、由深入浅地找出其中蕴含的最简单、最明晰、最管用的规律来，以指导实际中的军事行动。通过学习、研究，尤其是打开自己的视野之后，我们会发觉自己的不足之处，从而通过跨越式发展，尽快补足短板，以提升我们的实际战斗力。这套"战争论"丛书值得我们花费力气熟读一番、好好研究。

战争需要实践。通过对古今中外军事著作、战争实例、战争历史的学习研究，我们所获得的只是理论上的东西。理论知识的作用只有运用于实践，才能知道它的真实价值。正如毛主席强调的，一切学习的目的全在于运用。所以，对于军人来说，除了学习研究古今中外的军事历史、战例与理论之外，更需要通过实战来检验我们手中到底掌握了多少的战争真理与有用的军事方法。一切的战争规划与理论，全在于实际的执行力与效力。因此，想得好是聪明，计划得好更聪明，做得好是最聪明又是最好的。而从国家的角度来说，日常的军队国防建设均在于服务于实战、为实战做准备。俗话说得好，未雨绸缪，养兵千日用兵一时。战争机器不是摆设，更不能是花架子，必须接受实战的检验。另外，战争中蕴含的谋略、道理，也可以作为其他领域决策、管理的参考。

战争需要谋略。伟大的革命导师、苏联红军统帅列宁曾经鲜明地指出，没有不用军事计谋的战争。我国明代文学家、谋略家冯梦龙强调，兵在精而不在多，将在谋而不在勇。正因为如此，古今中外诞生了大批研习战争谋略的大师名家。可以说，蒋百里《国防论》、克劳塞维茨《战争论》、杜黑《空权论》、若米尼《战争艺术概论》、韦格蒂乌斯《兵法简要》、米切尔《空中国防论》、鲁登道夫《总体战》、马汉《海权论》《海军战略论》等，每一本军事经典都是战争智慧的结晶。作为军人，一定要时刻铭记：永远别以为敌人比你愚蠢！轻视对手的后果是严重的。正确的态度就是毛泽东同志所说的，战略上藐视敌人，战术上重视敌人。拿破仑有句话说得好，世上只有两种力量：利剑和思想。从长而论，利剑总是败在思想手下。

战争需要发展。人类的历史长河是永远向前发展的。从最初的刀耕火种，到自然的田园农业文明，再到欧洲十七八世纪的工业革命，再到十九世纪、二十世纪的电气革命，直到二十一世纪的信息化革命。每一次的生产力跃升都推动着经济的巨大发展，而与武器装备直接相关的生产力的质的进化，更是推动着战争形态的惊天变革。所以，军人必须远比其他人要更为敏感地关注世界形势的变化以及涌动出的最新的社会现象与科技成果，使自己具备察天观地的与时俱进的本领，不落伍于时代，才能决胜于千里之外，才能履行好保家卫国的职责。我们认为，与时俱进有两个标准：一是随着时代的发展而发展，二是无论时代怎么发展始终抓住最简单最管用的精髓。军事艺术是一种执行命令的艺术，一切复杂的计谋都应当抛弃掉。简单明了,是执行好军事行动的首要条件。

战争需要实力。战争归根结底是实力的较量,从来都是敌对双方军事、政治、经济、科技、文化、外交等多种因素的综合较量,而不单纯取决于某一种因素。所以,对于我们的国家,需要通过"发展"这一硬道理,来全方位提升我们的经济发展水平和科技质量,全面地加强我们国家的综合实力,为战争提供强大的国家保障力。对于我们的百姓,需要通过各种措施加强国防意识与国家安全意识教育,培育国民的军事素养,建设强大的民兵预备役部队,要藏兵于民。对于我们的军人,广大士兵要通过艰苦的学习、训练,加强自身的单兵作战能力与团队合作作战能力,以及军兵种协同作战能力。对于指挥官,则需要进一步提升自己的军事指挥素质。震惊欧洲的拿破仑说过:一头狮子带领的一群羊,远远胜过一只羊带领的一群狮子。我们的军队需要培育出一批批的狮子老虎,才是名副其实的威武之师!

谈了这么多与战争有关的话题,那么,新时期的中国军人,还要做些什么呢?首先就是,要牢牢抓住军队政治工作这一生命线。我军自成立以来即高度重视政治工作。1929年12月28日—29日,中国工农红军第四军第九次党代表大会在福建上杭县古田村通过的《中国共产党红军第四军第九次代表大会决议案》(即著名的古田会议决议案),即明确指出,红军是"一个执行革命的政治任务的武装集团",必须服从党的领导,自觉担负起宣传、组织、武装群众等任务。古田会议划清了红军与旧式军队的界限,解决了无产阶级革命军队建设的根本性问题。2014年10月30日,新时期的全军政治工作会议在福建上杭县古田召开,习近平主席出席会议并发表重要讲话,提出把理想信念、党性原则、战斗力标准、政治工作威信在全军牢固立起来;抓好铸牢军魂、高中级干部管理、作风建设和反腐败斗争、战斗精神培育、政治工作创新发展"五方面"工作;加强军事文化建设,从难、从严、从实战要求出发"摔打"部队,培养广大官兵大无畏的英雄气概和英勇顽强的战斗作风,着力培养有灵魂、有本事、有血性、有品德的新一代革命化的"四有"军人。中国军人,任何时候都要牢记"听党指挥、忠于祖国与人民"这一最高宗旨,争当让党和人民放心满意的优秀军人。

其次,要积极做好军事斗争的准备。西方战神克劳塞维茨强调,作战的基本原理是,切勿完全处于被动地位。对于一支军队来说,只有时刻以与时俱进、未雨绸缪的精神抓好军事斗争准备,才能避免被动、才能有备而无患。只有时刻准备好,才能令出即行、迅速把握战机,避免陷入被动挨打的泥潭。

再次,紧紧围绕战斗力做文章。衡量一支军队的好坏,关键就看能否打胜仗。拿破仑曾预言,中国是一头睡狮,一旦醒来将震撼世界。但是,没有利爪的狮子只能是摆设。能打胜仗是衡量军队质量的根本标准。没有战斗力,其他都是空谈。

最后,要进一步加强贯彻落实"科技强军""质量建军"战略,进一步高度重视兵民结合的人民战争的战略战术研究与运用,始终牢记并掌握"军民团结如一人,试看天下谁能敌"这一法宝。

在新时期,面对日趋复杂的国内外环境,军人的天生敏感性告诉我们——这个世界并不太平。因此,作为中华人民共和国的柱石,中国人民解放军需要进一步地紧紧抓住中国的特殊国情,做好强军的一切工作,需要进一步地牢牢抓住决定战争胜负的各方面的关键性因素,从要害处着手,全面加强军队的改革与建设。如此,才能确保我们这座保家卫国的钢铁长城永不倒塌!

回首过去,我们对战争充满敬畏。我们不轻言战争,我们不惧怕战争,我们只为战争做好准备。业绩造就伟人,战功成就军人。辉煌的中国革命史证明中国人民解放军是一支听党指挥、能打胜仗、作风优良的人民武装力量。

中国军人的勤奋和荣誉,足以鼓舞千秋万代的中国青年。

祝愿一切热爱军事、关心国防、热爱和平的读者朋友,能从囊括古今中外著名军事经典的这套"战争论"丛书中汲取有益的养分,从无到有、由小到大、从弱到强地培育自己的国防军事素养,形成自己的国防观、战争观,以求在将来或许会发生的、某个特殊的时刻履行自己"保家卫国"的神圣职责。

"战争论"丛书编委会
2015年10月

目 录
CONTENTS

第一篇　战争的性质 ·· 1
第一章　什么叫战争 ·· 3
第二章　战争中的目的和手段 ··· 25
第三章　军事天才 ·· 39
第四章　战争中的危险 ·· 62
第五章　战争中的消耗 ·· 65
第六章　战争中的情报 ·· 67
第七章　战争中的阻力 ·· 70
第八章　结束语 ··· 74
第二篇　战争的理论 ··· 77
第一章　军事艺术的划分 ··· 79
第二章　战争理论 ·· 88
第三章　军事艺术或军事科学 ·· 111
第四章　方法主义 ··· 114
第五章　批判 ··· 121
第六章　关于史例 ··· 141

第三篇 战略理论 149
第一章 战略 151
第二章 战略要素 160
第三章 精神要素 162
第四章 主要的精神力量 165
第五章 空间上的兵力集中 167
第六章 战略预备队 168
第七章 兵力的合理运用 172
第八章 军事行动中的间歇 174

第四篇 防御 179
第一章 进攻和防御 181
第二章 进攻和防御在战术上的比较 186
第三章 进攻和防御在战略上的比较 190
第四章 战略防御的特点 195
第五章 防御的方式 198
第六章 进攻和防御的相互作用 205
第七章 抵抗的方法 208
第八章 防御会战 226
第九章 武装民众 232

第五篇 进攻 241
第一章 从进攻与防御的关系论进攻 243
第二章 战略进攻的特点 245
第三章 战略进攻的目标 249
第四章 进攻力量的减弱 251

第五章	进攻的顶点	253
第六章	消灭敌人的军队	255
第七章	进攻会战	257
第八章	寻求决战的战区进攻	260
第九章	不求决战的战区进攻	265
第十章	入侵	270
第十一章	关于胜利的顶点	271

第六篇　战争计划 283

第一章	引言	285
第二章	绝对战争和现实战争	288
第三章	战争的内在联系	292
第四章	对战争目标的进一步探讨：击败敌人	310
第五章	对战争目标的进一步探讨：有限目标	320
第六章	政治与战争的关系	323
第七章	有限目标的进攻战	335
第八章	有限目标的防御战	338

后　记 344

第一篇

战争的性质

第一章　什么叫战争

一、引言

对于战争,我们要首先研究它的各个要素,其次再研究它的各个部分或环节,最后就其内在联系研究整体。换句话说,先研究简单的再研究复杂的。但是在研究这个问题时,由于研究战争部分时要考虑整体,因此,我们有必要先对战争的整体有一个大致的了解。

二、定义

在这里,我不想立即给战争下定义,而只想叙述战争的要素——搏斗。战争不过是扩大了的搏斗。倘若我们想将构成战争的无数个搏斗当作整体来考虑的话,那么最好先设想两个人搏斗的情形。两人都试图用体力迫使对方屈从自己的意志,他的搏斗的直接目的是击垮对方,让对方不再作任何抵抗。

因此,战争是迫使敌人屈从我方意志的一种暴力行为。

暴力通常用技术和科学的成果装备自己以对付暴力。国际法惯例对它的约束是微不足道的,这些限制与暴力同存,但事实上却丝毫无法削弱暴力的力量。暴力，也就是物质暴力（因为除了国家和法律的概念之外就没有精神暴力了），是一种手段，是将自己的意志强加于敌人。为了能够达到这个目的，必须让敌人无力反抗。所以，从概念上讲，战争的真正目标是使敌人无力抵抗。

这个目标在某种程度上把不属于战争本身的东西排斥掉了。

三、暴力最大限度地使用

有些仁慈的人可能会这么认为：一定有巧妙的方法，无需太大的伤亡便能击垮敌人或者解除敌人的武装，并认为这是军事艺术发展的真正方向。不过，不管这种看法多么美妙，都是必须要消除的错误思想。因为，像战争这种危险的事情，产生这种错误思想危害最大。其实，暴力并不排除智慧与其同时发挥作用。

所以，对不惜一切流血牺牲地使用暴力的一方来说，在对方没有采取同样做法时，一定会获得优势。如此一来，对方就被迫也采取同样的做法，于是，双方便走向极端，这种走向除了受内在的牵制力量的限制外，不受其他限制。

因此，必须这样看待战争这个问题：由于讨厌这个残暴的要素而忽视其性质，不仅毫无益处，还是错误的。

如果说文明民族的战争的残酷性和毁灭性小于野蛮民族的战争，这也是其交战国本身社会状态和双方关系决定的。虽然战争是在交战双方社会状态和关系中产生的，是由它们决定的、限制和缓和的，但它们并不是属于战争本身的东西，它们在战前已存在，所以，硬说缓和因素属于战争哲学范畴是不合情理的。

人与人之间的斗争本来就包含两种要素——敌对意图和敌对感情。我没选择敌对意图作为暴力的定义的标志是仅仅因为它带有普遍性。因为,就算是最野蛮的近乎本能的仇恨感,没有敌对意图是不可想象的,而许多敌对意图却不带一丁点敌对感情,起码不带强烈的敌对感情。

在野蛮民族中,出于情感的意图是主要的,在文明民族中,来自理智的意图是主要的。不过,这种差距并非由于野蛮和文明本身决定,而是由当时的社会状态、制度等决定的。因此,这种差别并非出现在每个场合,而只存在于大多数场合罢了。总之,就算最文明的民族相互间也有可能燃起强烈的仇恨感。

由此可见,倘若纯粹地将文明民族的战争当成政府之间的理性行为,认为战争越来越不受激情的影响,以至于最后不再需要军队这种军事力量,而只需计算敌我双方的兵力对比,对行动进行代数演练即可,那将是大错特错。

其实,理论已开始向该方向发展,只是幸运地被最近几次战争纠正。既然战争是一种暴力行为,那么属于感情的范畴就毫无疑问了。就算战争不是感情所引发的,它与感情也多少有些关联,并且两者的关系不取决于文明程度的高低,而是取决于敌对的利害关系的大小和久暂。

文明民族不杀俘虏,不对城市和乡村进行破坏,是因为他们在战争中更多地使用了智力,学会了比粗暴地发泄本能更有效地使用暴力的方法。

火药的发明、火器的不断改进充分证明了,战争概念中所含有的消灭敌人的倾向丝毫没有因为文明程度的提高而受到阻碍或改变。

现在，我们再重复一下论点：**战争是一种暴力行为，暴力的使用是不受限的**。因此，交战双方都迫使对方不得不使用暴力，这就产生了一种相互作用。从概念上讲，这种相互作用必然会导致极端，这是我们遇到的第一种相互作用和第一种极端。

四、目标是使敌人无力抵抗

前面已经说过，使敌人无力抵抗是战争行为的目标。现在我们仍然要说，至少在理论上必须如此。

要让敌人屈从我方的意志，就得让敌人的处境比我方的更为不利，起码这种不利从表面上看起来是长久的，否则敌人就会等待时机反抗。

所以，持续进行的军事活动所产生的处境上的任何变化必须对敌人更加不利，至少在理论上必须如此。

作战一方可能因陷入最为不利的困境而完全无力抵抗。所以，倘若想要以战争威逼敌人服从我方的意志，那么我方就得让敌人要么真正地无力抵抗，要么陷入无力抵抗的困境。

由此可知，不管说法如何，解除敌人武装或击垮敌人，肯定始终是战争行为的目标。

战争并非活的力量对死的物质的行动，而是两股有生的力量之间的较量，因为一方绝对的忍受就无法演变为战争。这样，我们上面所谈的战争行为之最高目标，便是双方必须要考虑的。这又是一种相互作用。

在敌人被击垮之前，我们不能不担心自己会被敌人击垮，因此，我们不再是自己的主宰，而要像敌人那样行动，正如同敌人也要像我们这样行动一样。这是第二种相互作用,它造成第二种极端。

五、最大限度地使用力量

想要击垮敌人,我们就必须以敌人的抵抗力作为判断来决定自己所使用力量的多寡。敌人的抵抗力是两个不可分割的因数(现有手段的多寡和意志力的强弱)的乘积。

现有手段的多寡是可以确定的,因为它有数量作为根据(尽管不完全如此),可意志力的强弱却难以确定,只能从战争动机的强弱做大略的估计。

如果我们能以此大体上估算出敌人的抵抗力,那么就能决定自己该使用多大力量,或者加强力量以造成优势,或者在力所不及的处境下,尽量加强自己的力量。不过,敌人也会这么做。

这又是一个相互间的竞争,从纯概念上来说,它又必然导致极端。这就是我们遇到的第三种相互作用和第三种极端。

六、在现实中的修正

在纯概念的抽象领域里,思考活动在抵达极端之前是绝不会停止的,原因在于思考的对象是一个极端的东西。它是一场自行其是的,除了服从本身内在的规律外,不受其他规律约束的那些力量的冲突。

因此,倘若我们想在战争的纯概念中为提出的目标和使用的手段找到一个绝对点,就会走向极端,陷入概念游戏之中。如果坚持这种追求绝对的态度,无视一切困难,并要按照严格的逻辑公式，认为要随时做好应付各种极端，并最大限度地使用力量，那么这种做法无异于纸上谈兵，毫无现实价值。

就算使用力量的最大限度的绝对值容易求出，但我们依旧要承认，人的感情难以受这种逻辑幻想的支配。如果接受了，那么在某些情况下会浪费己方的力量，与治国之道的其他方面产生冲突，并会导致己方要求意志力发挥到同既定的政治目的不相符的程度。可是，这种要求因为人的意志从来都不是靠玩弄逻辑获得力量的，所以它无法实现。

如果我们换个角度，从现实出发，那么一切就不一样了。在抽象世界里，一切都是完美无瑕的，我们肯定会认为作战双方不但追求尽善尽美，而且正趋于完善。可是，现实生活中是这样的吗？只有在以下的情况下才会这样：

（1）战争是突然发生的、与以前的国家生活没有丝毫联系、完全孤立的行为；

（2）战争是唯一的一次决战或若干个同时进行的决战；

（3）战争的结局是绝对的，战后政治形势的估计对战争的影响微乎其微。

七、战争绝不是孤立的行为

关于上述第一点，我们认为，对敌对双方来说，另一方都不是抽象的，包括在抵抗力中不依赖外界事物的意志也不是抽象的。意志不是完全不可知，它的今天预示着它的明天。战争不是突然间爆发的事情，其扩大也不会是转眼间的。

所以，作战中的任何一方可以以对方的情况和它正在做的事情为判断依据，而不以对方（严格地说）应该是什么样的、应该做什么为判断依据。人是有缺陷的，无法做到尽善尽美，这种敌我双方都存在缺陷刚好成为一种缓和因素。

八、战争不是短促的一击

关于上述第二点，我们认为，如果在战争中只有一次决战或者若干个同时进行的决战，那么为决战进行的一切准备自然而然会导致极端。因为准备过程中的任何一点不足，在将来都无法挽回。此外，在现实世界中，我们最多只能以我们所知道的敌人的准备情况作为衡量这种准备的根据，而其余一切都是抽象的。

不过，倘若战争的结局是一连串连续的行动的结果，那么前一行动及一切现象则可作为衡量下一行动的标尺。这样，现实世界就取代抽象概念，从而缓和向极端发展的趋势。

但是，倘若可以同时使用或同时使用全部可用于搏斗的手段，那么每一次战争都将只能称为一次大决战或者若干同时进行的决战了，而一次失利的决战将造成手段的减少。所以，如果第一次决战就动用全部手段，那么实际上就没有第二次决战了，以后进行的军事行动，都只是第一次决战的延长罢了。

然而，我们发现，在战争准备时期，现实世界早已经替代了纯概念，现实的尺度早已代替了极端的假设。所以，在互相作用下，双方将不至于最大限度地使用力量，而不会一开始使用全部力量。

当然，单就这些力量的性质和使用特点来看，它们也是不能全部被同时使用的。这些力量是：国土（包括土地和居民）、军队和盟国。

国土不仅是军队的源泉，还是战争中起重要作用的一个因素，当然，我们指的是，属于战区或者对战区有显著影响的那一部分国土。

虽然同时使用全部军队是可能的，但是整个国家，包括所有的河流、山脉、居民、要塞等同时发挥作用是不可能的。

同盟国的合作也是不以交战国的意志为转移的，它们往往较晚参战，或是为了恢复失去的均势才参战，它由国际关系的性质决定。

无法第一时间使用的力量，有时在全部抵抗力中所占的比例，比人们初看时所想象的要高得多。所以，尽管在第一次决战中动用了巨大的力量，致使均势遭受严重破坏，但它仍然可以恢复。这些问题，后面会详加讨论，在此，我只想说，同时动用一切力量是与战争的性质相违背的。

当然，这点不能成为不在第一次决战中增强力量的理由，因为谁也不会心甘情愿承受一次失利的决战所带来的损失，而且，就算第一次决战不是唯一的一次决战，可如果它的规模越大，对日后决战的影响也将越大。

然而，由于双方考虑到日后还可能决战，因此害怕过多使用力量，所以在头一次决战时不会像只有一次决战那样集中地使用全部力量。对敌对双方来说，任何一方因为存在弱点而没有动用全部力量，就成了缓和的真正的客观理由。借用这种相互作用，走向极端的趋势会缓和到按一定尺度使用力量的程度。

九、战争的结局绝不是绝对的

关于第三点,我们认为,战争的结局,甚至整个战争的总的结局,也不是永远绝对的,战败国常常只将失败当成在将来的政治关系中还能得到暂时补救的不幸。很明显,这也会大大缓和双方的紧张程度和力量使用的激烈程度。

十、现实中的概然性代替了概念中的极端和绝对

如此一来,整个战争行为就摆脱了力量的使用总是走向极端的严格法则。既然不再担心对方走极端,那么己方也就不走极端,无需最大限度地动用力量,而可通过判断来确定使用力量的多寡。这种判断只能以现实世界的现象所提供的材料和概然性的规律为依据。

既然战争是特殊的行动过程,不再是抽象的,既然双方不是抽象的,而是具体的国家和政府,那么,人们便可以以实际所提供的材料来推断那些应当知道但仍未知的即将发生的事情。双方都可以以对方的特点、组织和设施、状况以及各种关系为依据,按照概然性的规律推断出对方的行动,从而确定自己的行动。

十一、现在政治目的又显露出来了

现在,我们要对战争的政治目的进行研究。此前,趋向极端的法则,让敌人无力抵抗和击垮敌人的意图,一直掩盖着战争的政治目的。现在,一旦这个法则的作用减弱,一旦这个意图与目

标分离，战争的政治目的便突显出来。

既然我们考虑的是，怎样以具体人和具体条件为依据进行概然性计算，那么政治目的作为战争的最初动机必然成为计算条件中非常重要的因素。敌人所做的牺牲越小，可能遭到敌人的反抗就越弱小；敌人的反抗越弱小，所需的力量便越小。此外，政治目的越小，对它的重视程度就越小，就越容易放弃它，所以，需要使用的力量也就越小。

所以，政治目的，既是衡量战争行为应该达到哪种目标的标尺，又是衡量应使用多少力量的标尺。然而，政治目的无法单独起作用，它必须跟国家联系起来才能发挥作用。因为，我们所研究的不是纯粹的概念，而是实际事物。

同一政治目的在不同的民族中，甚至在同一民族的不同时期，会产生完全不同的作用。所以，只有当它能对应动员的群众发生作用时，才能将它作为标尺。这就是要考虑群众情况的原因所在。

同一政治目的所产生的结果有可能完全不一样，这要看群众对战争的态度是赞成还是反对，这点是容易理解的。

在两个民族和国家之间可能出现紧张的局势，蓄积非常强烈的敌对情绪，这会造成：战争的政治目的虽然小，却产生超过其本身所应起的作用，导致真正的爆炸。

上面所说的这点不仅是对政治目的在一国家中能动员多少力量而说的，也是对政治目的应为战争行为制定何种目标而说的。有时，它就是战争行为的目标，比如占领某一地区；有时，它并不适合成为战争行为的目标，这个时候需要选定一个目标作为政治目的的对等物，并在媾和时使用。但是，就算在这种场合，它也避免不了先考虑有关国家的特点的问题。有时，当它需要通过对等物来达到时，这个对等物往往要比它大很多。

群众的态度越冷淡，国内氛围和两国的关系越紧张，政治目的所起的作用就越显著，甚至能起决定性作用，以至于在某些场合，国家几乎只能以它为依据来决定问题。

如果战争行为的目标是政治目的的对等物，那么，一般来说，战争行为便会趋向缓和，政治目的所起的作用越明显，情况则越是缓和。这就说明，从歼灭战到单纯的武装监视之间，存在着强烈程度和重要性不同的各种战争，它们之间并没有什么矛盾。不过，这又产生了一个问题。

无论双方的政治诉求有多低，无论动用的手段有多少，无论政治诉求为这战争行为规定的目标有多小，军事行动有片刻停顿的可能吗？这是一个深入事情本质的问题。

十二、以上论述还没有说明军事行动中为什么会有间歇

完成每个行动都需要一定的时间，我们将这段时间称作行动的持续时间。这段时间的长短取决于当事者行动的速度。

在这里，我们不谈快慢问题。每人都按自己的方式办事，办事缓慢的人并不是故意要多花时间，而是因为性格的缘故，需要较多的时间，如果快了，事情就会办不好。所以，多用的这段时间是内部原因决定的，属于行动持续时间的一部分。

倘若我们认可战争中的每个行动都有它的持续时间，那么我们就得承认，持续时间以外所用的其他时间，即军事行动中的间歇，似乎难以想象，至少看起来是这样的。在这里要注意的是，

我们谈的是整个军事行动的进展问题,而不是敌对双方中任何一方的进展问题。

十三、只有一个原因能使军事行动停顿而且看来它永远只能存在于一方

既然双方都已做好战争准备,那么肯定有一个敌对因素在促使他们停顿。

只要双方手握武器,尚未媾和,那么敌对因素就仍然存在。只有当双方都企图等待较有利的时机时,该敌对因素的作用才会中止。但是,从表面上看,似乎只会出现一方企图等待有利时机,而另一方的企图则相反。倘若等待对一方有利,那么对另一方来说,行动才是有利的。

就算双方力量完全相等也不会出现间歇,因为抱有积极目的的进攻方肯定会继续前进。不过,倘若我们所设想的均势是一方有较强的动机,积极的目的,可是掌握的力量却弱小,也就是双方力量与动机的乘积是相等的,那么,如果这种均势不会发生变化,双方势必会媾和。如果这种均势发生变化,只会对一方有利,那么肯定会迫使另一方采取行动。

由此可见,均势这个概念无法说明间歇的原因。归根结底,问题仍然是等待较有利的时机。倘若两个国家中的一个抱有较强的动机,如打算攻占另一个国家的某一地区以资和谈,那么占领这个地区就达到了政治目的,行动则没有必要再继续下去了。如果另一个国家接受这种结果,就会同意媾和,否则,它将会采取行动。倘若它认为将在4个星期后才能准备得更好,那么它便有足够的理由延迟行动的时间。

不过，从逻辑角度看，这个时候，战胜者似乎应马上行动，让对方没有时间进行准备。当然，这必须有一个前提，即双方对情况都很清楚。

十四、军事行动因此又会出现连续性，使一切又趋向极端

如果军事行动确实存在连续性，那么一切又将走向极端，因为不间断的行动会使情绪更加激动，会让一切更加狂暴和激烈。非但如此，行动的连续性会让行动间的衔接更为紧密，使其之间的因果关系更为密切。所以，行动会变得更加重要，更加危险。

然而我们知道，这种连续性在军事行动中极少或者从来也不曾出现过，行动时间仅占全部时间的一小部分，其余的时间都是间歇。这不可能全是反常现象。间歇现象在军事行动中是完全有可能的，这里并无矛盾。现在，我们要来研究一下间歇以及引起间歇的原因。

十五、两极性原理

在我们将一方统帅的利害当成总是和对方统帅的利害正好对立时，我们就承认了真正的两极性。虽然后面我们会特意用一章对此详加讨论，但在这里也须做简单的说明。

两极性原理仅适用于正数和对立的负数能正好抵消的同一事物。在会战中，作战双方都想赢得胜利，这是真正的两极性，因为一方的胜利会排斥另一方的胜利。然而，倘若我们所说的是两种不同事物具有外在共同关系，那么两极性就不存于这两种事物

本身而是存于两者的关系之中。

十六、进攻和防御是不同的作战形式，由于两者的强弱是不对称的，所以两极性原理对它们不适用

倘若只有一种作战形式，即只有进攻而没有防御，换句话说，进攻和防御之间的差别仅仅是动机的不同，进攻方有积极的动机，而防御方则没有，但是斗争的形式却始终是相同的，那么作战中，对一方有利的刚好就是对对方不利的，这就存在两极性。

但是，军事活动分为两种形式，即进攻和防御。正如我们后面将要细述的那样，它们是不同的，它们的强弱也是不对称的。所以，两极性不存在于进攻和防御本身，而只存在于它们的关系中，即决战中。对同一作战形式而言，倘若一方的统帅倾向于晚决战，那么敌方的统帅就肯定倾向于早决战。假如甲方进攻乙方的时间是4个星期之后而非现在，那么，对乙方来说，现在而非4个星期后甲方进攻时才有利。这就是直接的对立。但是，不能因此说，乙方现在立即进攻甲方有利，因为很明显，这根本是另一回事。

十七、两极性的作用往往因防御强于进攻而消失，这说明为什么军事行动中会有间歇

倘若防御这种作战形式，像我们后面要说明的那样，比进攻强而有力，那么问题来了，晚决战对甲方有利的程度是否像防御对乙方有利的程度那样大？倘若没有，那么甲方也就不能用它的

对立物来抵消后者,也就无法对军事行动的发展产生影响。

由此可见,在利害关系的两极性中存在的推动力会因防御和进攻的强弱的差别而消失,进而不产生作用。

所以,如果当前的时机对一方有利,但力量不强,不能放弃防御,那么它只能等待不利的将来,因为在不利的将来进行防御比当前媾和或进攻更有利。既然从我们的判断出发,认为防御的优越性很大(应该正确理解),比大家最初想象的大很多,那么我们就可以以此说明战争中多数间歇产生的原因而不至于自相矛盾。

行动的动机越弱小,就越容易被防御和进攻的这种差别掩盖、抵消,进而间歇也就越多。经验也证明了这一点。

十八、第二个原因是对情况不完全了解

对情况的不完全了解是另一个使军事行动停顿的原因。任何一位统帅所能确切了解的只是己方的情况,对敌情却只能根据不确切的情报来了解。所以,判断上可能发生错误,进而将己方该行动的时机当成了敌方该行动的时机。

只不过,在了解情况方面的这一缺陷,既能让人在该行动的时候停顿,又能使人在应该停顿的时候行动。所以,它延迟军事行动的可能性并不大于提前军事行动的可能性。

我们还应将它当成能使军事行动停顿的自然原因之一。倘若考虑人们常常容易高估、而非低估敌人的力量(这是人之常情),那么就会同意:对情况不完全了解。

一般地讲,在很大程度上,它会阻止军事行动的进展,促使

它趋向缓和。

间歇产生的可能性使军事行动趋向新的缓和。间歇延长了军事行动的时间，降低了军事行动的激烈程度，增加了恢复失去的均势的可能性，延迟了危险的到来。发生战争的局势越紧张，战争越激烈，间歇就越短。

强烈的动机可以增强意志力，而我们清楚，意志力在任何时候都是构成力量乘积的一个因数。

十九、军事行动中常常发生的间歇使战争更脱离绝对性，更趋向概然性的计算

进展得越缓慢的军事行动，其间歇时间往往越长、次数越多，错误也越容易得到纠正。所以，统帅更加敢大胆设想，更加不走极端，而更会在概然性的计算上和推测上决定一切。

对于每一具体情况，人们本来就要以已知条件进行概然性的计算，而军事行动的进程较缓慢，就为此提供了一定的时间。

二十、只要再加上偶然性，战争就变成赌博了，而战争中是不会缺少偶然性的

由此可见，战争很明显地因为战争的客观性质而成为概然性的计算。现在只要再添上偶然性这个要素，战争就变成了赌博，而在战争中，偶然性的确是存在的。

在人类的活动中，像战争这样经常却又普遍地同偶然性接触的活动是不存在的。并且，在战争中，伴随偶然性而来的机遇及伴随机遇而到来的幸运，往往较为重要。

二十一、战争无论就其客观性质来看还是就其主观性质来看都近似赌博

如果我们再回顾一下战争的主观性质,即进行战争所必需的那些力量,那么我们肯定更加认为战争近似赌博。战争总是有危险,而危险中最可贵的精神力量是什么呢?勇气。

虽然勇气跟智谋可以同存且不互相排斥,但它们毕竟是不同的,属于不同的精神力量,而冒险、信心、大胆、蛮干等,不过是勇气的表现罢了。

由此可见,数学上所说的绝对值在军事领域根本没有存在的基础。事实上,军事领域中只存在可能性、概然性、幸运和不幸的活动,它们如同纺织物的经纬线于战争中交织,让战争在人类各种活动中最近似赌博。

二十二、一般说来,这一点最适合人的感情

尽管人的理智总是喜欢追求明确和肯定,但人的感情却常常倾向于不确定。人的感情不愿跟着理智走充满哲学味道与逻辑推论的这条狭窄小路。因为,一旦跟着这条小路走下去,它会让人们感觉自己远离了原来熟悉的一切而进入陌生的境界。人们宁可跟着想象停留在幸运和偶然性的世界里。

在这里,它无需忍受贫乏的必然性的束缚,而可以沉迷于无限制的可能性中。

在可能性的鼓励下,勇气会如虎添翼,正如一个勇敢的游泳者投入激流一般,决然地奔向冒险与危险。

如此,理论难道能无视人的感情而追求绝对的结论和规则

吗？如果答案是，那么它便无益于现实生活。理论应当考虑人的感情，要给勇气、大胆，甚至鲁莽留下一席之地。军事艺术是同活生生的对象和精神力量打交道，所以，绝对的理智是不存在的。

在战争中，不管是大事还是小事，处处都有偶然性。既然有偶然性，就要用勇气和自信心来使用它。勇气和自信心越大，偶然性所发挥的作用就越明显。

所以，在战争中，勇气和自信心是十分重要的因素。理论确立的原则，应让这种必不可少的、极为珍贵的武德可以随意地以各种形式充分发挥。但是，甚至在冒险中，机智、谨慎也是存在的，只不过我们要用另一种标准来衡量它们而已。

二十三、但是战争仍然是为了达到严肃的目的而采取的严肃的手段——进一步说明战争是什么

虽然战争、指导作战的理论和指挥作战的统帅都在上文叙述过了，但是我们还要强调，战争既非消遣，不是寻求冒险和赌博的纯粹的娱乐，也非灵机一动的产物，而是一种为了严肃的目的而采取的严肃的手段。

战争因幸运的变化，因激情、勇气、幻想和热情的变化而表现出来的一切，只不过是该手段的特色罢了。

整个民族的战争，尤其是文明民族的战争，总是发生于某政治形势下，且只能由某种政治动机引起。所以，战争是一种政治行为。

只有在战争是暴力的绝对表现，是一种完善的、不受限制的行为时，它才会在被政治引起后，取代政治的地位进而只服从于

本身的规律，就如一包导火索已被点燃的炸药一般，只能在预先规定的方向上爆炸。

直到现在，在军事与政治间的不协调产生理论分歧时，人们总是将战争看作独立于政治以外的东西。

可是，事实并非如此，这种看法根本就是错误的。正如我们所见，现实世界的战争紧张因子不是一次爆炸就能消弭的。

战争是一些发展方式和程度有所差异的力量的活动。有时，这些力量非常强大，能够克服惰性和摩擦产生的阻力，但有时，它又很弱小，起不到什么作用。

因此，战争宛如暴力的脉冲，时急时缓、时快时慢地消除紧张和消耗力量。换句话说，它达到目标的过程是时而迅速，时而缓慢的。但战争在这两种情况下，都能有一段持续时间，使己方承受外来的作用，并做出改变。简单地说，战争依旧受指导战争的意志的支配。

既然战争是政治目的引起的，那么政治目的在指导战争时应受到足够的重视，不过它也不能决定一切，它要与手段的性质相适应，所以，它本身常常会发生改变。但是，尽管如此，它也应先加以考虑。

所以，在整个战争行为中，政治贯穿其中，并在战争中发生作用的各种力量所允许的范围内产生影响。

二十四、战争无非是政治通过另一种手段的继续

由此可见，战争不但是政治行为，也是政治交往的延续，还是真正的政治工具，更是实现政治交往的另一种手段。

如果说战争有特殊之处,那只能说其手段特殊。在总的方面,军事艺术能做到政治意图与政治方针不与这种手段相冲突,统帅也可以这么要求,但是无论这种要求在某种情况下会对政治意图产生多大的影响,它都只是对政治意图的修改罢了。战争是手段,政治意图是目的,所以,没有目的的手段是难以想象的。

二十五、战争是多种多样的

战争的动机越大、越强,战争与整个民族生存的关系就越大;战前之局势越紧张,战争与它的抽象形态就越接近,而政治目的和战争目标则越趋向一致:一切都为了打垮敌人,战争越是纯军事的,而非政治的。反之,则相反。

为了避免读者误解,我们要在此说明,战争的自然趋向仅指哲学的、纯粹逻辑的趋向,绝对不是指实际发生冲突的各种力量,如作战双方的各种情绪和激情等的趋向。

诚然,在某些情况下,情绪和激情会被高度激发,以至于难以将它限制在政治所设定的范围内。不过,在多数情况下,这种矛盾是不会发生的。因为,如果要激发出这样的情绪和激情,政府势必有相应的计划。如果计划追求的目的不大,群众的情绪会很低,则需要激发而非抑制。

二十六、一切战争都可看作是政治行为

现在,我们要重谈主要问题。就算政治在某种战争中表现得毫不出彩,甚至几乎消失,而在另一种战争中表现得很显著,我们依旧可以说,两种战争都是政治的。因为倘若将一个国家的政治比成一个人的头脑，那么导致前一战争的各项条件必然属于政治考虑的范围。

只有不把政治理解成全面的智慧，而是只按习惯概念将它理解成一种摆脱使用暴力的、谨慎的、狡猾的，甚至阴险的计谋，才可以认定后一种战争比前一种战争更具有政治性。

二十七、应该根据上述观点理解战史和建立理论基础

由此可见：第一，无论在何种情况下，我们都不能将战争看成是独立的东西，而应视之为政治的工具。只有这样，才能对它深入了解，才能不跟全部战史发生矛盾。第二，基于上述观点，因为战争的动机和产生战争的条件不同，战争必将不尽相同。

所以，政治家和统帅所做的最具有决定意义与意义最为重大的判断，是以此观点为依据来了解他所进行的战争，而不是将不符合实情的战争当作理应进行的战争，也不应任意地从事自己想从事的战争。

有关什么是战争这一话题，我们就研究到这儿。这样，我们就确定了用来研究战争和战争理论所必须依据的主要观点。

二十八、理论上的结论

所以，战争就是一条真正的变色龙，其性质在每个情况下都会有变化，而透过战争全部现象就其本身的主要倾向来看，战争还是怪异的三位一体：一、战争要素固有的暴烈性，即敌忾心、仇恨感，可以将它们看作是盲目的自然冲动；二、概然性和偶然性的活动，它们使战争成为一种自由的精神活动；三、作为政治工具的从属性，战争因此属于纯粹的理智行为。

第一个方面主要与人民有关，第二个方面主要跟统帅和他的军队有关，第三个方面主要与政府有关。在战争中产生的激情势必早已存在于民众之中，在概然性和偶然性的世界里，政治目的全归政府所管，勇气和才智活动范围的大小则要看统帅和军队的特点。

这三个方面宛如三条不同的规律，深藏于战争性质当中，同时发挥着不同的作用。如果有理论想要随意确定三者的关系，但却忽视其中任何一个方面，那么必然与现实产生矛盾，最终一无用处。所以，我们的任务在于使理论在三个方面间维持平衡。

至于用何种方法才能完成这项艰巨的任务，我们准备在下一篇中进行研究。

第二章　战争中的目的和手段

前面我们已经阐述了战争的性质，现在我们要研究的是战争的性质对战争中的手段和目的究竟产生什么样的影响。

如果先考虑战争追求什么样的目标才能成为达到政治目的的合适的工具，那么就会发现，战争的目标也是多变的，正如战争的政治目的和战争的具体条件一般。

倘若先考虑的是战争的纯概念，那么我们认为，战争的政治目的本身并不属于战争领域，因为战争既然是迫使对方屈从我方意志的暴力行为，其所寻求的必然是而且只能是击垮敌人，让对方无力抵抗。尽管击垮敌人的这种目的是从概念中推断出来的，但人们在现实生活中的诸多场合所寻求的目的与它相接近，所以我们准备先讨论击垮敌人这个问题。

我会在后面《战争计划》篇中进一步阐述什么叫作让对方无力抵抗，不过在这里，我们要搞清楚三要素，即国土、军队和意志，它们涵括了一切对象。

对方的国土必须攻占，否则敌人便可以在那里重新组建军队。对方的军队必须消灭，换句话说，一定要让敌军无力继续作战。顺便说明一下，后文所说的"消灭敌人军队"都是这个意思。

不过，但凡对方尚存抵抗意志，即只要对方政府及其盟国尚未签订合约，或者敌国人们尚未屈服，就算上面两点都做到了，战争，即敌对紧张状态和敌对力量的活动也未结束。

因为就算我方彻底占领敌方国土，敌人依旧能在他的国内或者盟国的支持下继续斗争。当然，合约签订后，这种情况依旧有发生的可能（这说明并不是每次战争都能完全解决问题和彻底结束的），然而随着条约的签订，敌对紧张便会缓和，而在暗中继续燃烧的火星也会就此熄灭。因为倾向于和平的人会有完全放弃抵抗的打算，而这样的人在每个民族中，在任何情况下都为数不少。因此，可以说，随着合约的签订，目的就算达到，战争也宣告结束。

上述三个方面中，军队是用以保卫国土的，所以按照自然顺序，应采取的顺序是先将敌军消灭，后攻占其国土。只有取得这两方面的胜利后加上当时所处的态势，才可能让敌人媾和。

一般情况下，消灭敌军是逐步实现的，而攻占敌国领土也是如此。这二者时常是相互影响的。领土的丧失反过来会削弱军队的力量。不过，这并不是绝对的，因此，现实也不总是这样。有时敌军在未受到严重削弱便已退往国土的另一边，甚至完全撤往国外。如果是这样，一方就能攻占敌方大部分国土，甚至全部国土。

然而，在现实中，让敌人无力抵抗这个目的，即实现政治目的的、包括其他一切手段的最后手段，绝非处处有一席之地，也非双方达成媾和的必要条件。因此，我们在理论上绝不能将它当作一个定则。事实上，在缔结合约之际，交战一方很多时候并非真的无力抵抗，有时甚至均势都未遭到明显的破坏，非但如此，只要细察具体情况，便不难发现，击垮敌人在许多情况下，尤其是在敌人强过己方时，是一个毫无益处的概念游戏。

产生于概念之中的战争目的之所以无法普遍适用于现实，原因在于抽象战争与现实战争二者不尽相同，这点我们在前面已叙述过了。如果战争真如抽象战争规定的那样，那么两个力量悬殊的国家发生战争便不合情理，也不可能发生战争。因为在纯概念中，战争仅存在于双方物质力量的差距低于精神力量所能弥补的程度之时。

欧洲当前的社会状态，其精神力量所能弥补的物质力量的差距有限，所以，我们所看到的两个国家虽然力量悬殊却发生了战争，是因为纯概念与现实战争相距甚远。

在现实中，媾和的情况，除了无力继续抵抗之外，还有两种情况：一是赢得战争的代价过高，二是赢得战争的可能性不大。

对早已消耗的力量和即将消耗的力量进行衡量，会对媾和的决心产生更为有力的影响。既然战争不是盲目冲动，而是受政治目的支配的行为，那么付出什么样的牺牲作为代价便由政治目的的价值所决定。

牺牲，在这里不仅指牺牲规模，还指承受牺牲的时间。在力量消耗过大，超过政治目的的价值情况下，人们肯定会放弃政治目的而媾和。

正如我们前面所讲的那样，战争不由严格的内在必然性规律决定，而必须凭借概然性的计算，并提供产生战争的条件使战争适于概然性的计算。

在发动战争动机越小，局势越缓和的情况下，更是如此。既然这样，我们就能轻易地理解概然性的计算可以让双方产生媾和想法的原因。所以，战争并不以一方必定被击垮而告终。

在这样的情况下，即战争动机小、局势缓和，就算是微不足道的可能性，也足以让处于劣势的一方妥协，而如果另一方早已看出这点，那么他最佳的选择不是采取发动战争，而是努力迫使对方媾和。

由此可见，在战争中，如果一方无法让对方毫无抵抗之力，那么双方的媾和问题便由获胜的可能性与消耗力量的多寡而定。在一方迫切媾和时而另一方媾和的想法少一些时，只要双方媾和的想法到达某种程度，媾和就能达成。如果双方都有媾和的意愿，那么其政治分歧便会得到妥善解决。当然，在这种情况下，媾和想法少一些的一方较为有利。

尽管政治目的的积极性质和消极性质在行动中所引起的差别极为重要，但是在这里，我们只作一般论述。因为政治意图在战争中变化很大，甚至前后完全不同，它还受已得的结果和可能的结果的影响。

现在我们要谈谈如何才能增大获胜的可能性这个问题。第一种办法是消灭敌军和攻占敌国领土。不过，这两种手段在增大获胜可能性时和用于打败敌人时所起的作用并不一样。攻打对方军队时要作出判断：是在第一次打击后继续作战直到消灭敌军，还是旗开得胜后以武力威慑对方。这二者是有区别的。如果我方选择后者，那么只需消灭一定的敌军即可。

同理，占领敌国领土在不同的战争目的中，其所起的作用也是不同的。如果是以击垮敌人为目的，那么占领领土便是消灭敌军的结果，而没有消灭敌军便占领对方领土，则只能是下策。

如果不以击垮敌人为目的,那么在侦得对方害怕战争时,攻占其防御薄弱或者没有防御的领土则能带来诸多利益。如果利益足以让敌人对结局忧心忡忡,那么攻占敌方领土便是达成媾和的捷径。

此外,还有一种无需击垮敌人便能增大获胜可能性的办法,即采取与政治有直接关系的措施。因为有些措施会破坏敌人的同盟或使同盟不起作用,便于为己方争取新盟友,或利于开展政治活动等,所以,这些措施无需战争便能增加获胜的可能性。

如果消极意图,即集中一切力量进行纯粹的抵抗,可以带来有利的斗争条件,并且这种有利条件能够抵消敌人所占有的优势,那么只需要坚持持久作战,就可以造成敌人的力量消耗渐渐增加,以至于敌人就算达到了政治目的,也抵不上其付出的巨大代价,进而只好放弃该政治目的。由此可见,这种疲惫敌人的方法往往是弱者用来抵抗强者的手段。

以七年战争为例,腓特烈大帝原本是无法击败奥地利帝国,而且如果他采取像查理十二那样的行事方法,他肯定会大败而归。不过,他巧妙地使用兵力,使联合起来同他为敌的列强在7年中看到力量的消耗大大超过当初设想的程度,于是只好同他媾和。

由此可见,在战争中达到目标的方法有很多,并不是说在任何情况下战争的目标只有击垮敌人这一个,比如,消灭敌人军队、占领敌人地区、单纯占据敌人地区、单纯入侵敌人地区、采用直接同政治有关的措施和单纯等待敌人的进攻等都是方法。

其中,每种方法都足以挫伤敌人的意志,但是究竟哪种更加有效,则要视具体情况而定。此外,我们还会列出系列达到目标的捷径。

在人类交往的各个领域里，个人特点无处不在。在战争中，个人特点不管是在政府中还是在战场上都会对战争产生重大的影响，所以，这种火花更不会不存在。

当然，我们在这里只是想要简单地说明，在战争中存在着这些方法，而不是像书呆子那样，对它们进行详细的分类。有了这些方法，我们就可以说，用来达到目标的方法是无穷尽的。

为了更加客观地估计这些可以达到目标的捷径，即既不会认为它们在战争中所引发的差别是微不足道的，又不会将它们当成是极少的例外，我们就是要认识到，引起战争的政治目的五花八门，或者我们一定要清醒地认识到，争取国家生存的殊死的战争，和因为有同盟（不管是强迫的同盟还是行将瓦解的同盟）而勉强参与的战争之间，有巨大的差距。

在现实生活中，这两种战争之间还存在着各种各样的战争。如果我们在理论上否定了其中的一种，那么也可以否定其他所有的战争，但这是在无视现实生活。

到此为止，我们已一般地阐述了人们在战争中追求的目的，现在我们要简单谈一下手段。

手段只有一个，那就是斗争。无论斗争和粗暴的发泄、仇恨的搏斗有何不同，无论斗争的形式如何繁多，无论在斗争中本身夹杂着多少不算是斗争的活动，但是战争中产生的一切效果都来源于斗争，这点一直是战争这个概念所固有的。

就算在极为复杂的现实生活中，也一定是这样，这点很好证明。

战争中所产生的全部情况都是借助军队体现出来的。哪里使用军队,哪里使用民众武装,那里势必存在斗争这一概念为基础。

所以,和军队相关的一切,即与军队的建立、维持和使用有关的一切,都在军事活动的范围之内。

很显然,军队的建立和维持是手段,军队的使用是目的。战争中的斗争不是个人对个人的斗争,而是一个由许多部分组成的整体。我们可以通过两种方法来区分战争这个整体,即按照主体区分,按照客体区分。在军队中,通常将一定数量的军人编成单位,一定数量的单位编成高一级组织。所以,这些组织中的任何一个单位的斗争都会构成一个多少能够区别的斗争单位。除此之外,按照斗争的对象,我们也可以将斗争分成单位。我们将斗争中能够互相区别的每一个这类的单位称为一个战斗。

既然使用军队是以斗争概念为基础的,那么使用军队便只是若干次战斗的决定和部署。所以,所有军事活动都直接或间接地与战斗相关。士兵应征入伍,穿上军装,拿起武器,接受训练,睡觉、吃饭、喝水、行军,所谓养兵千日,用兵一时。

既然军事活动的所有线索都指向了战斗,那么我们若确定了战斗部署,便意味着我们已经掌握了军事活动的一切线索。军事活动的成果只能产生于部署和实施战斗中,而不可能直接在部署和实施战斗之前存在的条件中产生。在战斗中,所有活动的目的是消灭敌人,更为准确地说,是让敌人失去战斗能力。所以我们说,消灭敌人军队始终是达到战斗目的的手段。

上述观点并不是必然的,战斗的目的也可能是其他东西。正如我们曾经说过的那样,既然击垮敌人不是达到政治目的的唯一手段,既然别的对象也能够成为战争追求的目标,那么不言而喻的是，这些对象就会成为某些军事行动所追求的目的，从而变成战斗的目标。

对一些作为从属部分的战斗来说，尽管它们的最终目的是击垮敌军，但是这样并不意味着它们会将消灭敌军作为自己的直接目的。

在我们认为一支规模庞大的军队的组织非常复杂，对运用军队有影响的情况非常常见的时候，我们便会意识到，这支军队所进行的斗争一定是由上下从属和相互联系的若干部分组成的。

从属于这个整体的各个部分所追求的目标往往有很多，尽管这些目标本身并非消灭敌军，但是它们会间接地对消灭敌人军队产生很大的作用。

当一个步兵营受命将某一高地、桥梁或其他地方的敌军驱逐出去时，一般而言，该营的真正目的是攻占这些地方，而在这些地方消灭敌军只不过是一种手段或者极为次要的事情。如果该营采取佯动就让敌人撤退，那么该营也算达到目的。

不过，在战争中，一方攻占高地或者桥梁的目的是为了更加有效地消灭敌军。由此，我们可以推而广之，整个战区也是如此。因为，在这个战区，不但是两支军队在对抗，而且是两个国家、两个民族在对抗。

在这里，不确定的各种关系必然会增加，而行动方式也会因此陡增，战斗部署则变得更加多样，而且因为目的层层从属，最开始的手段会越来越远离最后的目的。

消灭和我们对峙的那一部分敌军，可能不是某次战斗的目的，而可能只是一种手段。但是，在所有上述这些情况下，消灭敌军已经不再是一个问题了，因为在这里，战斗仅仅是衡量力量的一种尺度，它自身是没有任何价值的，只有它的结果才具有价值。

但是，在双方力量对比悬殊的情况下，只需估计一下就可以衡量出力量的强弱。当然，这个时候，战斗是不会发生的，因为力量弱者往往会立即妥协。

既然无需真正的战斗，只需部署战斗并借助由此形成的态势，就能够达到战斗的目的。既然战斗并不始终以消灭敌军为目的，那么我们便能解释，为什么在整个战争中双方活动很频繁，而实际的战斗却没起到显著的作用。

翻开战史，我们会发现，有数不清的战例能够证明这点。至于说，在这些战例中，究竟有多少是采用这种不流血冲突而达到目的并因此获得声誉的，又有哪些能够经得起批判。我们在这里不准备细谈，因为这不是我们的主题，我们在这里只想指出：这样的战争过程是可能存在的。

在战争中，手段只有一种，那就是战斗。不过，战斗的用法是丰富多彩的，我们可以依据不同目的采用不同的方法。如此一来，我们的研究似乎没有丝毫结果。然而，事实并非如此。因为我们从战斗中可以找到一条线索，而这条线索贯穿于整个军事活动之中，可以将整个军事活动串联起来。

我们曾将消灭敌军当成战争目的之一，但是我们并未详细说明，这一目的与其他目的相比，究竟有多么重要。事实上，消灭敌军这个目的在每个具体场合的重要性要看当时具体的情况而定。但是，从总的方面来看，我们无法确定它究竟有多大的价值。现在我们要好好探讨消灭敌军究竟有多大的价值。

战斗是战争中唯一有效的行动。在战斗中，消灭敌人是达到目的的手段，就算战斗并未真正进行也是如此。因为不管在什么样的情况下，战争结局都是以消灭敌人军队为前提的。因此，消灭敌军是军事行动最基础的支柱，是一切军事行动的基础。事实上，一切军事行动都是以消灭敌军为基础的，就像拱门建立在石柱上一样。

所以，一切军事行动的前提是，它一定要对我方有利。战斗和一切大小军事行动的关系，就像现金支付同期票交易的关系一样，无论兑现的机会是多还是少，无论兑现的期限有多长，最后总是要兑现的。

既然战斗是一切军事行动的基础，那么我们便可以这样推断：我方的任何行动都会因为敌人一次胜利战斗而失去作用，敌人不但能够通过一次对我方行动有直接影响的战斗，而且能够通过任何一次具有重要意义的战斗达到这一点。

由于这些情况的影响，即因为每个重要的战斗，即消灭对方的军队，都会对其他战斗产生影响，这些战斗的结果像液体一样，总是要保持在一个水平面上。

所以，消灭敌军一直比其他手段更加优越，更加有效。

当然，消灭敌军这个手段只有在其他一切条件都一样的情况下才能发挥更大的作用。不过，我们如果就此断言，盲目的硬干总是比谨慎的巧谋好，那么便大错特错了。

有勇无谋的做法，兴许不但不能消灭敌军，反而可能会让自己的军队被敌军消灭。所以，这种想法不是我们所要表达的，我们所说的更大的效果是针对目标而言的，而不是针对方法而说的。在这里，我们不过是将达到这一目标产生的效果跟达到那一目标产生的效果作下比较罢了。

我们强调，在我们说消灭敌军时，并不是单指消灭敌人的物质力量，而是也包括摧毁敌人的精神力量，这二者是紧密联系在一起而不可分割的。尤其是在谈及一次大的歼灭性行动对其他战斗肯定会产生的影响时，我们要注意到某些精神力量的丧失最容易影响其他部分。

精神因素是极具流动性的（如果可以这样说的话），和其他手段相比，消灭敌军更具价值，但是该手段也要求人们付出较为高昂的代价，而且它本身危险性较大。为了避免这种情况出现，人们便采取别的手段。

对于采用这种手段一定要付出较为高昂的代价这点是不难理解的，因为在其他的条件都相同的前提下，我们越想消灭敌军，自己的军事力量的损耗也会越大。

运用这一手段会有这样的危险，由于我们的意图较大，所以，在无法实现该意图的情形下，我们的力量反而会遭遇较大的损耗。

所以，采用其他方法，成功代价虽然较小，但是失败的危险也相应地减少。不过，这也有一个前提条件，我方这么做，敌人也会这么做，这些方法可以同时被双方采用。

如果敌人选择了大规模战斗，那么将别无选择，我们只能违反自己的意愿，采用同样的方法。这个时候，一切都取决于这种歼灭性行动的结局。很显然，就算我方的其他条件依旧和敌人相同，可是我方在这次行动中所处的境况也是不利的，因为敌人不像我们一样，将注意力和部分手段用于其他方面。

两个不同的目的，如果其中一个不从属于另一个，那么用来达到该目的的力量，便无法同时用来达到另一目的，因为二者是互相排斥的。因此，如果一方决定采取行动，且它相信对方并无战斗的打算而是在追求别的目的，那么它将很有可能获得胜利。

所以，不管哪一方都要准确估计对方的意图，如果对方的意图和自己一样也不想进行大规模战斗，那么它追求其他目的的选择才是明智的。但是，我们这里所说的注意力和部分手段用于其他方面绝对不是指用在为消耗敌人力量而进行的纯粹抵抗上，而是指用于除消灭敌军外在战争中所能追求的其他积极目的上。纯粹的抵抗是没有积极意图的，在纯粹抵抗的情况下，我方的力量只能击碎敌方的意图，而不能用于其他方面。

现在我们要来谈谈和消灭敌军相对立的一面，即保存自己军队。消灭敌军和保存自己的军队这两种意图是紧密联系在一起的，因为它们是相互影响的，是统一意图的必不可少的两个组成部分。

当然，在这里我们要探讨的是，当其中某一个方面占主要地位时究竟会发生什么样的影响。消灭敌军这一意图具有积极的目的，会产生积极的结果，而这些结果最终会让进攻方击垮敌人；而保存自己军队这一意图则具有消极目的，它可以粉碎敌人的意图（纯粹的抵抗），这种抵抗最后只能用延长军事行动时间来消耗敌人。

消极目的的意图等待歼灭性行动，而积极目的则企图发动歼灭性行动。对于应当等待和等待到何种程度，这又涉及进攻和防御的根源，我们会在后面详加论述。

在这里，我们只想说，等待不应当变成绝对的忍受，而且在等待时采取行动，消灭与我们作战的敌军，也能够作为我们的目标。

因此，将消极意图理解为不寻求流血战斗的方法，就必然不会将消灭敌军作为目的，那么这就犯了根本性的错误。当然，在消极意图占据主导地位时，它会迫使人们选择不流血的方法。不过，采用这种方法也未必是恰当的。因为恰当与否，并非取决于我方的条件而是由敌人的条件决定的。

所以，这种不流血的另一种方法绝对不是急切渴望保存我方军队时的手段。如果该方法不适用于当时情况，那么便会造成自己军队出现损耗甚至覆灭的情况。

历史上，有不少统帅都犯过这种错误，结果弄得自己身败名裂。当消极意图发挥主要作用时，它的作用是延迟决战的时间，让人们等待决定性时刻的到来。其结果通常是不仅推迟军事行动的时间，还可以改变军事行动的空间，这是因为时间和空间关系紧密，只要情况允许，它是可以做到这点的。

不过，一旦推迟行动造成局势对我方不利时，我们就要认识到，消极意图的优越性不复存在。所以，消灭敌军这一原则被抑制，而其他意图就会出现。

综上所述，我们发现：在战争中达到目的（达到政治目的）的方法是多样的，不过，战斗是唯一的手段。因此，所有一切都必须要服从于用武力解决问题这个最高法则。

敌人如果寻求战斗，那么我们只能应战。所以，我们只有在确定敌方在战斗中一定会失败或者不会进行战斗时，才可以寻求其他方法来解决问题。一言以蔽之，在战争所能追求的目标中，消灭敌军永远是最高的目的。

在战争中，至于其他方法究竟会产生什么样的效果，我们会在后面逐一弄清楚。我们只要记住，在战争中使用其他方法也是可能的，因为概念与现实是有差距的，具体情况各不相同。只不过我们在这里要强调：以流血的方式来结束问题，即消灭敌军，是战争的长子。

在政治目的小、动机弱、紧张程度不高的情况下，谨慎的统帅在战场上和政府中能够巧妙地运用各种办法，以避免大冲突和流血的方式，利用敌方的弱点来达成媾和。倘若他的计划有充分的依据，有成功的把握，那么我们便无权指责他。但是，我们还是要警示他，他所选择的路是羊肠小道，随时可能遭到战争的突然袭击，他一定要紧紧地盯着敌人，免得敌人突然发动战争，他却手忙脚乱地迎战。

对于什么是战争，目的和手段在战争中是怎样发生作用的，战争在现实中什么时候背离开它原来的严格概念，但之后像服从最高法则一样永远服从它，所有这些观点，我们都必须谨记在心，并且在随后的相关章节里时常联想到它们，只有这样，我们才能够对这些论题的真正关系和它们的特殊意义有正确的理解，不至于时常不停地跟现实发生大矛盾，更不至于自相矛盾。

第三章　军事天才

在任何一项专门活动中,要想拥有高超的造诣,就要在智力和感情上具备特殊的禀赋。如果这些禀赋非常高,并能够通过非凡的成就来展现,那么我们就称之为天才。

"天才"这个词的含义很广泛,解释众说纷纭,想要通过其中某些含义来说明它的实质是一件非常困难的事情。不过,我们不是哲学家,也不是语言学家,我们在这里采取语言上的习惯,将天才解释为擅长某种行动的高超的精神力量。

为了更好地阐明这种说法的理由和进一步阐明天才的含义,我们先来简要地谈谈这种精神力量的作用和价值。但是由于这个概念尚未有明确的界限,所以我们无法将话题局限在具有高超才能而被称为天才的人,而忽视一般所说的天才。

事实上,我们要重点关注的是,这些精神力量在军事活动中的各种综合表现,我们可以将这种综合表现当成军事天才的实质。

之所以用这种综合表现来表达,是因为天才并不仅仅是与军事活动相关的某种力量,比如勇气,却不涉及感情和智力等方面的其他力量,或者说,其他力量在军事活动中毫无作用。

实际上，天才是各种精神力量的和谐地结合，任何一种力量都有可能发挥主导作用，不过，任何力量都不应当产生阻碍作用。如果我们要求每个军人都要具备某些军事天才，那么军人总数便不会多。

因为军事天才是精神力量的一种特殊表现，所以他在亟需多方面发挥和培养精神的民族中极少出现。不过，对于一个活动种类较少、军事活动占有主要地位的民族来说，军事天才较容易出现。然而，这也只代表军事天才较多，却不意味着军事天才的造诣极高，因为天才造诣的高低是受一个民族智力发展的总水平支配的。

针对这点，我们只需考察一下野蛮民族和文明民族便能发现，尚武精神在野蛮好战的民族中要远远多于文明民族。在野蛮民族中，几乎每个能打仗的人都流淌着尚武精神的血液，而在文明民族中，大多数人是不愿意当兵的，他们是基于义务而当兵的。

尽管如此，野蛮民族几乎没有出现一位真正的伟大统帅，能称之为军事天才的也寥寥无几。为什么呢？因为伟大的统帅和军事天才是需要智力有一定的发展，可是智力的发展在野蛮民族中几乎不存在。

当然，在某种程度上，文明民族也有好战的倾向，如果这种倾向越多，那么尚武精神在该民族中的人口比例就越高。在这样的民族中，尚武精神和较高的智力相结合，就容易造就一批伟大的统帅和军事天才，比如罗马人和法国人就是很好的例证。

最伟大的统帅往往是在文明发展得较高的时期出现，他们往往产生于上述这些民族和所有曾以作战闻名的其他民族中。

有关智力的论述足以证明它在拥有较高造诣的军事天才中所产生的作用,现在我们将对它进行详细论述。

战争是充满危险的领域,因此勇气是军人所应具备的第一品质。一般而言,勇气分为两种:一种是敢于冒个人危险的勇气,一种是在外来压力或内心压力(良心)下都敢于负责的勇气。在这里,我们要谈的是第一种勇气。

如果再往下细分,敢于冒个人危险的勇气又可以分为两种:一种是将生死置之度外,不管是天生如此还是习惯养成的。不管在什么样的情况下,我们都能将这种勇气当成一种恒态。另外一种是由积极的动机,如荣誉心、爱国心或其他激情所产生的勇气。这种勇气就不是一种恒态了,它是一种情绪,也是一种感情。

很明显,这两种勇气的作用也是各不相同的。由于第一种勇气已经变成了人的第二天性,它永远不会消失,较为稳定可靠,而第二种勇气则往往具有更为强大的激励作用。

我们常说的顽强便应归入第一种勇气的范畴,而大胆则应归入第二种勇气的范畴;第一种勇气让理智更为清醒,而第二种勇气则有时会增强理智,但它也经常使理智迷失。只有将二者结合起来,它们才能构成最为完善的勇气。

战争是一个疲惫弥漫的领域。如果不想被疲惫压倒,我们就需要拥有一定的体力和精神力量(不管是天赋的还是锻炼出来的)。具备这种素质的人,只要在健全的智力的指引下,就会变成极为有力的作战工具。这种素质往往出现在野蛮民族和半开化的民族中。

倘若我们深入研究战争对军人的各种要求,我们将发现智力是起主要作用的因素。

战争是一个充满不确定性的领域，作为战争行动依据的各种情况中，大约有四分之三都是不确定的。因此，敏锐的智力是极为重要的，只有敏锐的智力才能迅速地判断情况的真伪。

虽然平庸的智力也有助于辨别真相，非凡的勇气有时也有助于弥补失算，但是在绝大多数的情况下，智力不足往往会坏事。

战争是充满偶然性的领域。在人类的所有活动中，没有一种活动像战争这样会给偶然性留下广阔的天地，也没有一种活动像战争这样与偶然性有着频繁的接触。对战争来说，偶然性是不利的，它不但会增加战争中各种情况的不确定性，而且会扰乱战争的进程。

因为情报的准确性、偶然性和估计的不可靠的影响，指挥官在战争中会经常发现自己预期的目标与实际情况总是有出入，实际情况会让他的计划或者是与计划相关的一些设想受到影响。在这种情况下，我们往往要制订新的计划。不过，这个时候我们常常没有必要的情报材料，因为在行动过程中我们没有足够的时间来了解情况，甚至连好好思考的时间都没有，便要立刻做出决定。不过，更加常见的情况是：我们对某些想法的修改和对已发生的某些意外事件的了解所产生的影响不会彻底推翻我们之前制订的计划，而只会动摇我们对该计划的信心。

随着我们对情况的逐步了解，那种不确定性并不会因此减少，反而会因此加剧。由于我们并不能一次性了解这些情况，而且这些情况处处冲击着我们的决定，我们的精神只能时刻处于戒备的状态之中。

想要战胜意外事件，我们需要具备两种素质：一是在各种不确定的环境中却依旧有清醒、镇定、辨别情况的智力[1]；二是敢于向智力所指引的方向前进的勇气[2]。

在战争中，战斗备受瞩目，而在战斗中，时间和空间是最为重要的两种因素，尤其是在以速战速决的骑兵为主的时代，更是如此。因此，迅速而准确地下定决心这个观点产生于估计时间和空间这两个因素之时，所以，我们得出了"眼力"这个较为准确的概念。

事实上，许多军事学家都是局限性地给它下定义，不过我们必须承认，在战斗中所做出的全部准确决定，比如正确判断攻击点等，也都被纳入眼力的范畴。因此，这里的眼力并不是指视力，而更多的是指洞察力。

当然，眼力和它所表达的内容一样，大多数用于战术，不过，在战略上它也有一席之地，因为指挥官经常要迅速做出决定。如果将眼力带来的过分形象的成分和狭隘的意义从概念中剔除，那么它便只是一种迅速辨明真相的能力，而这种真相是普通人彻底无法辨别的，或者说，普通人需要经过漫长时间的观察才能够做出正确的辨别。

果敢是勇气在具体情况下的一种表现，在果敢变成性格的一种特征时，它便成为精神的习性之一。不过，我们在这里所说的勇气不是敢于冒肉体危险的勇气，而是敢于负责的勇气，即敢于面对精神危险的勇气。

由于这种勇气产生于智力，所以，我们经常称它为有智之

---

[1]在法语中，它被称为眼力。

[2]在法语中，它被称为果断。

勇。不过，我们要注意的是，我们并不能因此就当它是智力的表现，相反，它仍然是感情的表现。因为许多智力很高的人在果断上做得并不出色。纯粹的智力不等同于勇气，所以，智力一定要先激起勇气这种感情，才能获得依靠和支持。所以，在关键时刻，人们受感情的支配比受思想的支配更多些。

在这里，我们认为，在动机不足够的情况下，果断所发挥的作用是消除迟疑和疑虑。很显然，从概念的模糊性上说，纯粹的冒险、大胆、无畏、蛮干等倾向也都可以纳入果断的范畴，不过，如果一个人有了足够的动机（不管是主观的还是客观的，是恰当还是不恰当的），那么我们就不应该说他是否果断，因为那么说，等同于臆测他人之心，武断地说别人有疑虑，而实际上别人压根儿没有这种疑虑。

我们在这里所说的只是动机的强弱问题，我们不想因为概念的模糊性问题而争吵不休，我们只是想清除一些无理的非难而已。

只有依靠智力，并且只有通过智力的一种特殊活动，这种可以消除疑虑的果断才能产生。必要的感情和较高的理解力简单地结合，无法产生果断。虽然有些人具有看透极为复杂问题的敏锐洞察力，也具有承担重担的勇气，但是他们很多重要场合却犹豫不决，当断不断。他们的勇气跟他们的理解力没有任何关系，相互独立，所以，没有办法产生果断。

只有通过智力这样的活动，即认识有必要冒险而决心去冒险，才能产生果断。正是这种智力的特殊活动，才让感情坚强的人具备果断的能力，它借助对迟疑和动摇的害怕心理来克服其他害怕心理。

所以，我们认为，智力较差的人是不可能具备果断的品质的，他们在困难的场合可能会不顾一切采取行动，但这不过是未经深思熟虑的行动罢了，这种没有经过深思熟虑的行动自然无需任何疑虑。

尽管这样的行动可能会取得成功，但是它并不能证明有无军事天才这个问题，只有平均的结果才能说明有无军事天才。如果有人质疑这种观点，认为有些将官并不是擅长深思熟虑的人，那么我们就要提醒他，我们所说的是智力的一种特殊活动，而不是纯粹指善于深思默想的能力。

所以，果断的产生应归功于智力的特殊活动。具备这种智力活动的人，往往是坚强的人（比才华出众的人更加合适）。我们可以列举各种战例来说明这点。比如，有些人在职位较低时表现非常果断，但是一到较高职位上，却显得犹犹豫豫。尽管他们打算做出决定，但是因为他们对自己所面临的新事物不熟悉，以及意识到一旦做出错误决定便会带来严重的问题，所以他们的智力便因此而失去了原来的力量。他们越认识到犹豫不决的危险，就会越习惯于迟疑地行动，就越裹足不前。

既然我们谈到了眼力和果断，那么就不可避免要谈到与之相类似的机智。在充满不确定的战争中，机智的作用非常巨大，因为它是一种能够出色地处理意外事件的能力。

人们钦佩机智，不是因为别的，而是因为它不但有助于解决意外的问题，还有助于对突然的危险迅速想出救急的办法。只要这种办法和这种回答恰当，我们就无须苛责它们是不寻常的，因为它们成为深思熟虑的结果时，看起来是极为平常的，给人的印象是平淡无奇，但是在它们变成敏捷的智力活动的结果时，它们留给人们的却是钦佩。机智很好地表明了智力及时而迅速地提出救急办法的能力。

机智这种素质,是来源于它自身情感的镇静还是主要源自于它智力方面的特性,主要取决于具体情况,但是这两者之中必然有一种产生了机智。我们可以这样说,对意外质问的恰当的回答主要是聪明头脑的产物,而应对突然危险的恰当办法则建立在感情的镇静的基础上。

现在,如果从总的方面来看一下形成战争气氛的四个要素:危险、劳累、偶然性和不确实性,那么我们就容易理解,如果要在这种满是困难的气氛中有把握顺利前进,就要拥有强烈的感情和较高的智力。我们会发现,战争事件的讲述者和报道者往往会根据这些力量在具体情况下的不同表现形式,将它们称为干劲、坚强、顽强、刚强和坚定。

我们可以将这些力量的出色表现,当成是同一种意志力在具体情况下的不同表现。不过,我们不能将它们混淆对待,无论它们表现得多么相似,它们依旧不是一码事。所以,我们有必要对这些力量进行精确的区别。

首先,为了明确观念,我们必须指出,只有很少一部分直接来自敌人的活动会激发我方指挥官上述精神力量的负担、压力或阻力。敌人的抵抗和敌人的行动、敌人的活动直接影响到指挥官的,不是他作为一个指挥官的活动,而只是他个人的安危。

如果敌人抵抗的时间并不是2小时而是4个小时,那么指挥官所面临危险的时间就不是2个小时而是4个小时。当然,这种危险会随着指挥官职位的提高而逐渐减少,对最高统帅来说,这种危险则丝毫不存在。

其次，敌人的抵抗直接对指挥官发生影响的原因在于，敌人长时间的抵抗会造成我方军事力量受损，而指挥官对这种损失负有责任。我方军事损失会对指挥官产生影响，他会焦虑不安，这就对指挥官的意志力形成一种压力。

我们认为，这并不是他必须承担的最沉重的负担，因为这对他而言，他只要能把握住自己就行。不过，敌人的抵抗及其所产生的影响，会对指挥官的部属产生影响，并且通过他们反过来对指挥官本人造成影响。

在部队士气如虹、英勇战斗时，指挥官在追求自己目的的过程中，几乎无需发挥巨大的意志力，不过在情况不利、进展困难的情况下，阻力随处可见时，指挥官便需要强大的意志力来克服阻力。

我们这里所说的阻力并不是指抗辩和不服从，而是整支部队的体力和精神逐渐衰退所引发的总情况，是指看到血与火引发的痛苦情绪，指挥官一定要先克服这种情绪，然后和其他人的这种情绪作斗争，因为指挥官会受到这些人的感染。

如果部属的体力和精神力量不停地衰弱下去，那么依靠他们自身的意志也无法再振作起来并坚持下去，那么统帅的意志便会遭遇严峻的考验。他一定要用自己的精神之光和内心之火，重新点燃全体将士的信念之火和希望之光。只有统帅做到了这点，他才能继续控制将士并继续统率他们作战，如果他做不到这点，他的勇气已远远不足以重新鼓舞将士们的士气，那么他便会像动物一样，临危而退和不知羞耻。

一个指挥官想要在战争中获得卓越战绩，他就必须以自身的勇气和坚定的意志去克服压力。这种压力会随着部队人数的增多而逐渐增大，因此，想要克服这种压力，指挥官的精神力量一定要增强，并且随着职位的增高而增强。

干劲指的是引起某种行为的动力的强度。这种动力或许来源于理智上的认识，或许来源于感情的冲动。但是如果它要发挥出巨大的作用，那么感情的冲动便必不可少。

我们必须承认，在进行激烈的战斗时，荣誉感比存在人们内心中的一切高尚情感更加强烈和更加稳定。在德语中，人们往往用贪图名利这种含有贬义的词来表达这种感情，难免有失公道。

很显然，如果在战争中滥用荣誉感，那么一定犯下让人发指的罪行。不过，单从感情的来源来说，它确实可以作为人的最高尚的感情之一，它是在战争中让军队获得灵魂的真正生命力。

无论爱国心、追求理想的狂热、复仇心以及其他各种感情如何普遍，无论其中有些军队多么崇高，但就算有了它们，荣誉感依旧是必不可少的。

虽然其他感情对鼓舞和提高广大将士的士气具有重要作用，但却无法让指挥官拥有比部下更大的雄心，而这种雄心是任何一个想在自己职位上获得辉煌战绩的指挥官所必须具备的。

其他情感所起的作用都不像荣誉感这样，可以让每个指挥官认真地对待每次军事行动，并想方设法加以利用，以期获得辉煌战绩。上至最高统帅，下至低级指挥官的这种努力，这种竞争心、勤勉精神和进取心最能让军队作用最大化且获得胜利。

对于最高统帅来说，则更是如此。试问，从古至今，哪个伟大的统帅没有荣誉感呢？你能想象一个伟大的统帅没荣誉心吗？

坚强是指意志对猛烈打击的抵抗力，顽强则是指意志对不断打击的抵抗力。

尽管坚强和顽强的含义非常接近，甚至常常可以相互混用，但是它们在本质上有着不容忽视的显著区别。

人们在遭受猛烈攻击时所表现出来的坚强，可以只源自于感情力量，但坚强则不一样，它更需要依靠智力的支持。因为随着军事行动时间的延长，行动的计划性要相应地增强，顽强力量中的部分力量就来自于这种计划性。

现在我们要探讨的是刚强，首先我们要来谈谈该如何理解"刚强"这个词？

很明显，我们在这里所说的刚强并不是指感情慷慨激昂，因为这么说便违反了语言习惯。刚强是指人们在最激动或热情奔放时也能够受智力支配的一种能力。

刚强只能从智力中产生吗？对此，我们深表怀疑。当然，我们会发现有些智力高的人无法自制，但是这种个例并不能证明我们的怀疑是正确的。因为反对者会说，这里面需要的是一种特殊智力，而不是全面的智力，可能是更加坚强的智力。不过，我们依旧认为，在感情最激烈的时刻却能让自己受智力支配的力量（自制力），更应算是一种感情力量。

它是一种特殊的感情，可以使刚强的人在感情激烈时依旧保持镇定而不损激烈的感情。有了这样的镇定，智力的支配作用便得到了充分的保证。这种感情是最为高尚的自豪感，是自尊心，是内心深处的要求，它要求在何时何地都要像具有判断力和智力的人那样行动。因此我们说，刚强的意思是在感情最为激烈的时刻依旧保持从容镇定的那种感情。

倘若我们从感情出发去观察一下各种类型的人，我们便会发现有这么几种人：第一种是不太敏感的人，我们将这类人称作迟钝或感情淡漠的人。第二种是非常敏感的人，但是这类人的感情从来超不过一定的强度，这是一种非常容易动感情而又自持的人。第三种是非常容易激动的人，这类人的感情激动起来会像火药燃烧一样猛烈和迅速，但不会持久。第四种是不为小事所动的人，这类人的感情往往是渐渐激发起来的，但是这种感情极为有力且比较持久。这是一种感情深沉、强烈而不外露的人。

这种感情上的差别，很可能与活动于人的机体中的各种肉体力量相关，可能来自于神经系统的那种具有双重性的组织。该组织既与物质因素有联系，又跟精神因素紧密相连。在战争这个充满不确定性的领域里，我们凭借这点哲学知识是无法证明什么的。不过，继续深究下去，探讨这些因素在战争中究竟表现如何和起到什么样的作用，却是极为重要的。

对感情淡漠的人来说，失去镇定是不容易的，不过我们不能将这称为刚强，因为这种力量根本没有任何力量。但是它也有一定的价值，因为感情冷漠的人在战争中往往较为镇定，能起到一定的作用。尽管他们常常缺乏行动的积极性，但是他们却不会坏事。

对非常敏感的人来说，遇到小事他们会努力行动，但是遇到大事却容易陷入消沉之中。这类人在周遭个人遇到不幸时会挺身而出，伸出援手，但是面对整个国家陷入灾难之中，他们却只会愁眉苦脸，而难以采取行动。

在战争中，这类人往往既能保持镇定又能积极行动，但是他们却难以成就大事。如果他们想要建功立业，那么他们就必须拥有超凡的智力让他们产生成就大业的动机。不过，这类人很少拥有这样超凡的智力。

对非常容易激动的人来说，应对现实生活就显得有些无力，更别提应对战争了。尽管这类人容易冲动，但是这种冲动并不持久。当然，这类人对战争也有一定的作用，如果用勇气和荣誉感来引导他们，那么他们在担任较低职务时，那种冲动的感情往往很有用处。为什么呢？因为，较低职位的军官所指挥的行动的时间往往较为短暂，他们只需要做出一个大胆的决定就可以了。发起一次猛烈的冲锋，进行一次短暂的冲杀，不过是几分钟的事情，但是对于会战来说就不一样了，会战经常需要一整天，而战局却需要一整年。

在感情激烈的情况下，这类人难以保持镇定从容，往往会失去理智。对指挥员来说，这是要命的一点。不过，如果因此就认定这种人缺乏刚强，即他们绝对无法在激动时保持冷静，那也是不对的。

因为他们既然都是具有高尚情操的人，又怎么会没有自尊心呢？事实上，他们具备这种感情，只不过自尊心没有来得及发生作用罢了，所以在事后往往深感愧疚。如果对他们进行引导，让他们进行锻炼、体验和自省，最终学会控制自己情绪的方法，能在感情激烈时保持镇定，那么他们也会成为极为刚强的人。

对感情深沉的人来说，他们在面对各种情况时往往从容镇定。如果将军事行动中的困难比作庞然大物的话，那么这类人便是最擅长用超强的力量将它推开的人。他们的感情活动就像庞大的物体的运动，尽管速度缓慢，但却不可抗拒。

跟前一类人相比，他们不会轻易被感情影响，也不会像前一类人那样，在事后深感愧疚。不过，我们不能因此就认为他们丝毫不会受到盲目激情的支配，也不会失去从容镇定。

事实上，在他们失去产生自制力的高尚的自豪感或者自豪感不强时，他们往往会被盲目的激情支配，从而失去从容镇定。这点在野蛮民族的伟大统帅身上表现得极为明显。因为智力在野蛮民族中发展较差，而激情总是占据主导地位。不过，这并不是说，文明民族及最有教养的阶层就不存在这样的现象，相反，这类现象也较为普遍。

因此，能够激动的人是刚强的人，在感情最为激动的时刻又能保持从容镇定的人也是刚强的人。因此，这类人尽管内心感情强烈，但是他们的见解和信念并不会因此受到影响而动摇，他们依旧坚定信念，大胆、从容地向前走。

我们所说的坚定，或者平时所说的有性格，是指能坚持自己的信念，无论这种信念是依据自己的或者是别人的见解而得来的，还是依据某些原则、观点、灵感或智力活动的结果得出的。当然，倘若见解本身时常发生变化，那么坚定性就无从谈起。

见解发生变化未必是外界影响的结果，它有可能是因为自己智力无休止活动的结果。当然，这也说明，智力并不是始终稳定的，它也有不稳定的时候。很明显，倘若一个人经常改变自己的见解，那么就算改变的原因出在他自己身上，那么我们也不能说他有性格，我们只能将那些信念坚定的人称为有性格的人。

有性格的人的信念之所以是稳定的，要么是因为他们跟感情淡漠者的一样，缺乏智力活动，信念没有发生变化的基础；要么是因为信念根深蒂固，难以改变；要么是因为这类人在理智上拥有一个主导原则，所以意志坚定，不会受外界影响而让信念发生变化。

但是，人们的感情在战争中会得到许多强烈的印象，他们因此而了解的情况和得出的见解都不可靠。因此，在战争中，他们会面临更多的情况以至于他们对自己和别人产生怀疑，甚至离开自己预定的道路。

危险和痛苦的悲惨景象容易造成感情打败理智占据上风，而且，在诸多情况含糊不清的情况下，想要得出深刻而明确的见解极为困难。所以，见解发生变化是情有可原的。

在战争中经常要推测行动所必须依据的情况，因此，在这里发生意见分歧比在其他地方都要大，而且它给人留下同个人信念相抵触的印象。在这里，就算是智力极端迟钝的人也一定会被这些印象影响。原因是，这些印象不但很强烈和生动，而且一直对感情造成影响。

一般而言，那些明确并深刻地认识的产物，往往是那些从较高角度指导着行动的一般原则和观点，而这些原则和观点是我们对当前具体情况的看法的依据。但是，要想不被目前不间断产生的看法和现象左右，坚持上述原则和观点所得出的结论，则困难重重。

具体情况与一般原则和观点之间往往有较大的差距，凭借系列明确的推论是无法始终将这段距离连接起来的。在这里，信心是重要的，而怀疑也很有好处。不过，在这个时候，对我们有所帮助的是一个指导原则，我们无需考虑该原则是如何来的，它可以支配我们的思想。

这个原则就是，在犹豫不决的情况下，一定要坚持自己原先的观点并决不放弃，除非有一个更加明确的信念出现，迫使我们放弃它。我们要坚信，这些经实践考验的原则的真实性是非常大的，并且在暂时现象的印象很强烈的情况下，这些现象的真实性是比较小的。如果我们能够在犹豫不决时坚持最先的观点，那么我们的行动便具有了性格的一贯性和坚定性。

镇定对坚定有多大作用这点很容易看清楚，所以，我们可以说，坚强之人多半是性格很强的人。

既然我们谈到了坚定，那么我们便会不禁想起它的另一种变态：顽固。在具体情况下，我们往往难以完全分清坚定和顽固，不过，从概念上去区别二者并不困难。

我们在这里所说的顽固指的是不采纳更好的观点，如果说它来自智力，那么便会出现自相矛盾的情况。因为智力是一种认知能力，所以，顽固并不是智力上的毛病，而是感情上的毛病。

无法容忍他人意见的毛病基本上是特殊的自私心在作祟。对于拥有这种自私心的人来说，最大的乐趣莫过于用自己的精神活动支配自己和别人。如果说顽固并不比虚荣心好到哪里去，那么我们就可以称之为虚荣心。但事实上，虚荣心满足于表面，而顽固却满足于事实。

因此我们说，如果不采纳别人的观点不是因为有更好的观点，不是因为对较高的原则的信赖，而仅仅是因为抵触情绪，那么坚定则变成了顽固。正如我们之前说过的，虽然这样的定义对我们并没有多少现实价值可言，但是它却能让我们分清坚强和顽固，而不会只将顽固当成坚定的一种强烈表现。

虽然顽固和坚定非常接近，非常相似，但是二者是有本质上的区别的。顽固绝对不是坚定的强烈表现，甚至非常顽固的人，因为缺乏智力，也会缺乏性格。

我们在大致探讨一位优秀的指挥官在战争中应当具备的素质中那些既包含感情成分又含有智力作用的素质后，我们要来探讨一下军事活动的另一个特点。这个特点虽然不是最重要的,但是我们可以将它看成是最显著的,它只需要智力判断就可以,那就是战争同地形的关系。

首先,二者的关系是始终存在的,我们无法想象一支有组织的军队的军事行动不是在一定空间上进行。其次,二者的关系具有决定性的重要意义。因为这种关系,可能有时候会彻底改变全部力量的效果。最后,二者的关系既涉及局部地区最细微的特点,又涉及最广阔的空间。

这样,二者的关系使军事活动带有显著的特点。观察一下与地形有关的其他人类活动,比如园艺、农业、水利工程、房屋建筑、矿业、狩猎和林业等,我们会发现,它们是可以相当准确地探索的。不过,战争却不一样。

在战争中,指挥官的活动一定要在相关的空间进行,而指挥官又无法通过眼睛全面观察这个空间,就算指挥官全力以赴,他也无法探索清楚。此外,这个空间经常发生变化,为探索清楚这个空间增加了很大的难度。

虽然这种情况对作战双方来说都是一样的,但是有两点是需要注意的:首先,虽然这种情况对双方来说都很困难,但是它是可以克服的,谁凭借才能和锻炼克服它,谁就能占据有利的条件;其次,对双方来说,只有在一般情况下,这种困难才是相同的,绝对不是任何情况都是一样的。在具体情况下通常是,防御方要比进攻方对地形熟悉得多。

这种较为特殊的困难要通过智力上的一种特殊的禀赋来解决。用非常狭义的专业术语来说,这种禀赋是地形判断力。在这里,我们所说的地形判断力是指对任何地形都能迅速形成正确的几何观念，因此每次都能较为轻松地判明方位的能力。

很显然，这取决于想象力的作用。当然，这种能力既需要依靠肉眼，又要依靠智力。智力用它从科学和经验中获得的理解力来弥补肉眼的不足，并将看到的零散片段整合成一个整体。不过，要让这个整体在内心中形成一幅地图，并让它长时间地存留在心中，不至于让各个部分分散，就只能依靠想象力了。

如果说，我们这样说冒犯了将想象力奉若女神的诗人或者画家，让他们觉得受到了侮辱。如果他非常鄙视地耸了耸肩并说，如此一来，岂不是每个机敏的青年猎手也要具备这种想象力？那么我们只好在此做个声明：我们在这里所说的想象力是让它在极为狭窄的范围内运用，只让它行使最低地位的职能。

不过，不管这种职能的地位多么地渺小，它依旧是想象力的作用。为什么？因为，如果没有想象力的参与，我们便难以将各种事物形象而清晰地想象成形式上联系在一起的整体。

在这里，良好的记忆力有着莫大的作用。可是，记忆力究竟是独立的精神力量，还是刚好包含在那种可以更好地巩固对地形的记忆的想象力之中呢？对此，我们不敢妄下定论。因为从有些关系上看，这两种精神力量本来就是很难分开来考虑的。

不可否认，在这方面，锻炼和理解力也发挥了重要作用。名将卢森堡的著名军需总监皮塞居尔说，刚开始他在这方面并不自信，因为他发现，每次被派到远处去传达口令，他总是迷路。

不言而喻，职位越高的人运用这种才能的范围就越广泛。如果说，骑兵或猎兵进行侦察时一定要善于认路，为此他们通常只要具备少许的判断力和想象力；那么对统帅来说，他就要对全省和全国的地理概况了如指掌，他必须对道路、河流和山脉等的特点了然于胸，不过，这并不意味着他就不需要具备判断局部地区地形的能力。

在熟悉总的地形方面，虽然统帅可以借助各种情报、地图、书籍和回忆录获得很大的帮助；在细节方面，虽然统帅可以从参谋人员那里得到帮助，但是毋庸置疑的是，具备迅速而清楚地判断地形的卓越能力，可以让统帅的整个军事行动进行得更为轻松和更有把握，让他消除疑虑，也可以让他更加独立，不至于总是依赖别人。

如果说，可以将这种能力看成是想象力的作用，那么这也几乎是想象力在战争中所做的唯一的贡献了。此外，想象力对战争所起的作用与其说是有益的，倒不如说是有害的。

至此，我们已经讨论了军事行动要求人们必须具备的感情力量和智力的各种表现。很明显，不管军事活动从表面上看是如何简单，但是对不具备卓越智力的人来说，在军事行动中建功立业不过是镜中花、水中月罢了。

依据上述的观点，人们就不会再度将在战场上出现过成千上万次的迂回战术这种简单得不能再简单的事情，以及相类似的行动，当成高度运用智力的结果。

在现实中，人们往往喜欢将优秀而简单的军人与那些善于深思熟虑的人、有发明天才的人或富于理想的人以及受过各种教育而才高八斗的人对立起来。事实上，这种对立没有任何现实依据，但是我们并不能因此而陷入另一种极端，认为军人的天才仅仅局限于表现勇气方面，也不能认为军人要变成优秀的勇士就无需特殊的智力和才能。

我们再次强调：**有些人一旦提升到与其才智不对称的较高职**

位，他们就表现得碌碌无为。这样的事例不胜枚举。我们要提醒大家记住：我们所说的卓越成就是指可以让人们在他的职位上获得声誉的那些成就。因此，在战争中每一级指挥官都要具备相应的智力，享有合适的声誉。

统帅（指挥整个战争或一个战区的司令官）和比他低一级的司令官之间的差别是很大的。因为后者所受到的领导和监督更多，因此他们的智力活动范围明显狭窄很多。

这造成了一种假象，即只有身处最高职位的人才拥有非凡的智力活动，而其他级别的将官则只需要具备一般的智力就足够了。在现实中，人们确实看到，有些人职位仅次于最高统帅、长期服务于军队的司令官，因为长期以来只从事某一方面的活动则在智力方面显得不足（甚至迟钝），于是人们在敬佩他们的勇气的同时，也嘲笑他们头脑简单。

在此，我们并不打算为这些人鸣冤叫屈，因为这样做并不能提高他们的声誉和作用，也无法带给他们真正的幸福。我们只是想说，在战争中，只拥有勇气而没有智力是不可能取得卓越的成就的。

卓越的智力对任何想建功立业的人来说，都是必不可少的，就算对职位最低的指挥官，也是如此。而且，这种智力要随着职位的提高而提高。如果我们持这种看法，那么我们对那些军队中享有声誉的次一级司令官就会有不同的看法。

尽管他们和学富五车的学者、能言善辩的政治家、精明能干的实业家相比，头脑简单了点，但是我们不能因此就忽视他们在智力活动方面的突出表现。

在现实生活中，有时候会出现有些人将他们在职位较低时获得的声誉带到了较高的职位上的现象。不过,实际上,他们在较高职位上并没有资格享受这种声誉。如果这种人得到提拔但不被重用,进而没有暴露弱点的危险,那么我们就难以确定他们究竟该享受何种声誉。也因为有了这样的人,我们往往将低估那些在一定职位上还能大有作为的人。

所以,无论是职位高的人还是职位低的人,只有具备一定的天才才能够在战争中获得卓越的成就。不过,史书和后代的评论,通常只将真正的天才这一称号给了最高统帅或者伟大的政治人物。这是因为,这种职位要求具备极高的精神力量。

要想使整个战争或者战局中的大规模军事行动实现预定的目标,就一定要对较高的国家关系有远大的见解。在这里,军事和政治合二为一,统帅同时也是政治家。

查理十二之所以没有获得伟大天才的称号,是因为他完全不懂武力作用应服从更高的政治,是因为他不懂通过这种方法可以实现自己的目标。亨利四世之所以没有获得伟大天才的称号,是因为他尚未细察军事效果影响一些国家间的关系便溘然长逝,是因为他尚未在战争这个领域中大展身手便去世了,是因为他在平定内乱时的高尚情感和骑士精神与战争所需要的情感和精神有着巨大的差别。

关于统帅一定要概括地了解和正确地判断一切的内容,读者可以参阅第一章。我们认为,统帅要成为政治家,但是依旧要保持身为军事统帅的特质,他既要大体地了解政治关系,又要能准确地了解自己所具备的手段可以获得什么样的成果。

这些关系是极为复杂的,它们没有明确的界限,而要考虑的因素的数量又很大,而且,这些因素大多数只能通过概然性的规律来估计。

所以,如果一位统帅不能以高超的洞察力来看透这一切,那么他的观察和考虑就会深受影响,他就无法做出准确的判断。从这个意义上讲,拿破仑说得很对,需要统帅做出的许多决定,就跟需要牛顿和欧拉[1]计算的数学难题一样。

在这里,对较高智力所要求的是判断力和综合力,二者会变成惊人的洞察力,具备这种能力的人可以迅速抓住和澄清成百上千个模糊的概念,而智力一般的人却要费很大力气,甚至要费尽心血才能搞明白这些概念。不过,拥有这种超凡洞察力的人,如果不具备我们前面说过的感情上和性格上的特性,他们还是不能青史留名。

单纯地认识真理,只会产生极为微弱的动力。因此,认识和意愿之间,知和能之间往往天差地别。促使人们采取行动的最强的动力始终源于感情,而最强大的支持力量则源于感情和智力的合金(如果可以这样说的话)。这种合金就是刚强、果断、顽强和坚定。

此外,如果一位统帅的这种高超的智力和感情活动没有在他的活动的全部成就中显示出来,只不过存在于人们的想象之中,那么他也难以流芳千古。

人们所了解到的战争事件的过程常常很简单,大同小异,只依靠简单的叙述,人们是绝对不能了解这过程中那些难以克服的困难。我们只是在一些统帅或者他们的亲信所撰写的回忆录中,或者对历史事件的专著中,才发现形成整个事件的部分线索。

---

[1] 欧拉(1707—1783),瑞士数学家。——编者注

在进行某一重大行动之前的大部分内心斗争，有的因为涉及政治上的利害关系而不见于史书，有的因为只被当成无关紧要的部分而被忽略了。

最后，如果我们不是贸然地给较高的精神力量下个更为准确的定义，而是按照一般概念承认智力的差别，当问起，需要具备哪种智力的人才配称为军事天才，那么我们的回答说，只要认可我们上面的论述并稍加考虑便能发现，这种人与其说是有创造精神的人，不如说是有钻研精神的人；与其说是单方面发展的人，不如说是全方面发展的人；与其说是容易激动的人，不如说是头脑冷静的人。

在战争中，我们愿意将兄弟同胞的生命以及国家的安全和荣誉交给这样的人。

第四章 战争中的危险

在未经历过战争危险的人们看来，战争通常是吸引人的，而不是令人惧怕的。人们热情似火，冒着枪林弹雨、血肉横飞的危险境地直奔敌人，盲目地冲向死神，却不知道是谁能侥幸逃脱死神的魔爪。

胜利的金牌近在眼前，满足雄心的果实唾手可得。难道战争真的那么难吗？当然没有，尤其是从表面上看，这比实际困难小得多。只是这种情况异常罕见。战争不像某些人所想象的那样，只是一拍心跳那样短暂，而是像吃药一样，必须反反复复，以便让时间来冲淡药的味道。

真实的战争是怎样的？让我陪着新手一起去战场看一看。在我们走进战场时，炮声越来越响亮，且夹杂着炮弹的呼啸声，这些牢牢吸引住新手。这时候，我们发现子弹在我们身边四处乱飞，我们赶往指挥官及许多参谋的所在地。

可是，这里的情况好不到哪里去，炮弹肆意横飞，新手意识到生命受到的威胁比想象中的严重。突然间，新手发现自己认识的人倒了下去，而紧接着一颗炮弹在参谋人群中爆炸。新手发现，一些军官开始骚动，连最勇敢的人也慌了神，而自己也无法保持镇定了。

随后，我们来到了师长那里。在那里，战斗非常激烈，犹如戏剧一样在面前上演：敌我双方的炮弹无情地怒吼，震耳欲聋。紧接着，我们来到旅长身边，旅长是一位勇敢的军人，但他却也小心翼翼，不时地以小山岗、房屋或树木作掩护。

不远处传来的枪炮声在宣示危险正在增加：霰弹落在房顶上和田野里，而炮弹则从四面八方飞来飞去，滑膛枪弹也在我们四周尖叫。

我们离开旅长，来到第一线。在这里，步兵以超人的镇静忍受着敌军数个小时的炮火打击。子弹在头上嗖嗖而过，我们甚至能听到子弹发出的清脆的爆裂声。当然，让人震惊的是，不少人阵亡，受伤致残，这种血腥的场面让人充满敬畏与怜悯。

在经历上述各种危险后，新手必然会认为，思想是被别的因素控制，这里折射的理性之光和学术上的正常状态迥然不同。如果一个人以前从未经历过战争的洗礼，但在第一次经历战争时却依旧头脑清醒、当机立断，那么这个人必然与众不同。

当然，习惯可以让我们淡化这些血腥的印象，半个小时后，我们就能适应这种环境。不过，这种要求对一个普通人来说，是难以做到的，即在这种环境中，依旧保持往日的敏锐、灵活。

在这里，我们再一次感受到普通人适应战争的素质远远不够，我们深知责任越大，这种认识就越清晰。一些战绩在学术研究中或许没有什么亮点，但是在残酷的战争环境中取得这样的战绩实属不易，因为人们必须具备巨大的勇气，勇往直前，百折不挠，以及具备强烈的荣誉感和久经危险的习惯。

战争中的危险是战争阻力的组成部分。如果不对危险有个准确的认知,我们便难以理解战争。所以,我们在这里必须提及战争中的危险。

第五章　战争中的消耗

倘若让人们在经历四肢麻木、渴热难当、疲惫不堪和饥寒交迫的情况后，再发表军事看法，恐怕很难得到客观和准确的军事观点。不过，在主观上，这些观点是正确的，因为发言人的亲身经历决定了他的判断。

回头看看那些目睹军事失败的人们，他们将失败描绘得不堪，如果他们参与战争，他们可能会将它说得一无是处。从这里，我们可以得出这样的结论：**体力消耗给人们带来重大的影响，在评估局势时务必考虑体力因素。**

在战争中，有些因素是无法衡量的，尤其是体力。倘若不被滥用，那么体力是全部力量的系数，其极限是多少难以被界定。我们要注意的是，犹如只有强大的弓箭手才能把弓弦拉得比一般人更加满一样，在战争中，只有头脑强悍的指挥官方能最大限度地发挥军队的力量。

举个例子，当一支军队遭遇失败陷入危险境地后，全军土崩瓦解，只能凭借极大的体力才能脱离险境，而胜利之师则是另一番景象，士气高昂，依旧誓死追随指挥官。两者都是在忍受体力消耗与痛苦，但前者只能博取同情，后者则受人尊重，因为在危急之际依旧保持体力很难。

这样,毫无经验的人也知道,体力消耗对禁锢精神和消磨感情力量有着重要的影响。尽管我们这里所说的是司令官要求部队、指挥官要求下属吃苦耐劳的问题,即虽然我们关注的是做出这样要求所需要的勇气及将之贯彻下去的技巧,但是我们不能忽视指挥官本身的体力消耗问题。既然我们已经分析到这里,不妨将剩下的问题一并解决。

体力消耗问题值得研究之处在于,它跟危险一样,是战争阻力的最大来源。因为体力消耗的极限不确定,我们难以测算出它造成的阻力究竟有多大。

为了防止这些想法及针对战争阻力的评估会被误用,我们可以从感情出发来探讨一二。例如:一个人对外宣传,他是因为残疾而被侮辱和虐待,这样的人是得不到同情的。但是如果他说,他能够自卫或者报复对方,然后再讲述自己身患残疾,却艰难地奋起反击,这对他是有利的。

同样地,司令官和部队不能以危险、困难和劳累来洗刷失败的污点,但是他们在胜利之后,描述自己在这过程中所经历的危险、困难和劳累,反而能够增加他们的荣耀。可见,人们的感觉妨碍人们得出的表面公正的评议,是因为感觉发挥着更高判断的作用。

第六章　战争中的情报

情报是指与敌人和敌国有关的全部信息，是我方计划和行动的基础。只要我们稍微考虑一下情报的真正基础是什么，了解情报有多么不可靠，多么瞬息万变，那么我们很容易感受到战争很容易到来，将我们牵扯进去。

尽管教科书总是声称，要怀疑一切情报，只相信可靠的情报，但是这种毫无说服力的原则根本没有任何用处。这些不过是那些人埋头于故纸堆起草制度和手册时文思枯竭而提出的聊以自慰的可怜的遁词而已。

在战争中，情报很多是相互矛盾的，有的是假情报，但大部分是模棱两可的情报。这就要求军官要掌握一定的判断能力，这种能力既来自人情练达，也来自于生活常识。

它也要接受概然性规律的指导。在我们尚未抵达真正的战场之前，在办公室里拟订计划时，甄别情报真假的难度就已不小，而在战斗激烈的环境中，情报如雪片般飞来，要做出判断就更加不容易了。

倘若情报出入太大，矛盾重重，最终只留给我们一个对比来判断，那也还是幸运的。对一个新手来说，如果幸运女神没有这般眷顾他，那么他肯定要栽跟头。

对有经验的情报官来说，更为严重的情况是一份情报证实、支持或者补充另一份情报，迫使他尽快做出决定，结果最终这些情报被发现满是谎言。

一句话，大多数情报是假情报，但是人们害怕的心理造成情报的虚假性和不准确性被夸大。

一般情况下，人们不仅怀疑好的消息，也相信坏消息，还将坏的消息夸大。虽然通过这种方式传播的危险的消息会像海浪一样消失匿迹，但也会像海浪一般没有任何明显的原因就再现。

指挥官务必坚定信念，犹如屹立于海中的岩石一样，经得起海浪的冲击，当然要做到这点并非易事。对于天生悲观或者未经历战争洗礼的人来说，坚定信念最好的方式便是遵循这样的规则：强迫自己，即违背自己内心深处的想法，摆脱恐惧，面向希望。只有这样，他才能保持拥有镇静的大脑。

如果人们对形成战争最大阻力之一的这种困难有正确的认知，那么事情就会与人们所想象的迥然不同。通过感觉获得的印象往往比经过深思熟虑而得来的观念强烈，并且这种强烈程度足以促使指挥官在完成每一个较为重要的行动时，都只得在最开始克服新的疑虑。

多数普通人无法当机立断，易受他人意见影响。他们一向认为，事实并非像自己原来所想的那般，尤其是当他们听信别人的意见，他们更认为是如此。

就算是亲自起草计划的人，当他目睹实际情况时，也极易怀疑自己原来的想法。此时，只有坚定信念，才能够抵挡假象的冲击。当被命运推上战争舞台，只有将画着各种危险形象的前景拆除，豁然开朗后，自身的信念才得以获得最后的证实。这就是制订计划和实施计划之间的最大的差别之一。

第七章　战争中的阻力

从未亲身经历战争的人难以理解这些事情：统帅所必须具备的天才和优秀的精神力量究竟能起到什么样的作用，战争中要遇到的困难究竟在哪里。在他们眼里，战争中的一切都很简单，所需要的各种知识技能很一般，所有活动很平常，就连高等数学中最简单的问题也可以比打仗更有科学价值。可是，一旦他们经历过战争，他们就能理解这些问题。可是，我们若是想说明引起前后两种变化的原因，说出这种看不见却又在战争中起作用的因素是什么，则是有相当的难度。

在战争中，一切都很简单，但是其实不简单，就连最简单的事情也是有难度的。这些困难累积起来产生的阻力，是从未经历过战争的人们无法正确理解的。举个例子，有一个旅行者准备在傍晚之前完成一天旅程的最后两站，这不过是骑着马在宽阔的道路上行走四五个小时罢了。不过，在他抵达第一站时，他发现没有马或者没有好马，他最终历尽艰辛抵达下一站并找到一个极为简陋的房子落脚，这时他就已经很满意了。

同样地，在战争中，一切都会因为遭到事先未考虑的无数小细节的影响而进展不顺利，致使预定目标无法达成。只有拥有钢铁般的意志才能扫清障碍，克服阻力。

在军事艺术中，将帅的坚强意志，犹如城市主要街道汇集点上的方尖碑一样，占有极为重要的地位。

大体地讲，阻力算得上是区别纸上战争和实际战争的唯一的概念。军事机器，即军队及属于军队的一切，基本上很简单，所以看起来是容易使用的。

不过，需要注意的是，战争机器的任何组成部分都不是一个单独的整体，而是由无数人组成的，每个人在各方面要面对各自的阻力。有人说，营长奉命行事，既然营作为整体，而营长又是勤勉之人，全营行动起来，阻力就会变小，犹如轴套围绕轴心转动一样。

尽管这种说法很动听，但却是纯理论，实际情况并非如此。一到战争中就会暴露问题，因为它包含许多夸大与虚假的成分。营是由固定数量的人员组成的，若是凑巧，就算是最不重要的人员也会给营造成障碍甚至混乱。战争带来的危险及它要求人们所要忍受的消耗会增大阻力，因此，我们必须将危险和消耗当作产生阻力的最重要原因。

这种阻力跟随偶然性接触并引发一些无法预测的现象，而不是像机器一般，仅仅集中在几个点上。之所以说这些现象难以预测是因为它们是在偶然中发生的。比如，天气就是如此。有时候，大雨会让该营无法按时抵达，让另外一个营不能到来，让马匹陷入泥中而影响骑兵的攻击效果。有时，大雾会阻碍我们发现敌人，妨碍火炮准确射击，妨碍信息传递等。

这些例子是用来说明问题，以便读者理解作者的意图，要不然，这些问题足以写几本书。

战争中的行动犹如在阻力重重的介质中的运动。在水中，人甚至连走路这种最自然简单的动作都难以准确地做到。战争亦是如此，仅仅使用一般力量可能连中等成果也得不到。因此，真正的理论家应像游泳教练，在陆地上教会别人练习水中所需要的动作，而这些动作在未曾下过水的人看来，是荒诞不经的。

不过，对于那些毫无实战经验或者没能从自己的经验中总结出一般原则的理论家来说，只能教人人都会的动作，这必然是不切实际的，甚至是愚蠢的。

此外，每一次战争都会出现形形色色的特殊现象，犹如充满暗礁、未有人航行过的大海。统帅可以凭借智力感知这些暗礁，但却没办法目睹，只能在漆黑的夜里绕过它们。

如果突然刮起逆风，如果发生某种对他不利的偶然事件，那么他就必须具备高超的技巧和机智，尽最大的努力才能顺利渡过难关，而这一切对站在远处的人看来，似乎进展很顺利。

优秀的指挥官必须具备熟悉这些阻力的能力。当然，熟悉阻力却又害怕阻力的指挥官算不上是最好的指挥官。他必须了解阻力并在可能时克服它。此外，在理论上，人们绝不可能彻底认识这种阻力，就算能够认识，也依旧缺乏经过锻炼的判断能力，即随机应变。在充满各种复杂问题的场合与有决定性的重大问题的场合中，随机应变对前者来说更为重要。因为，在后一场合，人们既可以自己思考，也可以和别人商讨。

社交高手之所以能言行举止合乎礼仪，是因为他已经习惯了随机应变的判断。只有富有作战经验的指挥官才能在各种问题上，在战争的脉搏跳动中，恰当地做出决断和处理。

富有经验加上锻炼，可以让他不加思索地判断出什么是可行的，什么是不可行的。这样，他的弱点就不易暴露，倘若在战争中时常暴露弱点，就会失去众人的信赖，这是极度危险的事情。

  这样，阻力让看起来容易的事变得困难。当然，我们后面还会提到这个问题，到那时，我们就会明白，一位优秀的统帅，除了需要丰富经验和坚强的意志外，还需具备其他一些特别的精神素质。

第八章 结束语

上文所说的危险、消耗、情报和阻力,是阻碍一切战争活动的介质,是构成战争气氛的因素。如果以这些因素所起的妨碍作用为标准,那么都属于阻力这个总的范畴之内。

问题来了:是否有减少这种阻力的润滑油呢?有,只有唯一的一种且不在统帅和军队主观想象之内,即军队的战争锻炼。

战争锻炼使身体遭受巨大的消耗,让判断不受最初印象的干扰,让精神能够承担更大的危险。锻炼可以造就一种难能可贵的品质——沉着。这是上至师长下至士兵所必须具备的品质,在行动中它可以减少指挥官的许多困难。

举个例子,在人们进入一个黑暗的房间时,眼睛只能吸收为数不多的微弱光线,进而瞳孔扩大,帮助人们认出各种东西,最后看清楚房间里的东西。经过战争锻炼的士兵也是如此,但新兵所看见的只能是眼前一片黑。

可惜任何一位统帅都无法给部队提供战争锻炼,只能进行效果较差的演习。所谓效果较差,不是和以训练学习为目的的军队操练相比较,而是与实战经验进行对比。

在平时的演习中,如果能够增加一些上述提及的阻力,让每个指战员的思考力、判断力甚至果断等品质得到淬炼，那么演习的价值远远超过毫无实战经验的人的想象，尤其是它可以避免全军将士在真正的战争中出现惊慌失措的现象。

只要在战前体验过一次，他们对这些现象就熟悉一大半，甚至忍受体力消耗的问题也是如此。战争锻炼，既能让肉体，更能让精神习惯于体力消耗。在战争中，新兵往往认为，不寻常的体力消耗是指挥的错误所致，因此倍加沮丧。可如果他们在战前能得到相应的锻炼，就可以避免这种现象发生。

在平时还有另一种办法来获得战争锻炼，即招聘富有战争经验的外国军官。尽管这种做法难以大范围地采用，但却极为重要。欧洲大陆各处都位于和平的状态是很少的，而其他洲也是如此。所以，长期处于和平状态的国家，要设法从经常发生战争的国家里聘用一些优秀军官或者派出军官前去熟悉战争，尽管这些军官人数很少，但是他们所起的作用却很显著。他们具有的经验、精神特性、性格修养对部队和同僚都会有影响。此外，就算这些军官不能担任领导职务，也可以将他们当成是熟悉某一地区的人员，在许多具体场合可以向他们咨询意见。

第二篇

战争的理论

第一章　军事艺术的划分

从本义上说，战争就是斗争。究其原因，在于在广义上战争的复杂活动中，只有斗争是产生效果的要素。斗争是敌对双方精神力量和物质力量通过物质力量进行的一种较量。毋庸置疑，我们要重视精神力量，因为精神力量会对军事力量产生决定性的影响。

由于斗争的需要，人们很早就专门进行一些发明，以使自己在斗争中处于有利的地位，所以斗争发生了很大的变化。不过，战争的概念并不会随之改变。

无论斗争如何变化，它依旧是构成战争最本质的东西。

这些发明首先体现在武器和装备上。武器和装备务必在战前就制造好，并且为斗争者所熟悉和掌握。武器和装备由斗争决定，它们必须与斗争的性质相吻合。不过，显而易见的是，制造、熟悉和掌握武器装备的活动跟斗争是两件事情，它只是斗争的准备而不是斗争的实施。由此可见，从本质上讲，配备武器和装备不在斗争的范畴之内，毕竟赤手空拳也是斗争。

斗争决定武器和装备，后者又改变前者的形式，因此二者之间是相互作用的。

只是，斗争本身依旧是一项独特的活动，而且由于它是在非常独特的条件下，即危险中进行，它更加独特。

因此，我们有必要区别两种不同性质的活动。我们深知，在某一方面极为优秀的人在其他方面通常是最为无用的人，只要理解这一点，就能洞悉区别两种活动的实际意义。倘若将配备了武器的军队当成现成的手段，只需了解其功能就能有效地使用它，那么在研究时区分这两种活动就会较为轻松。

可见，狭义的军事艺术就是在斗争中运用现成手段的艺术，称之为作战方法最为恰当；广义的军事艺术还包括一切为战争而存在的活动，即包括组建军队的全部工作，如征募兵员、装备军队和训练军队等。

从理论的现实意义来看，区分这两种活动是很重要的。因为，我们不难发现，倘若军事艺术务必从组建军队开始，并按照其所规定的军队来制订战法，那么这样的军事艺术只适用于现有的军队刚好和这种军事艺术所规定的军队相一致的少数场合。

可是，如果我们需要的是一种适用于大多数场合、在任何场合都有一定作用的军事艺术呢？那么，它只能以一般的战斗手段为依据，且只能以它们最主要的效能为根据。

由此可见，作战方法就是部署和实施斗争。如果斗争是以此单个的行动，我们就没有必要将它做进一步细分。可斗争是由许多本身完整的单个行动组成的，按照我们前面所讲的，这些行动是战斗，是斗争的单位。紧接着就出现了两种迥然不同的活动，即战斗本身的部署与实施，以及为了达到战争目的而对这些战斗进行的运用。前者是战术，后者为战略。

如今，人们几乎将作战方法分为战术和战略两种，并清晰地知道，哪些现象属于战术范畴，哪些现象属于战略范畴，尽管人们并不清楚这样区分的理由。既然这样的区分已被盲目采用，那么自有其道理。我们研究了这些道理，可以说，我们找到这个道理要归功于大多数人都这样区分。与之相反，某些个别学者不以实物的性质为依据任意确定的概念，我们无须考虑，并认为它们不会被采用。

在我们看来，战略是为了战争目的运用战斗的学问，战术是在战斗中运用军队的学问。

只有深入研究战斗，我们才能做到：为单个而自成一体的战斗下一个准确的定义，给其整体性所依赖的条件下一个准确的定义。在这里，我们只需知道几点就够了，即在空间上，整体性会受到个人指挥范围的制约；在时间上，连续进行的几次战斗，会持续到转折点过去之后，这种转折点是战斗中的典型现象。

可能会出现难以确定的情况，即有时候我们可以将一些战斗当作一个战斗，但绝对不可以以此来否定我们区分的原则。因为，一切现实事物的类别向来是通过逐渐的过渡才得以形成的，我们所做的区分也是如此。所以，就算观点不变，也会有某些活动既能划入战略范畴，也可以算为战术范畴，如把部队像警戒线那样散开的部署和某些渡河的部署就是如此。

所做的区分仅与运用部队有关，且只针对运用军队而言。不过，在战争中，还有其他活动有些与运用军队的关系较为密切，有些却较为疏远。

所有活动都与维持部队相关，这是战争的必要条件，犹如组建军队和训练军队是运用军队的前提一般，维持军队对运用部队极为重要。不过，若是认真研究便会发现，这些与维持军队的活动只是斗争的准备。所以，可以说这些活动不属于狭义的军事艺术，即真正的作战方法之内。

从理论上讲也是如此，谁会将后勤给养和管理等烦琐的事务列入作战方法之内呢？尽管它们与运用军队紧密相连，但两者在本质上是有区别的。

在前文中我们提到，要掌握住其他一切活动的线索，理由是这些线索最后属于战斗范畴。倘若将斗争定义为唯一直接有效的活动，那么我们可以说，只有有了斗争，其他活动才有目的，只不过它们是按照自身的规律去达到目的罢了。

战斗以外的其他活动在性质上都是非常不同的。

有些活动只属于维持军队。因为它们和斗争之间相互作用，才会对斗争产生一定的影响。它们一方面属于斗争本身，一方面却又是用来服务维持军队的，比如，行军、野营和舍营。这三种活动是军队三种不同的军事状态，但是军队在哪里，哪里就存在战斗的观念。只属于维持军队的活动是伤病员的救护、给养和武器装备的补充。

行军与运用军队完全一致。战斗中的行军，尽管还未真正使用武器，但是它与真正使用武器有密切关系，是战斗活动的组成部分。战斗外的行军则是为了要实现战略决定。这种决定会规定，军队将在何时何地以何等兵力进行战斗，而行军是实现这种决定的唯一手段。

所以，战斗外的行军是战略手段。只不过，它不仅仅属于战略范畴，因为军队在行军中随时可能发生战斗。所以，行军不但要服从战略原则也要遵守战术原则。

比如，指示一支部队在河流或山脉的一面行军是战略决定，因为这里面隐藏着一个意图,倘若行军中必须进行战斗,即可与敌人这一面作战,而不在那一面作战。

当一支部队沿着谷旁高地行军,而不是顺着谷底的道路行军,或者为了便于行军而将部队分为数个小分队时,这就属于战术决定,因为这些决定和发生战斗时如何运用军队有关。

行军的内部部署永远跟战斗的准备有关系,它是可能发生的战斗的预先部署,因而具有战术的性质。

既然在战略上仅仅考虑战斗的结果而不考虑其实际过程,既然行军只是战略用来部署战斗的手段,那么在研究中经常出现有人以行军这样的手段代替战斗的情况也就不足为怪了。

比如,巧妙的行军指的是行军所导致的战斗。这种概念的替换是很常见的,表达的简化也是可取的,所以,无需对此大加挞伐,不过,要注意的是,它终究是概念的替换,我们必须谨记其原来的意思,否则容易产生错误。例如,战略行动可以不取决于战术结果,就是犯了这样的错误。有人通过行军和机动,不经战斗就达到了目的,因此便得出结论:存在一种无需经过战斗也可以战胜敌人的手段。

这种错误会导致什么样的严重错误,我们将在后面讲到。现在就说说这种思想的错误性。

尽管我们完全可以将行军当成斗争的不可分割的一部分,但是,行军中有一些活动本身不属于斗争,因此它们既不属于战略范畴,也不属于战术范畴,如筑路等这些便于军队行动的措施不过是一些行军的条件罢了。在某些情况下,它们或许和运用军队很接近,几乎与它一样,比如敌前架桥,但是它们本身依旧不同于运用军队,所以,它们的理论便不属于作战理论范畴。

野营是比军队舍营时更为集中、更有战斗准备的一种配置。它是军队的一种静止状态，也就是休息状态，但它同时是可能在该地进行战斗的战略决定，并且通过布营的方式，它又包括了进行防御战斗的条件。因此，野营是战略和战术的重要部分。

舍营是为了让军队能更好地休息而代替野营的一种军事活动。所以，它和野营一样，如果从为了准备战斗而进行的内部部署来看，它是战术问题；而如果从营地的位置和范围来看，它是战略问题。

除了让部队得到休息外，野营和舍营往往还具有其他目的，比如掩护某一地区或防守某一阵地，当然也可能纯粹是以休息为目的。我们都深知，战略所追求的目的可能是各种各样的，因为，但凡有利于战略的都能够成为战斗的目的，而维持作战工具，经常会成为某些战略行动的目的。

在这种情况下，尽管战略的目的仅仅是为了维持军队，但是我们依旧没有脱离主题，我们所谈的重点依旧是运用军队的问题，因为军队在战区的任何地方、做任何部署都是运用军队的问题。

但是，我们要注意，在野营和舍营时，为了维持军队而进行的诸如架设帐篷、修筑营房这样的不属于运用军队的活动，则既不属于战略范畴，也不属于战术范畴。

至于防御工事，由于其位置的选定和工事的安排是战斗部署中的一部分，所以它是战术问题。不过，从工事的构筑上看，它们并不属于战斗理论。因为战斗理论是以这些知识与技能为前提做研究的，并且这些知识与技能是受过训练的军队早就已经具备的。

在纯粹属于维持军队而和战斗没有相同之处的活动中，只有军队的给养和战斗的关系最为紧密，因为给养几乎是每人每天都必不可少的，所以，给养在战略范畴内对军事行动影响较大。

我们之所以这么界定，是因为在单个战斗中，给养的影响可能会改变作战计划。不过，这样的可能性虽然存在，但却很罕见。给养大都只和战略发生相互作用，因为给养问题足以影响到一次战役或者战争的主要方面的情况是极少出现的。不过，不管给养的影响如何，它本质上依旧是不同于运用军队的一种活动，它只以自己的结果对军队起到作用。

我们在上文提及的别的活动与运用军队的关系更远，伤病员的救护活动虽然对军队的健康运行极为重要，但它仅涉及一小部分人，对大多数人仅有小而间接的影响；武器装备的补充，只要定期即可完成，在制订战略计划时，经常很少考虑它，除了军队本身常常进行的以外。

但是，这些活动在某些情况下也可能具有决定性的作用。比如医院和弹药库的远近，极有可能是在战略上做出重要决定的唯一依据。这点是显而易见的，我们不想否认。

但是，类似这样的仅仅是个例，而我们在这里所谈的是整体。我们认为，上述所说的活动所产生的极大的影响是极其罕见的，所以，我们不可能让伤病员救护和武器弹药补充的理论并入作战理论。

现在，我们再次明确一下我们研究的结论，属于战争的活动大致可以分成两大类：只属于战争准备的活动和战争本身的活动，而理论分类的划分也必须与之相应。

战争理论是用来研究如何使用训练好了的手段来达到战争的

目的。它只需要上述知识与技能的结论，或者说，它只要了解它们的主要结果即可。我们称之为狭义的军事艺术，或者作战理论，抑或是运用军队的理论，尽管叫法不一样，但是实际上指的都是一回事。

属于战争准备的知识和技能是为了建立、训练和维持军队。我们在这里不深究到底应该给它们起一个什么样的总名称，可是我们深知，炮兵、筑城等所谓的基本战术、军队的组织和管理等知识和技能，通通属于这个范畴。

因此，战争理论将战斗作为真正的斗争来研究，而把行军、野营和舍营等作为在某种程度上与斗争一致的军队的状态来研究。不过，它不将给养问题作为资深范围内的活动来研究，而是只研究其结果，正如同战争理论对待其他既存条件一般。

狭义的军事艺术又分为战术和战略艺术。前者研究的是战斗的方式，后者研究的是战斗的运用。至于行军、野营和舍营这几种军队的状态，由于战斗与战略和战术发生了关系，它们究竟是属于战略问题还是属于战术问题，要看它们是否同战斗的意义有关，是否跟战斗的方式有关。

大费周章地将战术和战略这样十分接近的两个事物进行区分，肯定有人认为是多余的，因为这对作战本身并无直接作用。在这里，我们需要做点说明。

任何理论首先要澄清混乱的，甚至是混淆不清的概念和观点。我们只有对名称和概念有了共同的理解，才能够站在同一个立足点上，才有可能顺利而清晰地研究问题。战术和战略虽然是在空间上和时间上互相交错，但它们在性质上却不相同，如果不精准地确定其概念，我们便难以彻底地理解二者的内在规律与相互作用。

倘若有人认为我们所做的这一切毫无意义可言,那么除非他不做理论研究,否则他肯定还尚未被那些混淆不清、缺乏可靠根据的概念搅得头昏脑涨。

在作战理论方面,我们之所以经常听到和看到这样的概念,是因为有科学研究精神的人还极少研究这类问题。

第二章　战争理论

军事艺术最初只被理解为军队的准备

以前，人们只将军事艺术或军事科学简单地理解为与物质事物有关的知识和技能的总和。有关知识与技能的内容大致包括这些：武器的结构、制造和运用，军队的组织及其行动的机械规定，要塞和野战工事的修筑等，这些都是为了准备一支在战争中可以使用的军队。

在此，人们仅仅谈到物质材料和单方面的活动，简单地说，这不过是一种从手工业逐步地提高到灵巧的机械技术的活动。它和战斗自身的关系基本上与铸剑术同击剑术的关系没有多少区别。

至于在危急时刻和双方不断相互作用时军队的使用问题，以及智力和勇气的活动等诸多问题，在当时都还没提到。

在攻城术中第一次谈到作战方法

我们发现，在攻城术中第一次涉及战斗本身的实施问题，即运用上述物质的某些智力活动的问题。不过，绝大多数情况下，它只是平行壕、接近壕、反接近壕、炮台等这类新物质对象中的智力活动的体现，它们的每一发展都是以出现这样的物质对象作为标志的。在这里，智力活动的作用仅仅是串联这些创造物所必需的一条纽带罢了。因为，在这样的战争中，智力几乎只表现在这样一些事物中，因而攻城术能谈到这些也就够了。

后来战术也接触到这个方面

后来，战术也尝试着依据军队的特性为军队的一般部署制定机械性的规定。

虽然这涉及战场上的活动，但是它只涉及通过编队和战斗队形而变成一台自动机器，一接收命令就像钟表那样行动的军队，而依旧没有涉及自由的智力活动。

真正的作战方法只是在谈别的问题时谈到的

人们曾这样认为，真正的作战方法，即随心所欲地使用已经准备好的手段，只能靠天赋，而无法成为理论研究的对象。但是，随着战争从中世纪的搏斗逐渐转向比较有规则和复杂的形式，人们对此有了新的看法。只不过，这些看法并未被系统地提及，而是在一些回忆录和故事中谈到别的问题时附带地提及。

对战争事件的各种看法引起了建立理论的要求

随着看法越来越多，研究历史越来越需要批判。因为人们讨厌那些不围绕任何不遵循明确准则的争论，所以大家迫切需要一些原则和规则，以便能作为解决战史中常见的争执和分歧的准则。

建立死板的理论的努力

于是，人们就费心费力地为作战规定一些原则、规则，甚至体系。如此一来，虽然他们提出了这个肯定的目标，但是他们忽视了在这方面面临的诸多困难。正如同上文所说的那样，作战几乎在一切方面都没有固定的范围，可是人们所指定的每一个理论，全然带有进行综合时难免的局限性。所以，这就产生了理论跟实践之间永远无法解决的矛盾。

局限于物质对象

对于这些问题，理论著作家们早就感受到了，但他们认为，只要将原则和体系仅仅局限于物质对象上和单方面的活动上，就能够解决诸多难题。他们企图像在有关战争准备的科学中一样，只要求得到十分肯定的和死板的结论，所以他们只能研究那些可以计算的事物。

数量上的优势

数量上的优势是一个物质方面的问题。有人认为它是决定胜利的种种因素中最为重要的，因为它可以通过时间和空间的计算，可以纳入数学法则。至于其他方面的因素，他们认为对双方来说是一样的，是可以相互抵消的，所以无需考虑。

倘若他们偶尔这样做是为了弄清楚数量上的优势的各个方面，那么无疑是正确的，而如果他们总是这样做，并且认为它是唯一的法则，那么它就是一种经不住现实考验的、片面的看法。

军队的给养

也有人试图在理论研究中使用另一种物质因素，即军队的给养。他们以军队是一个现存的组织为出发点，认为给养对大规模作战有决定性意义，并将之发展为一种体系。

很显然，用这种方法的确能得出某些肯定的数值，不过这些数值都是以许多臆测的假定为依据的，所以它们也经不住实践的考验。

基地

还有人曾经试图用基地这样的概念来概括人员和装备的补充、军队的给养、与本国的交通联络的安全以及必要时的撤退路线的安全，甚至与此有关的精神因素等。

刚开始，他用基地一词概括上述各方面，紧接着，他又用基地的大小来代表基地，最后他却以军队和基地所构成的角代替基地的大小。他做这一切仅仅是为了获得一种纯粹的几何学的结果。可惜这种结果毫无价值。这点只要从概念的替换上就可以看出来，因为每一次概念的替换都会造成原来的概念受到损害。

当然，对战略来说，基地这个概念非常重要，提出这个概念是个贡献。不过，如果仅仅像上面那样使用这个概念则是不可取的，它必然会得出片面的结论，将理论家引入歧途，以至于他过分强调包围的重要性。

内线

后来，跟上述错误相对立的学说即内线原则登堂入室。尽管它建立在良好的基础上，即建立在战斗是战争的唯一有效的手段这一真理上，但是由于它具有纯粹的几何学性质，以至于它成为无法指导现实战斗的另一种片面的看法。

所有这些理论都应加以批驳

上面所说的这些理论，只有它们的分析部分可以看成是探索真理方面的进步，而其他部分，即它们的细则和规则则没有任何价值可言。

首先，这些理论都追求肯定的数值，然而战争中的一切都是不确定的，计算时能作为根据的仅仅是一些经常变化的数值。

其次，这些理论只研究单方面的活动，然而战争通常是双方经常发生相互作用的过程。

最后，这些理论只研究物质因素，然而战争一直涉及精神力量及其作用。

这些理论把天才排斥在规则之外

这些理论往往将其无法解决的问题都归咎于超越规则的天才的领域，从而将它们排除在科学研究的范围之外。

然而，对天才来说，这些规则是没有用处的。天才可以不理睬它们，甚至可以嘲笑它们。设想一下，那些必须在这种贫乏、片面的规则中行动的军人该多可怜。实际上，理论所能做的最好的事情，莫过于阐明天才是如何做的和为什么这样做，即天才所做的正是最好的规则。

与精神相对立的理论很是可怜，无论它们摆出多么谦虚的面孔，都无法消除这种矛盾，而它们越谦虚，就越容易受到鄙视和嘲笑，越容易被现实生活排斥。

理论研究涉及精神因素时就会遇到困难

但是，不管什么理论，一旦接触精神因素，困难就大量增多。医学多数时候只研究肉体的现象，所研究的只是动物机体的问题。但是动物机体是无时无刻不在变化的，这就给医学带来很大的困难，造成医生的诊断比其知识更为重要。如果说，加上精神作用，其难度有多高就可想而知了。能使用精神疗法的人该多么了不起啊！

在建筑绘画艺术方面，讨论的仅仅限于物质方面的问题时，理论通常是较为明确的，对结构方面的力学问题和构图方面的光线问题不会有多大的分歧。但是，如果涉及创作物的精神作用，如果要求在精神上引起共鸣和感情时，那么理论的所有法则将显得模糊不清。

在战争中不能排斥精神因素

然而，军事行动往往既涉及物质因素，又涉及使物质具有生命力的精神力量，所以，将两者分开是不现实的。精神因素只能通过内在的眼力才能看到，而每个人的眼力又有所不同，而且就算是同一个人的眼力在不同的时刻也往往是不同的。

战争中危险随处可见，一切都在危险中进行。所以，对判断产生影响的主要是勇气，即对自己力量的信心，它和眼珠一样，一切现象必须通过它才能到达大脑。

然而，通过经验我们可以看出，精神因素是有一定客观价值的。这点是毋庸置疑的。所有人都知道奇袭、侧翼攻击和背后攻击的精神作用，每个人都认为刚开始撤退的敌人都没什么勇气；每个人都会根据对方的才能、年龄和经验来判断对方，并根据这些判断来确定自己的行动；每个人在追击敌人时与被敌人追击时都会展现出不一样的胆量；每个人都极度关注双方军队的精神状态和情绪。

所有的以及类似的精神作用都已在实践中得到证明，并且反复出现，所以我们有理由认为它们是确实存在的因素。倘若理论忽视这些因素，那它还有什么价值呢？

当然，经验是这些真理的必然来源。理论和统帅都不应在心理学和哲学的空谈之中徘徊。

作战理论的主要困难

为了搞明白作战理论中的困难，根据这些困难找到作战理论必须具有的特性，我们要进一步考察军事活动的主要特点。

第一个特点：精神力量及其作用

敌对感情

第一个特点是精神力量和其作用。

从某种意义上说，斗争是敌对感情的表现。但是，至少个人与个人之间往往是没有敌对感情的，敌对感情在现代的大规模战争中，通常表现为敌对意图。不过，即使是这样，也绝不意味着敌对感情不存在于个人与个人之间。

在现代的战争中，没有民族仇恨的情况是十分少见的，而民族仇恨往往代替了个人之间的敌对感情。就算没有民族仇恨，最初没有激愤的感情，在斗争中经常会燃起敌对感情。这是因为，任何人根据上级的命令对我们使用了暴力，我们都会在反对他的上级前报复他本人。

无论你说它是动物本能也好，说它是人性也罢，事实就是这样。人们在理论上总是习惯于将斗争当成是抽象的、毫无感情成分的力量的较量，这是理论未能看到，因此导致的后果而犯下的错误之一。

除了敌对的感情外，还存在其他的感情，如功名心、统治欲和各种激情等，它们在本质上并不属于上述感情，但却跟上述感情有着密切联系，所以非常容易与它们结合在一起。

危险的影响

勇气

斗争总是有危险的，一切军事活动都是在危险中进行的，就像鱼一定在水里游动，鸟一定在空中飞翔一样。

危险对人的感情往往是要么直接地起作用（通过人的本能起作用），要么通过智力起作用。在前一种情况下，人们试图逃避危险，倘若无法逃避，便会产生恐惧。如果不是产生恐惧，那么便是勇气让他们克服了本能的反应。

然而，勇气绝不是智力的表现，它是一种感情，如同恐惧一样。不过，勇气的存在是为了维护精神的尊严。可以说，恐惧是因为害怕肉体受到伤害，而勇气则是高尚的本能。也因为如此，我们不能将勇气当成一种可以事先规定其作用的没有生命的工具来使用。它不但是抵消危险的作用的平衡物，而且是一种特殊的因素。

危险的影响范围

如果我们想要正确估算危险对指挥官的影响，除了要关注危险在当时对肉体的影响外，还要关注其他事物。危险对指挥官产生作用，不仅仅是由于他本人遭到威胁，还由于他所有的部下遭到威胁。危险在它实际存在的时刻威胁着指挥官，也在危险与其他一切有联系的时刻威胁指挥官——借助指挥官本人对危险的想象。危险既直接影响指挥官，又通过责任感影响指挥官，造成指挥官在精神上感到的压力倍增。

在建议或者决定进行大会战时，在面临这一巨大行动所带来的危险和责任时，谁能够在精神上毫无紧张感和不安呢？我们可以这样断言：战争中的行动，只要是真正的行动就永远无法摆脱危险。

其他感情力量

我们虽然把这些由敌意和危险激起的感情力量当成战争中所特有的因素,但是我们并不能因此认为,人类生活中的其他感情力量与战争毫无关联。事实上,它们在战争中也发挥一定的作用。

虽然某些细小的激情在战争中被抑制了,但是这几乎都只存在于低级指挥官身上。他们不断地遭受危险的威胁和劳累的折磨,进而抛开虚伪的习惯。这是因为生死关头容纳不下虚伪,这些军官没有闲暇顾及生活中的其他事情,所以,他们便具备一种被当成军人最好标志的简单的性格。

但是,这种现象在高职位的人那里是不存在的,因为职位越高,所考虑的事情就越多,涉及的方面就越广,激情的活动就越复杂。在这其中,好的或者坏的、谦虚或傲慢、宽厚或嫉妒、温和或暴躁,所有这些力量都会对战争产生重要的作用。

各人智力的不同

除了感情外,指挥官的智力对战争也会产生重要的影响。在战争中,一位狂热而不成熟、喜欢幻想的指挥官的作为和一个冷静而有力的指挥官的作为是有区别的。因为每个人的智力不尽相同,所以达到目标的方法也就多种多样。之所以是多种多样(正如我们在前文所讲的那样),原因是幸运和概然性能发生重大的作用,主要是因为各人的智力是不同的,而这种影响主要表现在高职位的人群身上,因为它是随着职位的提高而逐渐增加的。

第二个特点：活的反应

军事行动的第二个特点是活的反应和因此而发生的相互作用。我们在前面说过，把精神力量当成一个因素来研究会面临困难，而这种困难已把计算上的困难囊括其中。

在这里，我们要重点论述，交战双方的相互作用就其性质来说是与一切计划性不相容的。在所有军事行动的现象中，我们绝不能将纯粹特殊的情况包括进去，因为任何一个措施都会对敌人产生极其不同的影响。不过，任何理论研究的对象都是一些相似的现象，其理论不适用于这种特殊的情况，这种特殊情况在任何地方只能依靠判断和才能来处理。

在军事行动中，依据一般情况而制订的行动计划往往会被意外的特殊情况打乱，所以，跟人类其他活动相比，军事活动更多的是依靠才能，而理论上的规定则较少被运用。

第三个特点：一切情况的不确实性

战争中的所有情况都非常不确实，这种困难较为特殊。因为所用行动好像都是在忽明忽暗的光线下进行的，而且，所有一切都像在云雾里和月光下一样，轮廓变得很大，样子变得很古怪。

这些无法看清的事情，只能寄希望于幸运，或者依靠才能来推测。所以，在缺乏客观情况的场合中，我们只能够寄希望于才能，甚至将希望都押在幸运上。

建立死板的理论是不可能的

综上所述，我们必须指出：试图为军事艺术建立一套呆板的理论，会像搭起一套脚手架那样，想要保证指挥官行必有据，这绝对是异想天开的事情。就算有可能，在指挥官只能依靠自己的经验和才能时，他也一定会抛弃它，甚至与之对立。此外，不管呆板的理论内容有多丰富，多么面面俱到，它都无法摆脱这样的结果：才能和天才不受法则的约束，理论和现实对立。

建立理论的出路

建立理论的确有困难，但是困难的大小并不是到处都有，要想摆脱这些困难的办法有两个。

首先，我们对军事活动特点进行一般探讨时所说的一切，并不是适用于任何职位上的人。一般而言，职位越低，就更需要自我牺牲的勇气，而他们在智力和判断方面遇到的困难就少很多，他们接触的事物相对有限，所了解的情况也较为确切，追求的目的和使用的手段就相应地较少，其中大部分甚至是亲眼看到的。

但是这不适用于职位较高的人。可以说，职位越高，他们所要面临的困难就越大，到了最高统帅的地位，困难也就到了极点，以至于他们都只能寄希望于天才来解决。

就算我们从军事活动本身的区分来说，困难也不是每处都一样。军事活动的效果，越是体现在精神领域越是成为意志的动力，理论所遇到的困难就越大；相反，如果军事活动的效果，越是体现在物质领域，困难就越小。

因此，与为战斗的运用规定理论相比，为战斗的部署、组织和实施规定理论容易些。后一种情况是拿物质手段进行战斗的，虽然其中不乏精神因素，但是主要是物质因素。但是在运用战斗的效果时情况就不一样了，因为人们所接触的便只剩下精神了。

要而言之， 为战术建立理论比为战略建立理论困难要小得多。

理论应该是一种考察，而不是死板的规定。理论不必是死板的，也就是说不必是对行动的规定。

倘若某种活动屡次涉及同一类事物，即同一类目的和手段，那么，就算它们本身的变化很小，它们所采用的方式多种多样，它们仍然是理论研究的对象。

在理论中，这种研究是最为重要的部分，也只有这样的研究才能配称为理论。

这种考察是对事物进行分析探讨，它有助于人们确切地认识事物。倘若我们对经验也进行这样的研究，那么便能对它们有一个深入的了解。

人们越是对事物有深入的了解，理论就越能够在一切依靠才能来解决问题的场合产生作用，就越能够把客观的知识变成主观的能力。换句话说，它就可以对才能本身产生作用。

倘若理论能够研究战争的各个组成部分，它便能够全面阐明手段的特性，能够较清晰地区分原先看起来似乎模糊不清的东西，能够指出手段可能产生的效果，能够明确目的的性质，能够不间断地批判阐明战争中的所有问题。如果理论做到了上述这些，那么它便完成了自己的主要任务。

这样，理论能成为通过书本学习战争问题的人的指南，它可以为他们指明道路，让他们能够顺利前行，并阻止他们误入歧途，培养他们的判断能力。如果有一个专家费尽心血来研究一个本来隐晦不明的问题，那么他对该问题的了解自然要比只用短暂时间来研究该问题的人深刻得多。我们建立理论的目的就是要让别人无需埋头于故纸堆中搜集整理资料从头开始研究，便能利用整理好和研究好的成果。

理论要用来培养未来的指挥官的智力，更准确地说，理论应当促使他们自修，而不是跟着他们一起上战场。这好比高明的老师要做的是启发和促进学生发展智力，而不是一辈子牵着他走路一样。

如果我们从理论研究中自然而然地得出原则和规则，如果真理自然而然凝结成原则和规则这样的晶体，那么理论不但不会和智力活动相对立，反而会将这些原则和规则突显出来。

但是，理论这样做的原因，是为了要与人们思考的逻辑关系相一致，明确诸多线索的汇合点，而不是为了建立一套供战场上使用的代数公式。因为这些原则和规则的主要作用是确定思考的基本线索，而不是像路标那般指出行动的具体道路。

我们只有认可上面的观点，才能够消除理论和实践之间的矛盾；只有认可了上面的观点，我们才有可能建立一套颇为满意的作战理论，即建立一种有用的、与现实不会相互矛盾的作战理论。而且，只要这种理论得到恰当的运用，它就会跟实际接近，最后彻底消除理论脱离实际的这种反常的现象。

这种现象造成理论和健全的理智相对立的原因往往是不合理的理论所引发的，不过在现实生活中，它经常作为一些智力贫乏而愚昧无知的人的辩护词。

所以,理论应该考察目的和手段的性质:战术上的目的和手段。在战术中,手段是用来进行斗争的受过训练的军队,其目的是获得胜利。至于要如何进一步确定胜利的概念,我们会在后面详加论述,在这里,我们只要记住让敌人退出战场便是胜利的标志就足够了。

有了这样的胜利,我们便达到战略为战斗规定的目的。这种目的让战斗具有真正的意义,这种意义会对胜利的性质产生一定的作用。以削弱敌国军事力量为目的的胜利和以攻占某个阵地为目的的胜利是不一样的。由此可见,战斗的意义会对战斗的组织和实施产生明显的作用,所以也应当作为战术的一个研究对象。

在战术上使用手段的各种条件

既然有些条件是战斗不可或缺的,会多少对战斗发生影响,那么它们也应当是战术考虑的对象。这些条件即时间、地形和天候。

时间

昼夜之分会对战斗产生影响。不过,这种影响的范围显然超过昼夜的界线,因为每次战斗都需要一定的持续时间,大规模战斗甚至要持续很多小时。对于组织一次大规模的会战来说,究竟是从早上开始行动还是从下午开始行动有着巨大的差别。不过,有些战斗是不受时间的影响,一般而言,时间对战斗的影响整体上是有限的。

地形

地形最好分为地区和地貌两个概念，严格地说，倘若战斗是在完全平坦的荒原上进行的，那么地形对战斗便没有什么影响。

在草原地带，这种情况的确有可能发生，但是在欧洲显然是不可能发生的。所以，欧洲民族间的战斗不受地形的制约是难以想象的。

天候

天候对战斗发生决定性影响的情况极为少见，其实，只有大雾会对战斗发生一定的影响。

战略上的目的和手段

在战略上，原本只有胜利，即战术成果是手段，能直接导致媾和的因素才是最终的目的。战略在运用手段达到目的时，多少会受到对此产生影响的那些条件的制约。

在战略上使用手段时离不开的各种条件

这些条件仍然是：时间（不过应该包括季节）以及天候（不过是指严寒等特殊现象），地区和地貌（不过地区还应该扩大理解为整个战区的土地和居民）。

构成了新的手段

把上述条件和战斗成果结合起来，战略就让战斗成果——当然也就让战斗本身——有了特殊的意义，即让战斗具有了特殊的目的。不过，只要该目的无法直接导致媾和，而只是从属性的，那么我们就应该将它当成手段。因此，我们完全可以将具有不同意义的战斗成果或胜利都当成战略上的手段。

比如，占领敌军阵地便是和地形结合在一起的战斗成果。我们不但要将具有特殊目的的单个战斗当成手段，还要将在共同目的下进行的一系列战斗所组成的任何一个更高的战斗单位当成手段。比如，冬季战局便是这种和季节结合起来的一种行动。

因此，只有那些可以当成直接导致媾和的因素才是目的。理论所要做的是探讨这些目的和手段的作用，以及它们之间的相互关系。

在这里我们首先要探讨的第一个问题是：战略要如何做才能够详细地、毫无遗漏地将这些手段和目的列举出来。如果从哲学的角度来回答，那么我们便会遭遇重重困难，最终无法找到作战理论和作战实践之间的逻辑的必然性。

所以，我们只能根据经验，根据战史所提供的案例来进行研究。当然，以这种方法来搞研究也有局限性。但是，这种局限性是不可避免的，因为不管在何种情况下，理论讲述的问题都是从战史中抽象出来的。对于这种局限性，与其说它存在于现实之中，倒不如说它存在于概念中。

这种方法的一大优点是，它能使理论切合实际，不至于钻进牛角尖和变成幻想，让人们陷入无谓的思考。

对手段应分析到什么程度

另一个问题是，理论对手段应该分析到何种程度。这个比较容易回答，我们只需考察它们使用时的各种特性就可以了。对战术来讲，各种火器的射程和效能是极其重要的，因为作战跟用炭粉、硫黄和硝石制造火药，跟用铜和锡制造火炮不一样，它是运用具有效能的现成的武器，虽然可以决定效能，却是无关紧要的。但对战略来说，只需要运用军用地图，无需研究三角测量。要获得最辉煌的战绩，战略不需要研究如何建设国家，如何教育和管理百姓，它要做的是了解欧洲各国社会在这方面的现状，并注意不同的情况究竟会对战争产生何种程度的影响。

知识的范围大为缩小

这样一来，我们发现，作战所需的知识的范围缩小了很多，理论所需研究的对象就大幅度地减少了。一支整装待发的军队在进入战场之前所必须具备的，一般军事活动必需的大量知识和技能，在真正投入到战争之前，一定是被压缩成为数目极少的几条主要结论，如同某个地方的很多小河流入大海之前先汇成几条大河一样。

事实上，统帅所要掌握的只是那些主要结论。这也就是为什么伟大的统帅通常能够迅速成长和为什么统帅并非学富五车。实际上，我们的研究只能得出这样的结论，如果说我们得出了不同的结论，我们的研究便是错误的。

只有这样的结论才能够解释：为何有些跟军事活动毫不沾边的人却能担任较高的职务，甚至是担任统帅，并在战争中建立了不朽的战绩；为什么伟大的统帅从来都不源于知识渊博的军官群体，而大多数统帅都是那些环境不允许他们获得大量知识的人。因此，那些认为必须从了解一切细节为起点来培养伟大的统帅的人，或者认为这样做是好处多多的人一直以来都被人讽刺为书呆子。

要证明了解一切细节对统帅没什么好处这个观点是非常容易的。因为人的智力本身就是通过他所接受的知识和思想培养起来的。

大问题的知识和思想可以让人成大材，而细小和枝节问题的知识和思想，如果不加以拒绝的话，那么只会让人变成小材。

以往的矛盾

以前，人们总是忽视战争中所需要的知识是简单的这个问题，人们往往无法将它和那些为作战服务的活动的大量知识和技能区分开来。所以，在它们和现实生活产生对立时，人们便将这一切都推给天才，他们坚信，天才是不需要理论的，理论也不是为天才建立的。

所以，有人认为知识一无是处，而将这一切都归于天赋。在现实生活中，有依靠天赋行事的人总是认为，卓越的天才和学问渊博的人好像有着天壤之别。这些人不相信理论，认为作战完全依靠个人的能力，而个人能力则与个人天赋的高低息息相关，于是他们成了怀疑论者。

对此，我们只能说，这些人比那些只知道相信错误知识的人要好一些，但是他们的看法却跟事实相违背。因为，人们若不积累一定数量的观念，便不能进行智力活动。

这些观念绝大多数并不是天生的，而是后天习得的，这些观念便是知识。

那么，我们究竟需要哪些知识呢？在这里，我们可以肯定地说，战争中所需的知识应当是人们在战争中需要直接处理事情的知识。

不同的职位需要不同的知识

在军事活动的领域内，不同的指挥岗位需要的知识是不一样的。职位较低的人通常需要一些涉及面较窄而比较具体的知识，职位较高的人往往需要一些涉及面较广而比较概括的知识。让一些统帅当骑兵团长，他们未必干得很出色；让骑兵团长当统帅，他也未必做得有声有色。

虽然战争中所需要的知识比较简单，但是运用它们却并非易事。战争中所需要的知识之所以简单，是因为它几乎只涉及极少的问题，而且只要人们掌握这些问题的结论就可以了。不过，运用起来却不那么容易。

在战争中遇到困难是司空见惯的事情，这点我们在第一篇中已经做了详细的论述。抛开只能依据勇气才能克服的困难，至于智力活动，只在较低的职位上才是容易的。随着职位的逐步提高，它的难度就会渐渐增加，到了最高统帅的职位，智力活动便成为人类最困难的精神活动之一了。

这些知识应该是什么样的

虽然统帅不一定具备政论家的才能，也不一定要具备丰富的历史知识，但是他却必须熟悉国家大事，一定要对传统的政策、当前的利害关系和存在的各种问题、当权人物等有一定的了解并做出正确的评价。

统帅不必是敏锐的性格分析家，也不必是细致的人物观察家，但是他一定要了解自己属下的性格、思考方式、习惯和主要优缺点。统帅不必深谙车辆的构造和火炮的挽曳法，但是他一定要能正确地估计一个纵队在各种不同情况下的行军时间。

这些知识是无法通过科学公式和机械方法来获得的，统帅只能在观察事物时和在实际生活中通过正确的判断，依靠理解事物的才能获得这些知识。

因此，职位较高的人在军事活动中所需要的知识，可以在考察和思考中通过一种特殊的才能来获得（这种才能作为一种精神上的本能，像蜜蜂从花里采蜜一样，善于从生活现象中吸取精华）。

此外，这种知识还可以通过生活实践来取得。通过充满教育意义的生活实践，尽管人们无法变成像牛顿或欧拉这样的人物，却可以具备像孔代或腓特烈这类人的卓越的推断力。

因此，我们没必要为了强调智力在军事活动中的作用而深陷学究气十足的泥淖中。历史上那些伟大而杰出的统帅从来都是智力非凡的人，而在现实中，有些人在职位较低的时候表现非常优秀，但是到了最高的职位时却因为智力不足而显得平庸无能。甚至，同样处于统帅位置的人，因为职权范围不同，智力的表现也不尽相同。

知识必须变成能力

现在我们还要考虑另一个问题,这个问题对作战知识来说,具有无比重要的地位,它就是将知识转化为自己的东西,融会贯通,让知识不再是某种客观上的东西。

在人类生活中的许多活动中,就算人们所学的知识已经忘得差不多了,人们在需要时也可以从满是灰尘的书本里去寻找,甚至人们日常所用的知识也可能完全是身外之物。

以建筑师计算石礅的负荷力为例子,在他提笔进行复杂的计算后,他得出了准确的结果,但这也不是他自身智力的创造。因为,他先要查找资料,然后进行计算,而他计算所使用的定律并不是他自己发明的,甚至在计算过程中,他都没有意识到为什么要采用这种计算方法,多数时候,他只是机械地计算。

不过,这种情况并不适用于战争。在战争中,精神因素一直在发生作用,而客观情况也不断地发生变化,这就要求指挥官务必将全部知识变成自己的东西,务必在关键时刻下定决心。也因为这个原因,一个杰出的指挥官的所作所为看起来很容易,好像这一切都有应该归功于他那天赋的才能。我们之所以用天赋的才能,是为了将这种才能和通过考察和研究培养出来的才能区别开来。

明确了作战理论的任务,并提出了完成这一任务的方法

我们曾将作战方法分成战术和战略两个范畴。正如我们已经指出的那样,因为战术基本上只涉及有限的问题,而在战略上,能够直接导致媾和的那些目的是数不胜数的。毫无疑问,要建立

战略理论必然会遇到较大的困难，但是，这些目的都是统帅主要考虑的事情，所以困难主要集中于与统帅有关的部分。

因此，跟战术理论相比，战略理论，尤其是涉及重大问题的那部分，更应当只是对各种事物的考察，更应该有助于统帅认识事物。一旦这种认识和统帅的整体思想融为一体，统帅便能够更加顺利和更加有把握地行动，不至于强迫自己服从客观真理。

第三章　军事艺术或军事科学

名称待定

能力和知识。单纯以探讨知识为目的的是科学，而以培养能力为目的的是技术。

人们依旧在犹豫不决，不知道究竟是采用军事科学这个术语好，还是采用军事艺术这个术语好，也不清楚该用什么方法来解决这个问题，尽管它很简单。

我们知道，知识和能力是不同的，二者的差别非常明显，不容易混淆。能力原本不能写在书本上，所以技术似乎不该作为书名。但是，人们早已习惯将掌握某种技术所需要的知识叫作技术理论，或简称为技术。所以，人们习惯这样的区分方式，将纯粹以研究知识为目的的都称为科学，比如数学、天文学；将以培养创造能力为目的的都叫作技术，如建筑术。

毋庸置疑，这些技术理论中极有可能包含一些独立的科学。此外，我们还要注意，任何科学也有可能包含技术，比如数学，算术和代数的应用就是技术。不过，这不是二者之间的界限，因为尽管以人类知识的总和为出发点来看，二者的差别非常显著，但若是在一个人身上，它们就难以分辨了。

军事艺术

任何思维都是一种能力。当逻辑研究者画一条横线,宣告认识的结果已结束,判断从此开始时,能力就开始发生作用。甚至可以说,通过智力的认识也属于判断,也是一种能力。同理,通过感觉的认识也不例外。

一句话,一个人若只有判断力与认识力中的一种是难以想象的。因此,知识和能力难以分开。二者越是具体体现在世界的外部形态上,它们之间的区别就越明显。可以说,以创作和制造为目的的属于技术的领域,以研究和求知为目的的属于科学的领域。

由此可见,采用军事艺术比使用军事科学更加妥当。

之所以要深究这个问题,是因为这些概念必不可缺。不过,我们认为,战争既非真正的技术,也不是真正的科学,而人们因为意识不到这点,才会不知不觉地将战争等同于其他技术和科学,并进行了许多不正确的对比推理,进而误入歧途。

人们凭感觉将战争当成一种手艺,这是弊大于利的。因为,手艺只是一种比较初级的技术,它只遵从狭隘和较固定的规律。虽然军事艺术有一个时期曾带有手艺的性质(佣兵队长时期),但是它出现这种倾向不是由于内在的原因,而是因为外部原因,更何况战史也表明,这在当时就是很不正常和很不能令人满意的。

战争是一种人类交往的行为

所以我们认为,战争属于社会生活的领域,而不属于技术或科学的领域。

战争是一种巨大的利害关系，以流血方式进行的冲突。与其说战争像某种技术，不如说它像贸易，因为贸易是人类利害关系和活动的冲突。

不过，政治更接近战争，它也可以看成是大的贸易，不仅如此，政治还是孕育战争的母体。

区别

战争和技术或艺术的根本区别在于：战争不像艺术那样，处理的是人的精神与感情这样的活的、被动的、任人摆布的对象，也不像技术那般，只处理死的对象，它处理的是，既是活的又主动反应的对象。

因此，不难得出这样的结论，技术和科学所采用的机械思维方法很好被应用于战争，而企图从战争中寻找类似从死的物质世界所能找到的那些规律必将导致错误的发生。

不过，人们在以前的确是以技术作为榜样来确立军事艺术的，而以艺术作为榜样则行不通。因为艺术本身缺乏法则和规则，其现有的法则和规则是不完善的、片面的，且被各种意见、感觉和习惯所左右。

对于在战争中发生和消失的这种活的对象之间的冲突究竟是否要遵从一般法则，这些法则可否作为行动的有用的准则，我们暂不讨论。不过，有一点是很清楚的，即如能像没有超出人类认识能力的任何对象一样，用研究精神的方法也可以阐明战争，它的内在联系多少可以弄清楚，只要做到这点，理论就是名副其实的理论。

第四章　方法主义

要讲明白在战争中起到如此巨大作用的方法和方法主义的概念，一定要概略地了解支配一切行动的那一整套逻辑层次。

法则，是适用于认识和行动的最为普遍的概念。从词义上看，它明显具有某种主观性和武断性，不过也因为这样，它表达了人类与外界事物所要遵守的东西。从对认识的角度看，法则表明事物与它的作用之间的关系；从意志的角度看，法则是对行动的一种规定，具有和命令、禁令同等的意义。

原则，和法则一样，都是对行动的一种规定，但是它有法则的精神和实质，却不像法则那般死板。在现实中，当事情复杂到无法纳入法则这样死板的形式时，原则便赋予判断更多的自由。在原则不适用的场合，人们必须依靠判断来处理问题，所以，原则仅仅是行动者的依据或指南。

如果原则是客观真理的产物，适用于人和人，那么它便是客观的；而如果原则本身包含主观因素，仅对提出它的人有价值，那么它便是主观的，通常被称为座右铭。

规则，常常被误解为法则，但是却和原则具有相同的意义。这是因为人们常说"没有无例外的规则"，却不说"没有无例外的法则"。这说明，人们在使用规则时可能拥有较多的自由。

从另一角度看，规则是根据外在的某些特征去认识深藏的真理，进而确定全部符合这一真理的行动准则的手段。我们常见的赌博的秘诀、数学上的简便法则等就是这样的规则。

细则和守则，也是对行动的规定，由于它们涉及的是更细小、具体的情况，这些情况过多且琐碎，因此没有必要为它们额外建立一般性的法则。

最后就是方法和方法主义。方法是指从很可能的办法中选择出来的一种常用的办法，方法主义则是根据方法而非根据一般原则或者个别细则来决定行动。但它有个前提，即用这种方法去处理的各种情况基本上是相同的。

可惜，事实并非完全如此。因此，相同部分应该尽可能多一些，换句话说，这种方法要尽可能适用于最可能出现的情况。所以，方法主义不以个别情况为前提，而是以各种相似情况的概然性提出一个适用于一般情况的真理。

如果以相同的形式反复运用这个真理，那么不久后就能达到熟练的程度，最后，人们几乎能十分自然地做出正确的处理。

对认识作战来说，法则是多余的。因为，战争中错综复杂的情况并不是很有规律，而有规律的情况却不那么复杂。所以，法则并不比简单的真理更有效。如果用复杂、夸张的言辞来表达简单的概念，那便是故弄玄虚。对作战理论而言，法则也不适用。因为各种现象变化多端，极为复杂。

不过，若要将作战理论变成固定的条文，那么原则、规则、细则和方法便成了不可缺少的概念，因为在固定的条文中，真理的出现形式只能是这种结晶的形式。

在作战方法中，最可能成为固定条文的是战术理论，所以，上述概念在战术中随处可见。除非迫不得已，不得动用骑兵部队攻击敌人队形完整的步兵；在敌人尚未进入有效射程前，不能使用火器；战斗中要尽量节约兵力，以备最后使用。这些都是战术原则，但是这些原则并不绝对适用于任何场合。尽管如此，指挥官也必须牢记，避免这些规定中所包含的真理可以发挥作用时因为无知而失去机会的情况。

如果在战争中发现敌军生火做饭的时间异常，就可以断定敌人正准备转移；如果敌军故意暴露自己的部队，就可以断定敌人准备佯攻。我们称这种认识真理的方法为规则，因为从这些个别的情况可以推断出敌军的行动意图。

如果说，在战斗中，一旦发现敌军撤退，炮兵要立即猛攻敌军是一条规则，那就可以说，这是从个别现象推断整个敌情，并根据敌情做出行动规定。这里指的敌情是敌军放弃战斗，准备撤离，而此时，它不适合充分抵抗，也不像在撤退过程中那样容易摆脱我方的进攻。

至于细则和方法，在训练好的军队能够掌握它们并将其作为行动的准则时，战争准备的理论便会在作战中起到作用。

有关队形、野战勤务、训练的一切规定都是细则和方法。有关训练的规定主要是细则，有关野战勤务的规定主要是方法。在实际作战中，这些细则和方法都是有用的、现成的办法，因此，势必会作为现成的办法而被列入作战理论的考察范围之中。

不过，关于自由运用军队的活动却不能规定细则，即不能规定固定的守则，原因在于细则是无法自由运用的。与此相反的是，方法是执行任务的一般的办法，它能将原则和规则的精神贯彻到实际运用中去。倘若它的本来面目依旧，不会变成一套绝对的和呆板的体系，而是代替个人决断的一种捷径，是普通办法中可供选择的最好方法，那么可以将它纳入作战理论。

在作战中，经常按照方法办事是极为重要的、不可避免的。只要仔细想想，在战争中有多少行动是依据纯粹的假设和在彻底搞不明白敌情的情况下决定的，这点便容易理解。

这是因为，首先，敌人会想办法阻止我们了解那些对我们的部署有影响的情况。其次，时间也不容许我们对这些情况做充分的了解。此外，就算我们对这些情况有所了解，我们也会因为其范围太宽广，事情本身太复杂，而无法根据它们来调整一切部署，因此我们往往不得不只根据某些可能的情况进行部署。

由于在每个事件中，需要同时加以考虑的具体情况数不胜数，所以，我们几乎只有这样一种办法——进行大体上的估计，然后依据一般的和可能的情况进行部署。

最后，我们还发现，越是往下级方向看，军官的人数越多，就越不能指望他们会有独到的见解和熟练的判断力。既然如此，我们就不应当奢望他们会有高超的见解。相反，我们应该交给他们一套类似细则的方法，让它成为他们判断的依据，防止他们越出常规地胡思乱想。因为在经验非常有用的领域里，胡思乱想尤为危险。

我们还得承认，方法主义不但是必不可少的，并且还有极大的优点，那就是不断使用同一种方法在指挥上可以达到这样的程度：熟练、精确和可靠，从而使战争中的阻力大为减少，让机器便于运转。

因此，职位越低，方法用得越多，就越是必不可少；职位越高，方法用得越少；到最高职位，方法几乎与之无关。因此，方法在战术中比在战略中更有用武之地。

从战争最高角度来看，战争并不是由大同小异的、取决于方法好坏的无数细小事件构成的，而是由需分别处理的、具有决定意义的每个重大事件构成的。

战争不像长满庄稼的田地，而是像长满大树的土地。在收割时节，我们根本不需要考虑每棵庄稼的形状，收割好坏则要看镰刀的好坏，而用斧头砍伐大树时，我们就不能无视每棵大树的形状和方向。

在军事活动中，方法使用的多少，本来是不受职位高低支配的，而是取决于事情的大小。由于统帅处理的都是全面而重大的军务，所以他很少使用方法。如果统帅采用老一套的方法来部署战斗队形、布置前卫和前哨方面，那么不但会让部下倍感束缚，而且可能会在某种情况下束缚自己。

诚然，这些方法有可能是他自己创造的，也有可能是他依据情况而使用的，但是这些方法是建立在军队和武器的一般特性之上的，它们也能作为理论研究的对象。不过，就像用机器制造东西那样，总是使用同一方法来制订战争计划和战局计划，却是我们坚决反对的。

但是，如果没有让人称心如意的理论，且作战研究理论依旧不够完善，那么职位较高的人有时候只能使用方法主义。之所以这样，是因为这些人无法借助专门的研究和上层社会的生活来提高自己。在面对那些与现实不符且充满矛盾的理论和批判时，他们惊慌失措，他们的常识不允许他们接受这些东西，他们除了依靠经验外，别无选择。

因此，在必须和可以单独地自由处理问题的场合，他们习惯运用从经验中获得的方法，即模仿最高统帅所独有的行动方式，如此一来，方法主义便应运而生。

如腓特烈大帝的将军们往往喜欢采用所谓的斜形战斗队形，法国革命时代的将军们通常喜欢使用绵长战线的包围战法，而拿破仑的将领们则习惯于集中大量兵力进行血战。从这些例子中，我们能够非常清楚地看到一套袭用的方法。

由此可见，效仿别人的方法也是高级指挥官可能会做的事情。如果这样一套理论，它比较完善，有利于提高那些努力上进的人们的智力和判断力，有利于研究作战方法，那么模仿方法的范围就不会这么大，而那些被人们当成必不可少的方法，至少是理论本身的产物，而不是模仿的结果。

无论一个伟大的统帅将事情办得多么高明，他办事的方法中一定有一些主观性的东西，如果他拥有独特的作风，那么该作风一定会在很大程度上反映他的个性，不过模仿者往往在个性上与他有着或多或少的差别。

不过，从理论的角度上看，想要彻底抛开这种作战风格或者方法主义则是不可能的，且是错误的。相反，作战理论理应将主观的方法主义当成战争的总的特性对诸多个别现象所起的影响的一种表现。

在理论尚未预见和研究这种影响时，人们只能依靠方法主义。革命战争有其独特的打法，这不是非常自然的吗？但是又有哪种理论能够预先将它的特点包含进去呢？

遗憾的是，在某种情况下产生的方法极易过时，因为情况会因时因地悄然地发生变化，而方法本身却始终没有发生改变。在这里，理论的任务是借助明确而合理的批判防止人们再度使用这种过时的方法。

1806年，在普鲁士，一些将军，比如路易亲王[1]在扎耳费尔特，陶恩青在耶拿附近的多恩堡山，格劳韦尔特在卡佩伦多夫，布吕歇尔在卡佩伦多夫的另一侧，他们都是照本宣科，犯了经验主义，使用了腓特烈大帝的斜形战斗队形，最终全军覆没，以至于霍恩洛厄的军队遭遇到了前所未有的惨败。

这不但是因为这种方法早已过时，而且还因为在那时方法主义已造成智力极为贫乏。

---

[1] 指路易·腓迪南。

第五章　批判

　　理论上，真理总是通过批判，而不是借助条文来对现实生活起作用的。批判就是将理论上的真理运用到实际事件上。因此，它不但让理论上的真理更贴近于实际，而且通过不断反复的应用，使人们更熟悉这些真理。所以，我们不仅要确定以什么样的观点来建立理论，还要确定用什么样的观点进行批判。

　　批判地阐述历史事件，往往有三种智力活动。

　　第一，考证历史上可疑之事实。这是纯粹的历史研究，和理论是两码事。

　　第二，从原因推断结果。这是一种纯粹的批判的研究。因此，需要在理论中运用经验来确定、证实，甚至要略加说明的一切，都只能采取这样的方法来解决。对理论来说，研究不可或缺。

　　第三，对使用的手段进行检验。这种批判是既包含赞扬又包含指责的真正的批判。在这里，理论的作用是研究历史，或者从历史中吸取教训。

　　在后两者中，批判的目的是要探究事物之根源，换句话说，要搞清楚真理为止，而不能半途而废。

从原因推断结果时，常常会出现一种难以克服的外在的困难，即完全不知道真正的原因。在战争中，这种困难远比在实际生活的其他活动中具有普遍性。在战争中，事情的真相往往扑朔迷离，更不用说行动的动机了。因为，这些动机要么被当事人故意隐瞒，要么它们是偶然的和短暂的，从而不被史书记载。

所以，批判研究必须与历史研究相结合，不过，就算这样，原因和结果也常常是不吻合的，即结果不是已知原因的必然产物。在这里，一切必然会产生脱节现象，即我们无法从某些历史事件中吸取教训。

对于脱节现象，理论研究要求在这些地方停止，不再继续往下推论。倘若自以为单凭已知道的原因足以说明结果，进而高度重视它，将是十分糟糕的事情。

除了上述的困难外，批判研究还面临着内在的困难——战争中事件的结果往往是由诸多原因造成的，而不是由单一的原因造成的，单纯公正而认真地追溯事件的系列根源是不够的，还要弄清楚每个原因的作用。

这样，就要对原因的性质做进一步的探讨，因此，批判的研究就进入了纯粹的理论领域。

对手段进行检验时，一定要搞清楚当事人所使用的手段会产生的结果，以及这些结果是否符合当事人的意图。要知道手段会产生怎样的结果，就要探讨手段的性质，而这又进入了理论领域。

我们说过，批判研究的目的是探寻真理，不能主观臆断，因为主观臆断无法让人信服，要知道别人也可以随意提出主张进行反驳。如此一来，争论四起，遑论结论？

而且，不管是探讨原因，还是检验手段，都离不开理论，即进入一般真理的领域。如果有一种有用的理论，研究时能以理论中已确定的东西为依据，就不必再去追溯。

但是，尚未有这样的理论真理时，研究就要追溯到底了，而著作家往往不胜其烦。因为有数以万计的事情要做，可是要从容地对每个问题都进行研究几无可能，为了限定自己的研究范围，他必须满足于提出的主张，尽管他并不认为这些主张是随意提出的，但在别人看来，依旧是随意提出的。因为，这些主张本身不清晰，且尚未得到证实。

所以，有用的理论是批判的重要基础。倘若批判不通过合理的理论，它是无法让人信服且难以不被驳倒的，即无法让人获得教训。

不过，倘若认为理论可以包括每个抽象的真理，而批判的任务仅仅看实际情况是否与相应的法则相适应，这只能是一种幻想。倘若规定，在批判时不可侵犯理论，这便是书呆子的做法。

批判活动应由创造理论的那种分析探讨的精神作指导。批判有了这种精神，往往会进入理论领域，进一步阐述对它非常重要的问题。与此相反，倘若在判断中只是生硬地运用理论，那么根本不能达到批判的目的。

通过理论探讨而得出的肯定的结论、规则、原则和方法，如果成为死板的条文，就没有绝对真理的性质，就缺乏普遍性。这些东西都是供人们使用的，至于是否适用，则要由判断来确定。

在批判时，决不能将这些结论当成衡量一切的法则和标准，而只能讲它们作为判断的依据。比如，在战斗队形中，骑兵往往置于步兵后面，这是战术上的一个规定，但是如果对因为违背这样的规定而加以指责却是愚蠢之举。

在批判时，要探讨违背这个规定的理由，只有在理由不充分的时候，才能够引用理论上的规定。比如，理论认为多路进攻会削弱获胜的可能性。不过，对于只要是采取多路进攻而战斗却最终失败的场合不作了解就武断地认为失败是由于多路进攻而造成的，或者认为多路进攻会削弱获胜的可能性是错误的，这两种情况都是不合理的，也是不符合探讨精神的。

总而言之，通过理论分析探讨而得出的结论是批判的主要依据，对于理论上已经规定了的，在批判时就无需重新确定。

批判之目的在于探讨原因产生了什么样的结果，使用的手段是否与目的相适应，当原因和结果、目的和手段非常一致时，任务将容易完成。如果一支部队遭到袭击，进而没法最大限度地发挥作用，那么奇袭的效果如何就没什么可怀疑的了。

比如，理论上规定，在会战中进行包围攻击能够增加获胜的可能性，而结果是获胜的把握较小，那么问题就在于指挥官在采用该方法时所考虑的是否为了获得较大的胜利。如果确实是这样，那么他所采取的方法就是正确的。如果他想通过采用这样的方法来获得较大的胜利，可是他却不从具体情况出发，而仅仅照本宣科，那么他就犯错了。

倘若撇开与整体的联系，单纯考量失误的直接关系，就可轻易地完成。当批判地探讨原因和检验手段比较简单，只局限于研究最直接的结果和目的时，事情往往也很容易。

可是，在战争中，组成整体的一切总是密切联系的，而每个原因，就算是最小的原因，也会对整体产生影响，最终导致结果发生改变，尽管这种改变很小。同理，每个手段也会影响到最终目的和结果。

所以，只要现象还有研究的价值，我们就可以研究原因导致的结果。同理，人们不仅能通过直接目的去体验手段，也可以将该目的当成达到更高目的的手段来加以检验。

这样，我们将对一系列相互从属的目的进行探讨，直到目的的必要性不被怀疑，无需再做检验为止。在很多情况下，尤其涉及有决定性的重要措施时，应当一直研究，直到导致媾和的目的为止。

很显然，在向上追溯的过程中，每抵达一个新的阶段，人们在判断时将有一个新的立足点。因此，同一种手段，从较低的立足点上看，也许很合适，但从较高的立足点上看却是要摒弃的。

在批判地考察某一军事行动时，往往是根据目的检验手段配合来研究某些现象的原因。因为，只有研究原因，才能找到富有价值的作为检验对象的东西。

如此一来，不管是从下往上还是从上而下的研究，都会遇到巨大困难，因为事件离原因越远，就越容易受到其他力量与情况的支配。所以，人们在探讨那些远离事件的原因时，就越需要同时考虑其他原因并要辨别这些原因对事件可能产生的影响。如果发现会战失败的原因，就自然找到了导致整场战争失败的原因，不过这仅仅是一小部分原因。根据不同的情况，还有各种或多或少的原因也影响战争的结局。

同样，在立足点不断提高的情况下，检验手段的复杂性也不断增强。因为目的越远大，为了达到目的所采用的手段就越多。所以，必须对为达到这个目的所做的或者可能做的一切进行考察，因为所有军队都追求着战争的最终目的。

如此一来，就可能要扩大考察的范围。在这种情况下，因为对那些实际上没有发生，但非常有可能发生的，因而不能不费心考察的事情也只得做出许多假定，所以人们往往容易迷惑并遇到困难。

当1797年3月拿破仑统率意大利军团从塔利亚曼托河进攻卡尔大公时，他打算趁着卡尔大公所盼望的援军尚未抵达之前迫使对方决战。如果只从直接的目的来看，该手段是选得十分正确的，结果也证明了这点。

当时，卡尔大公实力很弱，在塔利亚曼托河做了一次抵抗的尝试后便放弃了诺里施阿尔卑斯山的山口。当他看到敌军实力雄厚、士气旺盛时，便撤出战场。

通过这场胜利，拿破仑能够达到什么样的目的呢？他可以挥师进入奥地利帝国的心脏，支援其余两路大军的进攻，并与他们紧密联系。拿破仑也是这样考虑的。从这样的角度看，拿破仑是正确的。

可是，从更高的层面上看，即从法国督政府的角度来看，拿破仑的军事行动却只是冒险的军事行动。因为如果奥地利人从莱茵河方面调来的援军能够在施太厄马克组建强大的预备队，那么卡尔大公完全有能力进攻拿破仑所率领的军团。如此一来，拿破仑所率的军团不但可能全军覆没，而且还会导致整场战争的失败。

这一点，拿破仑在到达菲拉赫后就看清楚了，所以他签署了《累欧本停战协定》。

然而，如果从更高的层面来看，并且知道奥地利帝国在卡尔大公的军队和维也纳之间没有预备队，那么我们就会发现，维也纳会因为拿破仑所率的军团的进攻而备受威胁。

如果拿破仑知道维也纳没有军队掩护，施太厄马克没有强大的预备队，那么拿破仑直逼维也纳便不再是毫无目的了。这个行动的价值，取决于奥地利人对维也纳的重视程度。因为，倘若奥地利人重视维也纳，愿意付出媾和的条件，那么拿破仑威胁维也纳便可当作最终目的。如果拿破仑深知这点，那么批判就可以结束。

倘若对此还有疑问，那么我们就必须从更高层面进行批判，并追问：如果奥地利人放弃维也纳，撤往腹地，那么事情将会怎样发展？很显然，倘若不分析莱茵河地区双方部队之间可能发生的事情，就无法对此做出回答。

在法军占有决定性优势（13万人对8万人）的情况下，法军获胜是没有多少疑问的。可是问题来了：法国政府想要以此达到什么样的目的呢？是乘胜追击、消灭奥地利帝国，还是占领奥地利大片领土作为媾和的资本？

我们要先分析出这两种情况所带来的结果才能断定法国政府会选择其中的哪一个。倘若研究结果是这样：消灭奥地利，而法国军事实力不够，以至于整个局势发生根本的变化，而只占领奥地利的大片领土也会造成法军在战略上面临兵力不足的情况，那么，这样的结果必然会给人们对这次军事行动的评价产生影响。

这也是拿破仑明知卡尔大公孤军无援却依旧同他签订《坎波福米奥和约》的内在原因。

该合约除了让奥地利付出了一些就算它取得了成功后依旧无法收复的领土外，再也没有必要做出更大的牺牲。

但是，倘若法国人不做这样的两个思考，他们根本不会签订这个好处不大的《坎波福米奥和约》，也不可能将签订该条约作为冒险进军的目的。第一个问题是,奥地利人是如何评价上述两种结果的?尽管奥地利非常有可能最后获得胜利,但是只要战争继续下去,奥地利人就必须继续牺牲,而签订一个不算苛刻的和约却足以避免这种牺牲,如此一来,他们要考虑的是这种牺牲是否值得。

第二个问题是,奥地利政府是否会利用自己的优势继续战争,直到取得最后的胜利?奥地利政府是否考虑过法国政府想要什么,对方是否会因为暂时的失利而丧失继续作战的勇气和信心?

第一个问题富有重大意义,人们在提出极端的计划时,常常会考虑到这点,并且正因为出此考虑,人们才往往不执行极端计划。

第二个问题也极为重要,因为人们并非和抽象的敌人作战,而是与常常注意的具体的敌人交战。拿破仑肯定知道这一点,他认为自己的声名足以先声夺人。也正因为这样,他才在1812年进攻莫斯科,然而他失败了,他的名声也受到了影响。

1797年,拿破仑的威名正盛,并且有坚决抵抗到底的威力。可是,即便如此,倘若不是他签订了《坎波福米奥和约》,那么他的大胆可能造成他在1797年的行动不是取得胜利而是失败。

对于这个战例,我们就探讨到这里。因为它足以说明,当人们在研究中要追溯到最终目的时,即为检验最终目的而采取决定性措施时,将会牵扯数不胜数的对象和广泛的范围,会遇到难以预计的困难。从这里也可以看到,不仅对事物的理论认识会对批判的考察的价值产生影响,而且先天的才能也会对此产生巨大的影响。阐明各种事物的关联,在盘根错节的无数实践中甄别哪些是真正重要的因素,这主要依靠天赋的才能。

批判的研究不但要检验实际上已经使用的手段,而且要检验一切可能使用的手段。所以,在研究中必须指出,即找到极有可能采用的手段。倘若不能找到更好的手段,就无法指责已被使用的手段。尽管在绝大多数情况下,这种可能使用的战术很少,但是我们不能否认,提出这种尚未投入使用的战术是一种独立的创造。不能通过理论对这种创造加以规定,而只能通过丰富的智力活动。

我们无意将那些简单的战术看成是伟大天才的表现。比如,有人将迂回敌人阵地的战术当作伟大天才的表现,我们认为这是非常可笑的事情。但是尽管如此,这种创造活动还是很有必要的,而且批判的考察之价值就取决于这样的活动。

1796年7月30日,拿破仑决定从芒托瓦撤围,以便阻击前来支援的乌尔姆塞尔,并集中优势兵力将被加尔达湖和明乔河隔开的乌尔姆塞尔的军队各个击破。

这种战术看起来是取得辉煌胜利的最可靠的途径。事实上,拿破仑获得了这样的胜利,而且在敌军数次前来解围时,他都运用这样的战术获得了辉煌胜利。这一点备受赞扬。

然而,如果拿破仑不放弃继续围攻芒托瓦的计划,他在7月30日就无法采取上述行动,因为在这样的军事行动中,他没有办法保住攻城辎重,而他也没法在当时的局势下获得第一批次辎重。实际上,后面的围攻战已经变成了纯粹的包围战,尽管拿破仑最终在野战中取得了胜利,但是这个只需要继续围攻一星期左右便可攻陷的要塞,却又坚守了半年。

批判者因为无法提出更好的对付援军的方法,曾一度认为这是无法避免的事情。在攻防线上阻击敌人的援军这种战术早就被忽视与批判,以至于被遗忘。

这种曾经流行于路易十四时代的战术,竟然在100年后无人问津,这只能说是时髦的观点在作怪。

倘若认为该战术依旧有使用价值,那么便会发现,在芒托瓦围攻战中,拿破仑拥有欧洲,乃至世界上最为精锐的4万步兵,他们在坚固的工事下根本不惧怕前来解围的5万援军。

我们不想继续探讨这个问题,但是我们认为,这种战术值得关注。对于拿破仑是否考虑过这种手段,我们找不到任何确切的史料来佐证。后来的军事评论也鲜有提及这一战术,它已经被遗忘。

重新将它提出来并不是什么了不起的事情,因为只要人们不受时髦观点的影响便能做到。然而,提出它并将它与拿破仑所运用的战术相比较,却极为重要,不管比较的结果如何,在批判中都必须做这种比较。

1814年2月,拿破仑在埃托日、尚波贝尔、蒙米赖等地打败布吕歇尔的军队,随后,他掉转枪口挥师施瓦尔岑堡,并于蒙特罗和莫尔芒击败对方的军队。对此,人们钦佩拿破仑,因为他极为精巧地利用了联军分兵出击的错误,声东击西地调集主力。虽然这些战斗最终未能挽救拿破仑最终失败的结局,但是人们并不认为失败是拿破仑的过错。

人们很长时间内未能提出这样的问题:倘若拿破仑不将枪口由布吕歇尔转向施瓦尔岑堡,而是继续进攻布吕歇尔,并且把敌人一直追到莱茵河边,结局又会怎样呢?

我们相信,整个战局将发生根本性的变化,联军主力极有可能退回莱茵河东岸,而不是挺进巴黎。对此,我们不要求所有人都同意这种看法，但是既然有人提出了另一种战术方法，那么在批判时就应当予以考虑。关于这点，相信所有军事家都没有意见。

对于后面这种战法，比前面提出的战术更容易为人们所想起，但是由于人们盲目追随一种见解，进而忽视了它。尽管有些人意识到非常有必要提出更好的战术来取代备受指责的战术，但是他们仅仅提出了自以为较好的战术而忽视了应有的论据。如此一来，人们未必信服，因为别人也可以提出另外的战术。结果，争论四起。这种情况在军事著作中屡见不鲜。

只要提出的战术的优点还无法让人彻底信服，就必须摆出证明。所谓的证明，就是探讨两种手段的特点，并且结合目的进行比较分析。如果可以以最简单的道理来阐明问题，那么争论就会结束，或者至少我们能从中获得新的结论，否则争论将无休止地进行下去。

比如对于上面的例子，如果我们不满足于只提出一个较好的战术，而要进一步证明继续攻打布吕歇尔要比进攻施瓦尔岑堡更好，那么我们将能够以下列的理由作依据。

（1）专注某个方向连续进攻往往比忽东忽西地进攻更为有利，因为后者常常会消耗过多的时间与精力，同时在敌军因为损失惨重而士气低落的情况下，连续进攻更容易取得新的胜利，且利于利用已获得的优势。

（2）虽然布吕歇尔兵力弱小，但是他作战勇敢，敢作敢为，比施瓦尔岑堡更危险。

（3）经过作战，布吕歇尔的部队损失惨重，拿破仑对他而言有着巨大的优势，如果拿破仑追击布吕歇尔，那么他将不费力气，将其赶到莱茵河边。

（4）几乎没有什么结果比让布吕歇尔撤到莱茵河边更容易造成失败，更能引起恐惧的印象，尤其能让以优柔寡断出名的施瓦尔岑堡心生恐惧。符腾堡王太子在蒙特罗的遭遇和维特根施坦伯爵兵败莫尔芒一带，施瓦尔岑堡了如指掌。如果布吕歇尔再从马恩河到莱茵河这条完全被孤立的战线上遭到失败，那么施瓦尔岑堡大军将军心大乱。拿破仑为了以威胁性的战略迂回来影响联军，在3月底曾经进军维特里。

尽管这一做法是以恐吓为基础的军事行动，但是效果并不明显。因为布吕歇尔早已率领10万大军与施瓦尔岑堡会合，而拿破仑却在郎城和阿尔西两地遭到惨败。

当然，肯定有人对上述理由有意见，然而他们难以反驳：如果拿破仑挥师莱茵河，威胁施瓦尔岑堡的基地，那么敌人也会威胁拿破仑的基地——巴黎。因为，我们已经证明了，施瓦尔岑堡根本不会向巴黎进军。

我们再以1796年战局中所引述的例子来探讨这个问题。拿破仑认为他所采取的战术是击溃奥军最可行的战术，但尽管如此，他最终获得的不过是一场徒有虚名的胜利罢了，对攻克芒托瓦并没有太大的作用。

我们的战术是防止解围的很可靠的办法，就算我们和拿破仑一样，认为这个战术更不靠谱，甚至认为运用这个战术获胜的概率更小，那也必须比较一下这两种战术：一种战术是获胜的概率大，但是效果小，所能取得的好处少；而另一种战术是获胜的概率小，但是效果大，所取得的好处多。

要是这样权衡利弊，那么有胆略的人肯定会采取第二种战术，只有肤浅的人才会选择第一种战术。拿破仑肯定不是胆小如鼠、肤浅的人，但是他不可能像我们现在一样，从历史经验中看清本质，并看到可能的结局。

考察手段需要引用战史，这是毋庸置疑的，因为在军事艺术中，经验要比哲理更有价值。然而，这种历史的引证也有它的特定条件，这点我们将专门论述。可惜的是，很少有人注意这些条件，从而造成了史料的堆砌与概念的混乱。

我们还要探讨一下这样一个问题：在批判中，批判者在多大程度上可以和必须利用对事物的较为全面的了解，利用已被结果证明的东西？或者说在何时何地必须抛弃这些东西，完全站在当事人的立场上考虑问题？

倘若批判者要对当事人进行赞扬或者指责，那他们务必要站到当事人的立场上去，即一方面务必寻找当事人产生行动动机的所有情况和所知道的一切事情；另一方面务必要抛开当事人当时所无法知道的和不知道的情况，而结果必须首先抛开。

然而，这仅仅是人们奋力追求的目标，而事实上无法完全达到，因为产生某些事件的具体情况，在当事人眼里和批判者眼里是无法完全一致的。有一些影响了当事人判断的细小情况已经没法考证，而有一些主观的动机也难以考证。

这些主观动机只存在于当事人本人或者与他亲近的人的回忆录里，我们只能根据这些残存的史料来挖掘，而回忆录中关于这方面的问题往往写得很粗浅，或者故意不写真实情况。因此，一些当事人所掌握的情况肯定是批判者无法知道的。

另一方面，批判者在抛开他们比当事人多知道的材料方面则更为困难。倘若要同事件本质没有联系的事情，抛开偶然发生的事情，做起来还是比较容易的。不过，要抛开一切重大事情则困难重重，而且难以做到。

我们先来讨论结果。倘若结果不是偶然产生的，那么知道结果后再去判断产生结果的事物，就必定会受已知结果的影响。因为我们是在已经知道结果的情况下考察这些事物的，并且其中某些情况只有参照结果才能完全了解并给予评价。

对批判来说，战史的全部现象都是教训的源泉，批判者用全面考察历史所得到的认识来阐明事物是很自然的。因此，尽管有时候他想抛开结果，但却无法完全做到。

不仅对结果，对事后发生的情况也是如此，而且对事前发生的情况也是这样。在多数情况下，批判者所掌握的这方面的材料要比当事人知道得多，也许有人认为，抛开所知道的那部分是轻而易举的事情，但事实上并非如此。

当事人对事前及当时的情况的了解不单依靠情报，还根据大量的假定或推测，就算要了解的情况不完全是偶然的，也是几乎先有假定或推测，然后才有情报的。所以，在没有得到确切的情报前，只能用假定或推测来代替。

对于早已掌握事前和当时情况的后世的批判者来说，在他考虑当事人不了解的情况中，当哪些情况可能性比较大时，他原本或许会想尽可能摆脱多知道的材料的影响。然而我们认为，正如要抛开结果一样，想要彻底抛开多知道的材料，是不可能的，其原因也是如此。

所以，要让批判者指责或赞扬某一具体行动时，站到当事人立场上去的可能性不大。在很多情况下，批判者能够做到，而在有些情况下，他根本做不到。这一点值得注意。

不过，要让批判者和当事人一样去考虑问题，看待问题，是不可取也没必要的。在战争中，需要的是经过千锤百炼的禀赋，也即造诣。当事人的造诣参差不齐，高的往往比批判者的要高，有哪个批判者敢说自己的造诣有像腓特烈大帝或拿破仑那样高？

所以，假设对一个具有伟大天赋的人进行批判，那么批判者必须利用比当事人知道得更多的情况这个有利条件。在对伟大的统帅进行批判时，批判者不能像验证算术例题那样，以伟大统帅使用过的材料来检验他完成任务的情况，而首先要根据伟大统帅所取得的结果和他对事件的评估来欣赏他那天才般的活动，了解他那卓越的眼光所预见的事物的本质的联系。

简单地说，不管当事人的造诣如何，就算其造诣很低，批判者也要站在较高的立足点上。这样才能掌握更加丰富的客观的判断依据，以防主观性过强，防止以自己的智力作为判断准绳。

站在较高的立足点上，根据情况进行褒贬判断，这原本不会引发人们的反感。然而，急于表现自己，将所掌握的情况的高超见解，都说成是自己的天才表现，则会让人感到厌烦。虽然这种做法容易被人揭穿，可是虚荣心却常常让人们做出这样的举动。所以，引发别人反感也是自然而然的事情。更为常见的是，批判者并非有意自我吹嘘，但是由于他没有注意防范，以至于被一些读者认为是自夸而被责难，说他缺乏判断能力。

所以，在批判腓特烈大帝或拿破仑这类人物的错误时，不是说批判者不会犯类似的错误，他们甚至会承认，如果自己身处伟人的处境时，可能会犯更大的错误。他作出批判，只是说他根据事物的联系发现了这些错误，并指出这些伟大的统帅原本可以凭借自己的聪明才智察觉这些错误。

这就是参照结果进行的判断，也就是根据事物的联系进行的判断。然而，如果只简单地拿结果来证明某些措施的对错，那么结果所起的作用将是负面的。这种判断，我们可以称为根据结果进行的判断。

从表面上看，这种判断似乎没有任何价值，然而事实上并非如此。如同拿破仑于1807年弗里德兰会战后迫使亚历山大皇帝媾和，以及1805和1809年奥斯特利次和瓦格拉木会战后迫使弗兰茨皇帝媾和一样。1812年拿破仑挥师莫斯科时，一切完全取决于他是否能够延续以往的胜利占领莫斯科以促使亚历山大皇帝媾和。

如果拿破仑不能迫使亚历山大媾和，那么他除了撤兵别无他法，这样他就遭到了战略上的失败。我们不谈拿破仑为了抵达莫斯科做了什么，他是否错过了许多足以让亚历山大下决心媾和的机会；我们也不谈拿破仑在撤退时是怎样狼狈不堪的。但是问题依旧存在，因为就算拿破仑在进军莫斯科的过程中取得了辉煌的胜利，但他依旧不能迫使亚历山大媾和。虽然在撤退时他的损失并不惨重，但莫斯科的军事行动也是战略上的大失败。

倘若双方于1812年签订了合约，那么这场战争就能跟奥斯特利茨、弗里德兰和瓦格拉木会战相提并论了。然而，如果这些会战没有取得签订和约的结果，那么拿破仑可能会遭遇1812年的惨败。所以，不管他多么努力，多么聪明，多么机智，但决定战争的命运问题依然如故。

难道人们依据1812年战局的失败，就能否定1805、1807和1809年的战局，或者认为这几次会战都是愚蠢之举，其胜利不是理所当然的？难道人们就因此认为1812年的结果是战略上理所当然的，是没得到幸运眷顾？这种看法非常勉强，这种判断非常武断，可能有一半的论述是毫无依据的。因为顺着事件之间的必然联系，无人能看到战败的拿破仑的决心。

但是，我们不能说，1812年的战局应该跟前几次会战一样，取得丰硕的成果，之所以未能获得这种结果是由某种不合理的原因造成的。我们不能将亚历山大的顽强抵抗当成不合理的原因。

较为妥当的说法是，拿破仑在1805、1807和1809年对敌人的判断是正确的，而在1812年对敌人的判断是错误的。在1812年之前，他都做对了，但是1812年，他做错了。我们之所以这么说，是因为结果这样明确无误地告诉了我们。

我们说过，战争中一切行动追求的都只是可能的结果，而并非肯定的结果。那些无法肯定获得的东西，就只能依靠幸运或者命运（不管把它叫作什么）去获得。人们自然可以不依靠幸运，但是这只能针对某一具体场合，在具体场合，尽量不依靠命运或幸运，但这并不是说不确定性最少的场合总是最好的。倘若非要这么说，那就跟我们的理论观点相抵触了。在一些场合，最大的冒险反而表现了最大的智慧。

在只能依靠命运的情况下，当事人似乎既无功劳，又不用担负责任。尽管如此，在我们看到他的愿望实现时，就难以抑制内心的兴奋；当他的愿望落空时，又会倍感失落。我们以结果出发得出的对当事人正确与否的判断，正是我们这样一种感觉的表现。

不能否认，这种现象是由于有着一种模模糊糊的感觉，似乎依靠幸运获得的结果和当事人的天才之间有一种微妙的、不易看出的联系，而我们也非常乐意设想这种相互之间的联系是实实在在地存在着。

一个当事人经常获胜或者战败，我们就会对他的感觉逐渐加深进而变为固定，这就为上述观点提供了佐证。从此我们也能发现，为什么幸运在战争中往往要比在赌博中高贵得多。对幸运的统帅，只要他们没有在别的方面影响我们对他的好感，那么我们会乐意考察他的事迹。

因此，在批判时，我们凭借智力分析、推测和论证一切后，如果那些深藏于事物之中的神秘联系依旧没能通过表露的现象表现出来，就只能依靠结果来说明。

对此，批判者一方面要维护这种根据结果进行的判断，不让它遭遇粗暴意见的非难；另一方面则应把握好度，不要滥用这样的判断。

人的智力无法确定的东西只能根据结果来规划，并往往采用这种判断来确定精神力量及其作用。这有两方面的原因：一是依靠智力难以作出靠谱的判断；二是因为它们和人的意志的关系较为密切，容易影响意志。

如果勇气或恐惧控制了决心，那么就无法找出较为可观的东西，使得在依靠智慧和推测判断可能的结果时没有任何依据可言。

我们还要对批判时使用的语言，批判的工具进行一番考察，因为语言和战争中的行动是一致的。批判是一种思考，与行动前要做的思考一样。所以，我们认为，语言和战争中的思考具有相同的特点。这点极为重要，否则它就失去了实际意义，无法成为让批判走向现实的桥梁。

我们曾说过，理论不应给指战员提供生硬死板的条文和体系作为他们智力活动的工具。相反，理论应培养指战员于战争中的智力，或者说，在培养的过程中发挥指导作用。

比如，我们不需要也决不允许像几何学那样使用辅助线，如果说，真理在这里无法以体现的形式表现出来，无法间接地发现，而是要直接由洞察力发现，那么在批判的考察中也理应如此。

我们都清楚，但凡事物的性质务必用烦琐冗长的道理才能确定时，批判时就要依据理论上已经确定了的相关真理。理所当然的是，当事人在战争中总遵循这种真理，不是将它们当作生硬的法则，而只是深刻地领会这些真理的精神。

同样地，应当领会真理的精神，在批判中也不能将真理当作外在的法则或使用时不必重新阐明其正确性的代数公式来使用。如果想要更精确和更详尽地证明真理，就可以用理论进行推理分析。

如此一来，批判时就要尽量避免使用隐晦不明的语言，而要运用简洁的语言和清楚明白的观念。

当然，批判者难以完全做到这一点，但他必须努力这么做。不过，可惜的是，迄今为止，我们只在极其少数的批判者身上看到这种努力，多数的情况则因为虚荣心的驱使而出现了烦不胜烦的炫耀自己博学的现象。

常见的第一种弊端是，将某些片面的体系当成金科玉律，滥用到令人难以忍受的地步。这类体系的片面性容易发现，并且一经指出，它那法官式的威严就被戳穿了。在这里我们只涉及一定的对象，这样片面的体系为数毕竟不多，所以危害不大。

第二种较大的弊端是滥用名词、术语和比喻。尽管有些批判者对所有体系都不满意，或者没有完整地学会任何一种体系进而无法完整地使用一套体系，但是他们仍然想要从这些体系中抓住一鳞半爪，并将之作为评判某一统帅行动的缺点的根据。

其中大多数人如果不到处从军事理论中抓住一些片段作为根据，他们便无法进行批评。这些片段中最小的术语和比喻，往往被作为批判论述的点缀品。

原本属于理论体系中的名词术语，一旦从原来的体系中被剥离，而被当成比普通语言更有说服力的真理的小结晶体使用，或者被当成公理，那么，它们便失去了原本所具有的正确性。

因此常常出现这样的情况：理论著作和批判著作不是运用简单、朴实的思考方式，使作者知道自己写的是什么，使读者了解自己读的是什么，而是相反，作者和读者的理解很不一致。

第三种弊端是滥举史例，炫耀自己博学多才。在前文，我们讲过历史对军事艺术起的作用，下面我们还想专门谈一谈对举例和战史的看法。

一个史实如果未经深入研究便被引用证明某一观点，那么它也可能被别人用来证明与之相反的观点。从遥远的时代和国家中，从大相径庭的情况中抽取三四个史例拼凑在一起，常常会引发判断上的混乱与模糊，不具有一丁点儿的说服力。

这些模模糊糊、混淆不清、似是而非、随意杜撰的概念对实际生活有好处吗？几乎没有。理论只要采纳了这样的概念，就将与实践相对立，并受到身经百战的将帅的嘲讽。然而，倘若理论可以切实地考察作战的各种问题，确定可以确定的东西，用简洁的语言表达出来，避免以科学形式和历史引证作为遮羞布，重视事实，与战场上依靠洞察力指挥作战的人员相联系，那么理论便不会产生诸多弊端了。

第六章 关于史例

史例可以说明一切问题。在经验科学中,它们最有说服力,尤其是在军事艺术中更是如此。

香霍斯特将军[1]编写了一本手册,对真正的战争进行了最好的描述。他认为,在军事艺术中,史例是至关重要的。不仅如此,他还运用了史例。如果他不是死在战场上,他就可以将《炮兵手册》第四部分修改完毕,这样我们就能得知,他将以什么样的研究精神从经验中吸取教训。

然而,一般的理论研究者很少这样运用史例,即使用了,也不是起到帮助读者的作用,而是妨碍读者理解问题。因此,注意防止滥用史例和正确地运用史例是极为重要的。

毫无疑问,作为军事艺术基础的各种知识,都属于经验科学的范畴。因为,尽管这些知识多数是借由对事物之性质的认识而获取的,但是这些事物的性质却多半只有通过经验才能认识。

而且运用这些知识的方式在具体情况下是呈变化趋势的,所以,只依据手段的性质,是无法完全认识其作用的。

---

[1] 普鲁士将军,著名的军事家,曾致力于普鲁士军事制度的改革。

火药这种具有巨大威力的现代军事武器,其作用是通过经验获取的,而且人们依旧在不断地做实验,搞研究。弹丸因为有了火药,速度达到了每秒1000英尺[1],能杀伤其碰到的任何事物,这是无需赘言的。

但是,更准确地认识这种作用的还有许多其他条件,而其中有些条件只能依据经验才能认识。并且,物质作用不是我们唯一要关注的问题,我们还要探讨精神作用。

但要认识精神作用并作出评价,只能依据经验,别无他法。在中世纪,在火器刚刚出现时,因为构造完善问题,它的物质作用远不如现在,可是精神作用却大过现在。

想要了解一支久经战场、屡战屡胜的且对自己要求甚高的部队能够做点什么,可以参照拿破仑在南征北战时所培养和指挥的那些军队在枪林弹雨中所表现出来的顽强性。

单纯依靠想象,人们是不会相信这些的。此外,经验告诉我们:欧洲军队中依旧存在着仅仅依靠几发炮弹就能打散的部队,比如鞑靼人、克罗地亚人和哥萨克人的军队就是如此。

可是,无论哪种经验科学,都无法让自己提出的真理总有史例作证。军事艺术的理论也不例外。理由有二:一方面是因为用史例为每个真理作证过于烦琐且不可能;一方面则是因为以单个现象难以论证普遍经验。

如果在战争中发现某种手段极为有效,那么它会被经常使用并推而广之,如此一来,它很有可能流行一时。这样,它通过经验得到了广泛的运用并在理论中占有一席之地。在此,理论只是

---

〔1〕1英尺=0.3048米。

一般地引用经验来说明手段的由来，并没加以论证。

不过，如果准备引用经验来验证值得怀疑的手段，否定一些常用的手段，或者推介新手段，情况则迥然不同了。这时，我们要从历史中举出实例来加以证明。

若是对史例的运用做进一步考察，很容易发现它有四个要点：

第一，可以用史例单纯说明某种思想。在一切抽象的考察中，如果作者担心自己的思想难以被人们理解或者容易被人误解，那么引用史例，可以说明自己的思想，保证读者正确理解作者的思想。

第二，可以用史例帮助说明某种思想的运用。引用史例能清晰显示处理细小问题的情况，而在一般地叙述一种思想时无法将这些情况完全包括进去。

第三，可以用史实证明自己的论点。倘若只想证明某种结果或现象的可能性，引用史例则完全足够。

第四，通过详细叙述，列举若干史实、某一史实能吸取某种教训，这时，史实本身就能为吸取教训提供真正的证明。

对于第一点，只需简单地列举史例即可，因为人们只是使用史例的一个方面。在这里，史例的历史真实性甚至是无关紧要的，虚构的例子也是可以的。只不过史例比较实际，可以让它所说明的思想更贴近生活。

对于第二点，则要详细讲述史例，但其正确性也是次要的，只是我们依旧要像第一点一样作下说明。

对于第三点，只要举出确凿无疑的事实就可以理解。比如，如有人提出，筑垒阵地在一定条件下能够发挥应有的作用，那么只要以崩策耳维茨阵地为例子就够了。可是，阐述某种历史事实是要证明某种一般的真理,就要详尽准确地阐述与该论点有关的所有方面,一定要将历史事实不遗余力地展示出来。

如果这点做得越差,证明力度就越小,就越需要更多的事实来弥补缺点。因为,人们深信,在无法阐述事实的具体情况时,可以引用一定数量的事实来补救。

如打算通过经验来证明,骑兵配置在步兵后面比配置在侧翼为好,那么仅仅举几个骑兵配置在步兵后面获得胜利的战役和骑兵配置在侧翼遭到失败的战役是远远不够的。

如要证明,在尚未掌握绝对优势的情况下,不管是战略上还是战术上,兵分数路包围敌人是危险的,那么仅仅以利佛里会战或瓦格拉木会战为例子,或者举1796年法军向普鲁士战区的进攻或者奥军向意大利战区的进攻的例子是不够的。

为了证明上述这些论点,还要阐述当时的具体过程和一切情况,阐明上述配置形式和进攻形式是如何严重地造成了不利的结局。这样,我们才能知道应该在哪种程度上否定这些形式。这点必须明确,因为全盘否定对真理有百害而无一利。

如上面所讲,在无法详尽叙述一个事实时,可以引用一定数量的实例来弥补。可是,毋庸置疑的是,这是一个容易被人滥用的危险的办法。有些人只沉迷于提出数个例子,而不用心叙述一个事实,结果造成了一个好像很有证明力的假象。

不过,对于反复出现的事情举出许多例子证明不了什么,因为人们同样可以举出许多结果相反的例子来反驳。比如有人举出多路进攻受挫的例子,我们随时可以举出多路进攻获胜的例子。由此可见,这说明不了什么问题。

倘若不是从诸多方面详细地阐述一个事件,而只是单纯地提示,那么该事件犹如从远处看东西,其各个部位模糊不清,从各方面看,它的外部形状却都是相同的。

事实上,这样的实例,相互对立的观点都可以证明。对于道恩指挥的几次战争,有人认为是谨慎周到、深谋远虑的事例,可有些人认为它们是踌躇不前、优柔寡断的典型例子。

1797年,拿破仑率大军越过诺里施阿尔卑斯山的军事行动,既可以看成是英勇果断的表现,也可以当作是鲁莽粗率的行为;1812年,拿破仑在战略上的失败,既可以看成是勇猛过度的结果,也可以说是勇猛不足的结果。

这些意见出现过,也容易理解,它们是因为人们对事物间的联系持有不同的看法而产生的。可是,这些意见不全部都是对的,其中有些是错误的。

对于弗基埃尔[1]在他的回忆录中给我们留下了许多史例,我们深表感谢,因为他不单留下了很多可能湮没了的历史材料,也亲自尝试通过材料让抽象的观念与实际生活相接近,他所列举的史例完全可以作为对论点的进一步说明和解释。

尽管他做到了,用历史事实证明理论上的真理,尽管他对事件有时叙述得较为详细,但这不能说明,他得出的结论都是从事件的内在联系中产生的。

仅简单提及史实还有一个问题:读者若是对史实不熟悉,或者不完全记得,那么他们无法从中体会作者的思想。在这种情况下,读者只会盲目地赞叹或完全不相信。

可是,将历史事件呈现在读者面前,以便证明自己的论点,

---

[1] 法国将领,著有《战争回忆录》。

并不是件轻松的事情。因为作者要受到资料的限制，犹如受到篇幅和时间的限制一般。只是我们认为，想要论证新观点或者明确尚有异议的观点，详细地叙述一个事件远比简单列举10个事件更为有效。

粗浅地引用史实的主要弊端，在于作者从未认真了解这些历史事件，在于肤浅地对待历史将导致数以百计的错误观点和杜撰的理论，而不在于作者想依靠这种方法来证明某些观点。

当然，如果作者意识到他所提出的和想用历史证明的一切，都将从各种事物的紧密联系中自然而然地产生，那么错误见解和杜撰的理论就不会出现了。

人们若是认识到运用史例的上述困难，意识到认识这些是必要的，那么便会认为，如果最近的战史是大家熟悉的和经过研究的，那就是选择史例的最好的来源。

由于较远年代的条件有所不同，其作战方法也有所差别。所以，对我们而言，年代较远的事件的教育意义和实际意义较小。不仅如此，战史跟其他历史一样，许多在当时依旧清晰的小细节和特征会逐渐被湮没；它跟图画一样，原来生动的形象和色彩会逐渐消失，变得含糊不清，色彩暗淡得最后只能偶然剩下遗存的一些线条和一块块颜色，这些线条和颜色会因而受到过分的重视。

倘若考察下现代战争的情况，人们一定会说，奥地利王位继承战争以来的战争跟现在战争相类似，起码在武器方面很相似。虽然从这个时期开始，战争的各个方面发生了诸多变化，但这些战争跟现代战争尤其相似，我们依旧可以从中吸取教训。西班牙王位继承战争却截然不同，当时火器尚不完善，骑兵依旧是主要兵种。

一般来讲，年代越久远，战史内容就越贫乏，记载就越不详细，作用就越小，至于古代各民族的历史，作用更小。

当然，我们并不是说，绝对不能使用这些史实，它们只在必须仔细说明情况的场合，或在必须详细说明促使作战方法改变的条件的场合才不适用。

无论我们对勃艮第人和法国人、瑞士人反对奥地利人的战争过程了解何其少，依旧可以看出，步兵在会战中头一次明显地表现出比最好的骑兵更有优越性。

我们只要回顾一下佣兵队长时代就能知道，作战的诸多方面是如何受制于人们所使用的工具，因为在任何其他时代，军队都不像这个时代，脱离国家和人们的生活，不像这个时代具有真正工具的性质。

在第二次布匿战争中，在汉尼拔身处意大利未被击败之际，罗马人就在西班牙和非洲进攻迦太基人。这种备受瞩目的方法是可以为我们提供教训的考察对象，因为大家对这种间接抵抗基础的国家和军队的一般情况非常熟悉。

然而，事情越涉及细节，越是不一般的情况，我们就越难从遥远的时代中寻找典型史例和经验，因为我们既无法对相关事件作出恰当的评价，又无法以它们为例子来证明现代已经完全改变了的战争手段。

可惜的是，每个时代的研究者都喜欢援引古代史例。我们无意研究欺骗成分和虚荣心在这里究竟占了多大的比重，只是想说，我们看不见任何服从别人和帮助别人的热诚努力和诚恳愿望。所以，我们只好将这种援引史例的行为当作掩盖错误和缺点的装饰品。

倘若像弗基埃尔想做的那样，彻底使用史例来教别人学习战争，那的确是一大功绩。不过，倘若考虑到，要有长期的作战经验方可做到这点，那么我们就会发现，这是耗费一生的事业。

倘若有人有志于此，那么我们只能祝愿他像到远方朝圣一般，为虔诚的计划做好准备，我们祝愿他不惜时间、不畏权贵、不怕困苦，克服内心的自卑与虚荣，像法国法典上所说的那样：讲真理，只讲真理，完全讲真理。

第三篇

战略理论

第一章　战略

我们在上文已经讲过战略的概念了——它是为了利用战斗达到战争的目的。战略原本只跟战斗有关，但是战略理论研究除了战斗外，还要涉及战斗的实施者（军队本身）以及同军队有关的主要问题。因为，战斗是通过军队进行的，并且首先对军队产生影响。对于战斗本身，战略理论肯定要从它可能取得的结果和运用战斗时起非常重要作用的智力和感情力量来进行研究。

由于战略是为了达到战争目的而对战斗的运用，所以，它必须要为整个军事行动设定一个适应战争目的的目标，即拟定战争计划，而且与战争方案和具体的作战计划及为达到这一目标的系列行动与目标联系起来。

所有这一切，我们只能凭借预想来确定，而事实上许多细节根本不是事先做好的。因此，战略也要深入战场，以便处理各种问题，并对总计划做出修改。所以，战略在任何时刻都不能停止。

然而，人们并非总是这样看待这一点。在以前，战略往往是由军队掌握而不由内阁掌握，这是明证。可是，只有在内阁近距离贴近军队时，这样做才是恰当的。

在制订计划时，理论将阐明事物本身和事物之间的相互关系，并使那些少数作为规则或者原则的东西显现出来。只要我们回顾前面所讲的，考虑到战争涉及重大问题，那么就很容易发现，只有具备非凡的洞察力，才能考虑到所有这一切。

倘若一位君主或者统帅擅长于一切按照自己的目的和手段进行战争，那么他就具备了天才般的能力。然而，这种天才的作用不是展现在新发现的行动、引人注目的方式上，而是在整场战争的结局中。

值得我们赞赏的是，局势的发展与他所做的假定相吻合，整个行动安排是无比的协调。一个研究者，倘若在结局中未能发现这种协调，他就容易到没有天才和不可能有天才的地方去找天才。

战略使用的方式和手段非常简单，并且因为经常反复运用，已经广为人知。所以，倘若听到具有一般常识的人过多地谈及它们，势必会贻笑大方。比如，在战史中屡屡出现的迂回战术，如果总是被人称作为最透彻的洞察力的表现，被赞叹为最杰出的天才的表现，被当成是最渊博的知识的表现，那么将是无聊的言论。

更为可笑的是，这些批评者总是根据庸俗的看法而将精神因素从理论中剔除，他们只愿意论述物质因素，并将一切都限定在优势和均势、空间和时间这几个数学关系上，局限在几条线、几个角上。

当然，如果评论者只有这样肤浅的见识，那么他们恐怕连给小学生出数学练习题的资格都没有。我们认为，战略根本不是什么科学公式和习题的问题，掌握事物之间的关系是极为简单的，而在战争中起作用的精神力量则较难把握。

不过，哪怕是精神力量，也存在于战略的最高范围之内，即战略接近政治和治国之道。只有它们混合在一起的地方才是复杂的，它们的种类和关系才是丰富多彩的。

在这里，它们对行动方式的影响比对军事行动规模的影响要略小一些。在行动方式占主导地位的地方，精神力量的作用就明显降低很多，比如在战争的具体大小行动中。

由此可见，在战略上，所有一切都较为简单，但是这并不意味着理解战略就是轻而易举的事情。虽然说，我们只要根据国家的各种情况确定了战争能做什么，确定了战争应该怎么样，就容易找出发动战争的道路，但是，要想持之以恒，沿着这条路一直走下去，将计划贯彻下去，不因为千万种理由而动摇，那么除了要具备坚强的意志和坚定的头脑外，还要具备坚毅的性格。

因此，在成千上万个优秀人物中，虽然有的可能以智力而出众，有的可能以大胆或意志坚强著称，有的可能以洞察力见长，但是可能没有一个能够具备这些品质而高人一等的统帅。

在下决心方面，战略跟战术相比，更需要坚强的意志力，这似乎是很奇怪的言论，凡是了解战争中这方面情况的人是不会有任何疑虑的。在战术上，情况瞬息万变，指挥官总觉得自己好像被卷在漩涡里一样，不冒险就无法与之搏斗，他只能强行压制随着战局的发展而不断产生的疑虑，勇敢地冒险前行。而战略则进展非常缓慢，不管是自己的疑虑还是别人的意见，甚至是不合时宜的懊恼都能产生较大的作用。

在战术上，人们起码能亲眼看见一半的情况，而战略却不一样，所有一切都依靠揣测和猜想，因而信心也就相对较小。也因为这样，许多将帅在采取行动时就已经深陷错误的疑虑之中了。

我们以腓特烈大帝1760年的战局为例。这次战局曾被誉为战略上的真正杰作，它以出色的行军和机动而举世闻名。不过，难道我们敬佩不已的是他那种忽左忽右的迂回战术吗？难道我们要将这种战术当作高超智慧的外在表现吗？

不！倘若我们想要客观地判断问题，我们就不应该这样做。相反，我们首先要赞赏的是他那高超的智慧，他在凭借有限的力量去实现自己的目标时，从不做没有把握的事情，而是采取刚刚足够达到目的的行动。这种智慧不单在这次战局中展露无遗，而且在他一生所进行的3次战争中随处可见。

当时，腓特烈的目的是签订一个和约来确保自己对西里西亚的占领。从腓特烈所拥有的国家资源上看，腓特烈仅仅是一个小国领导人，他无法成为亚历山大，而如果效仿查理十二，他将以被打碎脑壳告终。

考察他所进行的全部战争，我们不难看到他具有一种节制地使用力量的天赋，他自始至终保持冷静，但却富有冲劲，在危急时刻，他总是能将仅有的力量发挥到令人诧异的地步；而为了服从政治上细微的变动，他又能继续保持镇定。无论是荣誉心、虚荣心还是复仇心，都无法让他离开这条道路，而正是这条道路引导着他笑到最后。

当然，这样几句话似乎不足以评价这位伟大统帅在这方面的成就。我们只有深入研究这场战争所取得的令人惊异的结局，研究造成这种结局的原因，大家才会深信，正是由于腓特烈大帝的天赋让他赢得了最后的胜利。

这仅仅是腓特烈大帝令人敬佩的一个方面,这点在1760年战争和所有其他战争中都有表现,尤其是1760年的战争。因为在其他战争中,腓特烈大帝很少像这次战争那样,以极小的牺牲获得了与占据巨大优势的敌人保持了均势的结果。

我们钦佩腓特烈大帝还在于他克服了实际中的困难。从右翼或者左翼迂回攻击敌人,这样的战术是容易想到的;调集自己为数不多的兵力,以快速的运动而最大限度发挥自己的力量,以便部队在数个战场抗击敌人,这也是容易想到的。

但是,如果让像腓特烈大帝那样的统帅将这些再重新试一下,那么,我们相信,许多目睹这一切的批判者,都会说他让部队野营是危险的,甚至是轻率的。这点毋庸置疑,当他下令部队野营时,这种危险比事后看来大两三倍。

在敌人的眼皮底下行军,甚至常常行走在敌军炮火的射程之内,这些都很危险。腓特烈大帝之所以敢于这样做,是因为他从道恩配置兵力的方法中,以及对方的性格和责任感中找到了根据,因此他的决定并非轻率的。

他敢作敢为而不被大家几十年后谈论和描绘的危险所迷惑和吓倒,正是基于他那果断、大胆和意志坚强。处于腓特烈大帝的境况下,恐怕没有几个统帅会相信简单的战略手段能够发挥超乎寻常的作用。

此外,腓特烈大帝还面临着一个困难:他的军队在不断地运动。他的部队曾经两次在有敌军尾随的情况下跟着道恩,沿着崎岖难行的道路从易北河向西里西亚行军。军队必须高度戒备,而由于行军要巧妙地进行,部队又得承受巨大的劳累。尽管有数千辆辎重车随行,但是它们除了阻碍行军外,还无法提供充足的补给。比如，在西里西亚，部队在累格尼察会战以前，它们曾经在夜间进行长达8天的行军，在敌人的阵地前面，部队遭受巨大的困苦和劳累。

对此，难道我们能够相信，这些举动不会在军队中引起巨大的阻力吗？难道腓特烈大帝这般调遣军队，就像测量员用手转动等高仪那样容易吗？他看到可怜的将士们饥渴交迫、疲惫不堪的表情时，能不觉得痛心吗？难道将士们的怨言和牢骚不会传进他的耳朵吗？一个普通人有足够的勇气提出这个要求吗？倘若不是对统帅的决策有着高度的信任，难道这样的困顿不堪不会引起纪律松弛和士气低落吗？

我们要敬佩腓特烈大帝的地方就在这里，应该为他在行军中的这些奇迹鼓掌。不过，只有亲身体验过的人，才能深刻领会这些。那些通过书本和演习场了解战争的人是无法体会这些的。所以，我们希望他们能够真诚地从这里接受那些他们自己无法通过亲身体验而获得的东西。

在结束本章时，我们还要简单地说明一下，在研究战略时，我们将会阐述那些我们认为是最重要的战略因素，不管是物质的还是精神的，我们研究的方法是先谈各个部分，再涉及整体，最后以整个军事活动的联系，即战局计划和战争计划作结束。

将军队部署在某个地方，就表明战斗将在某个地方发生，但这并不意味着一定真会发生战斗。能不能将这种可能性当成一种实际的、现实的东西呢？当然可以。战斗的可能性只要有效果——不管效果如何——都应将其当作实际的战斗。假如派遣一支部队前去截断敌人的退路，而敌人可能未经战斗便缴械投降，这是因为这支部队的存在让敌人作出投降的决定。

假如我军某部占领敌军一个没有设防的地区，因此剥夺了敌人作为补充用的大批力量，那么我方之所以能够占据该地，仅仅是因为我方的部队已经让敌军意识到：要想夺回该地，我军将与之进行血战。

在上面两种情况下，战斗只是有可能发生，但都产生了效果。所以，这种可能性便是实际的东西。倘若在上述两种情况下，敌军以优势兵力发动进攻，致使我军未经战斗便放弃作战目的，那么尽管我军没有达到目的，但是我们原定的再次进行的战斗依旧有一定的效果，因为它将敌军引到这里。就算整个军事行动失败，我们也不能说这样的军事部署、这个可能发生的战斗是毫无效果可言的，只不过它的效果跟一次失利的战斗的效果相似而已。

由此可见，打垮敌人和消灭敌人军队，只有通过战斗的效果才能实现，不管战斗是否已经进行，或者只是做了部署而敌人并未应战。

战斗的双重目的

然而，战斗的效果是双重的，即直接的和间接的。倘若战斗并非以直接消灭敌人军队为目的，而是通过别的活动来达到这个目的，换句话说，以更大的力量，迂回地达到消灭敌军的目的，那么这种战斗的效果便是间接的。

一次战斗的直接目的可能是攻占某些地区、城市、要塞、桥梁、道路、仓库等，但这些活动绝不是作战的最终目的，它们只是获得更大优势的手段罢了，其最终目的在于使敌人在无力交战的情况下停止交战，所以，只能将它们当作中间环节、看成是通向有效要素的阶梯，而决不能将它们看成是有效要素本身。

1814年，法国巴黎被联军攻占，联军的战争目的达到了：从巴黎开始的政治崩溃对局势产生了巨大作用，使拿破仑构造的帝国瞬间崩溃。然而，这一切要按照下面的观点来分析。

法国政治上的崩溃严重削弱了拿破仑的抵抗力和兵力，他再也无法进行任何抵抗，因为联军的优势相对地增长了。如此，联军才有机会与法国媾和。如果当时联军的军事力量因为外在的原因而遭遇同等的削弱，进而使联军丧失优势，那么占领巴黎的重要性与全部效果将要大打折扣，甚至消失。

我们探讨上面的这些概念，是想说，这些概念很重要，因为这些概念是对事物唯一真实的自然的认识。有了这样的认识，人们便会这样考虑：敌我双方在战争中和战局中每一时刻发生的大小战斗会产生什么样的效果？只有认真考虑这个问题，制订战争计划或战局计划时才能拥有明晰的认识与确定该采取哪些措施。

倘若不这样考虑问题，那么就会对其他活动作出错误的评价。倘若不习惯将战争或者战争中的各个战局当作是条完全由相互连接的一系列战斗所组成的锁链，如果认为占领敌人未设防的地区或地点本身就有某种价值，那么人们会将占领当作是唾手可得的成果。

如果这样看问题，而不是将它当成系列事件中的一环，那么人们就不会这样考虑：这样的占领以后是否会带来更大的不利？因为这样而犯错误的情况屡见不鲜。我们可以这样说：如同商人不会将某次交易所获得的利润搁置不用一样，在战争中，我们也不能将某次胜利置于结局之外。和商人往往将全部财富置于交易中一样,在战争中只有最终的结局才能决定每次行动的得失。

倘若指挥官的智力都放在一系列战斗(就事先所能预见的而言)上,那么他将沿着目标的正道行进,如此一来,力的运动就具有了一种不受外界影响的、恰如其分的速度,即意愿和行动就具有了一种不受外界影响的、恰当的动力。

第二章　战略要素

我们将决定战斗运用的战略要素分为以下5类：精神要素、数学要素、物质要素、统计要素和地理要素。

精神素质及其作用所引起的一切都属于第一类；而军队的数量、编制、各兵种的比例等属于第二类；作战线构成的角度、向心运动和离心运动属于第三类；一切补给手段等属于第四类；制高点、江河、山脉、道路、森林等地形的影响属于第五类。

为了让概念清晰明了，且让人一眼就可以判断出各类要素价值之大小，将这些要素依次加以考察是大有裨益的。因为在分别考察的过程中，某些要素虚假的重要性就消失了。以作战基地为例子，就算它只是作战线的状况的问题，但在这个简单的形式中，它的价值依旧是由作战线所通过的地区和道路的状况决定的，而并非由作战线构成的角这个几何要素决定的。这点显而易见。

可是，这些要素在军事行动中常常是紧密联系并错综复杂地结合在一起，所以，如果有人想借这些要素研究战略，那么他必将遭遇不幸，他肯定会在与现实脱节的分析中迷失道路，最终徒劳无功。

当然，我们决不想离开整个现象世界，也绝对不想让我们的分析超出读者对我们思想所能理解的程度。我们的思想并不是从抽象研究中得来的，而是从整个战争现象给我们的印象中获得的。

第三章 精神要素

我们还要再谈谈精神要素,因为它们是战争中最为重要的问题之一,它们在战争领域中无处不在,并跟支配与推动整个物质力量的意志紧密相连,结成一体。因为意志本身也是精神要素之一。可惜的是,我们在各种书籍中难以见到它们的身影,因为它们无法表达成数字,也不能分成等级,我们只能感觉或者看到它们。

军队之武德、政府之智慧和统帅之才能和他们的其他精神素质,作战地区的民心,一次胜败所引发的精神作用,所有这些东西都是各不相同的,且对我们所处的境况和目的也可能产生各不相同的影响。

尽管这些问题难以在书中论述,但它们跟构成战争的别的元素一样,属于军事艺术理论的范畴。我们必须再重复一遍,倘若有人依旧固执己见,将一切精神要素置于原则和规则之外,一碰到精神要素,就将它冷落一旁,当成例外,并将之"科学地"规定下来,把它当成规则,或者有些人会求助于超乎规则之上的天才,这无疑在宣告:规则不光是为愚人写的,并且它本身也必然是愚蠢的。这只能是一种可怜的哲学。

军事艺术的理论，虽然只能让人们注意到这些精神要素，只能说明对这些精神要素做充分考虑和估价的必要性，但是它已经将自己的范围扩大到精神的领域了。而且，只要人们明确了解这些观点，他们就能给那些企图在理论的法庭上只用物质力量的关系为自己辩护的人预先进行判决。

更何况，就算是为了建立所谓的规则，理论也不应该将精神要素排斥在外，因为它的作用与物质力量的作用是紧密联系在一起的，不能像用化学方法分析合金那样将它们分解开。

在理论为物质力量制订每条规则时，都要考虑到精神要素可能占有的比重，否则规则将变成绝对的条文，时而显得局限性过大，时而显得专断。

就算那种完全不打算提及精神内容的理论，也不可避免地要涉及精神要素，倘若不考虑精神要素所产生的影响，那么任何问题都将得不到说明，比如胜利的作用就是如此。

所以，本篇论述的大部分问题，既谈及物质的原因和结果，又谈及精神的原因和结果。可以这样说，物质的原因和结果不过是刀柄罢了，精神的原因和结果才是真正的锋利的刀刃，才是贵重的金属。

这点，历史最能证明，而这些正是统帅从历史中可以吸取纯真、最宝贵的精神养料。不过，我们必须指出，与理论阐述、学术研究和批判地探讨相反，总的印象、各种感受和一时的灵感更能种下智慧的种子，结出精神的果实。

本来，我们可以详尽地研究战争中各种主要的精神现象，并细致地讨论每一种精神现象的利弊。可是，如果我们这样做，便会陷入平庸和一般的境地，在分析过程中，不自觉地将关注点放在那些众人皆知的东西上，而忽视实质。因此，我们再次宁愿使用不完整的和不全面的叙述方法，以便大家注意到这个问题的重要性，并指明本篇所有论点的精神实质。

第四章　主要的精神力量

这里所说的主要的精神力量是指统帅的才能、军队的武德和军队的民族精神。其中，哪种精神力量价值较大，任何人都不能简单地加以确定。本来，要指出它们各自的价值就是一件困难重重的事情，更不用说比较它们价值的大小，最好的办法是不轻视它们中任何一种精神力量。

不过，人们在进行判断时，往往会左右摇摆，经常重视一方面，而轻视别的方面。我们认为，较为恰当的做法是，利用充分的历史事实来证明这三种力量所产生的作用。

的确，在训练技能方面，欧洲各国军队达到了相当不错的水平，作战体系也几乎成了各国军队效仿的体系。军事力量得到这样的发展，导致了我们无法期待统帅采用具有个人特色的手段，比如像腓特烈二世那样运用斜形战斗队形。因此，不容否认，从当前的情况看，军队的民族精神和战争锻炼发挥着更大的作用。这种情况经过比较长的和平时期可能会有改变。

军队的民族精神（热情、狂热、信仰和信念），在山地战中表现得最为明显。因为上至将领，下至士兵，都必须独立活动，所以，山地是对民众武装而言最合适的战场。

军队熟练的技能和经过锻炼的勇敢精神则在广袤无垠的平原上能得到最充分的发挥。

统帅的才能在复杂的地形上和丘陵地上最有用武之地。因为在山地，统帅很少指挥单独的部队，而要指挥所有的部队又有心无力；在开阔的平原上，指挥军队过于简单，无法充分施展他的才能。

这些，都是统帅在制订作战计划时应着重考虑的事情。

第五章　空间上的兵力集中

最好的战略是首先在总兵力方面，而后在关键性的地区始终保持强大的军事力量。所以，战略上除了要努力扩充兵员外，还要集中兵力。除非出现极为迫切的情况而必须抽调兵力，否则任何部队都不应脱离主力。

这条准则极为重要，我们必须严格遵守，并将它作为可靠的行动指南。我们还将慢慢地明白，什么是分割兵力的合理的理由。同时，我们也将发现，这个准则并不是在每一次战争中都会产生同样的效果。由于目的和手段不同，它可能会产生不同的效果。

有些人虽然将兵力分散和分割，但他们的这种行为只是效仿别人的做法而并不清楚为什么要这样做。虽然听起来似乎令人难以置信，但这种情况却总在上演。

倘若我们承认集中全部兵力是一个准则，而在特殊情况下才能分散和分割兵力只是例外，那么我们不仅可以彻底避免愚蠢的行动，还能杜绝某些分割兵力的不正确理由。

第六章　战略预备队

一般而言，预备队有两个使命：一是延长和恢复战斗，二是应付意外情况。

第一个使命以逐次使用兵力来赢取利益为前提，所以在战略范畴内不可能出现。将某支部队调往即将失守的地方去，这属于第二个使命的范畴。因为在这里不得不进行抵抗，是无法被充分预见的。倘若一支部队仅仅是为了延长战斗而被配置在火力范围外，但是它却仍然受这次战斗指挥官的指挥，那么它便成了战术预备队，而不是战略预备队。

不过，在战略范围，也极有可能需要配置一定的兵力以防意外。因此，可能需要战略预备队，只是它只在可能出现意外的情况下才是这样。在战术范围，大多数只能通过观察来获取敌军的措施。由于敌人的措施容易通过任何一个小树林和地褶隐蔽起来，所以人们经常要在某种程度上应付意外情况，以便在以后加强整个部署中过于薄弱的环节。一句话，要能够针对敌人的情况随时调整我方的兵力部署。

由于战略行动与战术行动有着直接的联系，所以在战略范围上也肯定会出现这种情况。在战略上，一些部署也只能根据观察和获得的不太确切的情报以及战斗所产生的实际效果才能够确定。因此，根据不明了的程度保留一支预备队是战略指挥上的重要条件。

众所周知，防御战中，尤其是在山地、江河这类地形的防御阵地中，经常会出现这种情况。然而，战略活动越是远离战术活动，这种不确定性就越小；当战略活动接近政治领域时，这种确定性就差不多完全消失了。

敌军将在什么地方渡河，可以从对方事先暴露的某些准备措施中来了解。敌军将纵队派到哪个地方去会战，只能通过观察去了解，至于敌军将从哪个方向入侵我国，通常在一枪未放之前，所有的报纸都已透露了。措施的规模越大，人们就越难以出其不意。

由于准备时间之长，空间之大，产生行动的诸多情况又很明显，以至于人们能够确切地推断出来，或者有足够的时间来了解它。

此外，措施越涉及全局，战略预备队（假如有的话）的作用也就越小。

我们已讲过，部分战斗的结果本身是毫无意义可言的，只有放到整体中去才能看清其所具有的价值。不过，就算是整体战斗的结果，也仅有相对的意义。这种意义的大小取决于被击败的敌军在其全部兵力中占多大的比重和有多大的重要性。

一个军的失利可以通过一个军团的胜利来弥补，甚至一个军团的失利，可以用一个更大的军团的胜利来抵消，甚至能够转败为胜，例如1813年在库耳姆的两天会战，这点是毋庸置疑的。

不过，被我军击败的那一部分敌军越重要，胜利的重要性就越具有意义，敌军通过往后的行动来挽回失败的可能性就越小，这点也极其明显。至于如何进一步明确这一点，我们将在其他地方进行研究，在这里，读者只要知道这种关系肯定存在就足够了。

除了上面讲到的两点，我们还要加上一点，假如在战术上兵力的逐次使用总是使决定性的行动推迟到整个行动的末尾，那么在战略上同时使用兵力的准则却差不多总是使主力决战在一次大规模行动的一开始就进行。

根据以上三点，我们可以说：战略预备队的使命越广泛，它的好处就越少，它的必要性就越小，带来的危险性也就越大。

要指出战略预备队的存在从哪里开始就不符合常理了，这并不困难。因为主力决战的开始就是战略预备队消失的时候。在主力决战中，所有的兵力都必须投入进去，而将由现有军队组成的所有预备队保留在主力决战之后再使用是荒谬的。

因此，如果说，在战术上将预备队当成是应付意外的手段，是战斗失利时挽救无法预见的后果的手段，那么在战略上，至少在大规模的决战中不应使用这样的手段。

某处的失利往往只能通过别处获得胜利来挽救，在某些特殊情况下可以调用别处兵力来挽救败局，但是绝对不应该也不允许有为了挽救败局而预先保留兵力的思想。

我们认为，组建一支不参加主力决战的战略预备队的想法是错误的。这点非常明显，倘若不是这种思想在别的概念的伪装下还显得很不错，而且反复出现的话，我们就无需在此大费周章地分析。有些人将它和任何预备队（因而也连同战术预备队）一概否定掉，有人认为这是战略上智谋和谨慎的精华。这种混乱的思想也反映在现实生活中。倘若人们想看看这一方面的例子,那么可以回顾一下1806年的事件。

那时,普鲁士曾将符腾堡欧根亲王指挥的2万人的预备队留在马克,很不幸,这支部队未能及时赶到扎勒河,而普鲁士还在南普鲁士和东普鲁士留了2.5万人作为预备队。

看到这些例子,人们就不会责怪我们无的放矢了。

第七章　兵力的合理运用

正如我们说过的那样，人的思路几乎很少是仅仅沿着某些观点和原则发展的直线，它经常有自由活动的余地。在现实生活的一切艺术都不例外。想要用纵坐标和横坐标画出美的线条是不可能的，想要用代数公式画出圆和椭圆也是不可能的。所以，指挥官有时必须凭借高度准确而迅速的判断，几乎在不知不觉中获得真相，有时又必须将习以为常的办法作为行动的根据，有时必须将规律概括成明确的要点并当成行动的规则。

我们认为，经常注意让所有兵力发挥作用，或者说，随时随地密切关注且不搁置任何一部分兵力，这是智力活动的一种根据，也是一种经过概况的要点。

谁若是在不必要的地方部署过多的兵力，谁若是在敌人进攻时让一部分军队行军，即有一些部队未能发挥作用，那么谁就是不善于合理运用兵力的人。

从这个角度看，有而不用比用而不当更糟糕。因为，就算是最不恰当的活动，也可以牵制或者击败部分敌军，而倘若被搁置不用，那么它便丝毫不起作用。因此，一旦需要行动，首先要做的是让所有的军队行动起来。很明显，这个观点与前面所阐述的原则是紧密联系的，是出自同一个真理的，我们只是从更广泛的角度对它进行研究，将它总结成一个单独的概念而已。

第八章　军事行动中的间歇

如果将战争当成相互消灭的行为，那么，我们必定认为，双方一般来说都是在前进的。不过，我们也将这样认为，对某一时刻而言，只要一方在前进，而另一方则肯定在等待。因为双方的情况绝对不可能完全一致，或者说不可能永远相同，情况随着时间的推移而变化，因而当前这个时刻对一方而言就会比对另一方有利。

如果双方统帅都意识到这一点，那么，一方前进的依据便成了另一方等待的依据。所以，就这一时刻而言，双方不会感到等待有利也不会感到前进有利。在此，双方不可能同时持有同样目的的原因不是一般的两极性，而是双方统帅下定决心的依据其实是同一个情况，即情况改善还是恶化的可能性。

就算双方的情况完全相同，或者因为一方对另一方的情况了解不够，以至于误认为情况完全相同，但是因为双方的政治目的各不相同，仍然不可能产生间歇。从政治的角度看，肯定有一方是进攻方，倘若双方的目的都是防守，那么战争就不会爆发。

进攻方往往抱着积极的目的，而防御方时常只有消极的目的。积极的行动适合积极的目的，因为它是进攻方达到目的的唯一手段。因此，在双方条件平等的情况下，进攻方应该行动起来，因为它的目的是积极的。

从这样的角度看，军事行动中的间歇严格说来是同战争的性质相矛盾的。因为敌我双方的军队是两个敌对的因素，任何一方必定想尽办法不停止地消灭另一方，如同水与火一样，不能相容，不到一方彻底消失，两者之间的相互作用就绝不会停止。

但是，对于两个摔跤者长久地扭在一起僵持不动的现象，我们将作何解释呢？军事行动本来就应该一刻不停地进行，如同上了发条的钟表一样永不停息地运转。不过，不管战争的性质多么暴力，它却总要受人之弱点的限制——人们总是一边追求危险和制造危险，却又恐惧危险。对于战争中的这种矛盾，人们丝毫不感到惊讶。

如果我们翻阅一下战史，我们就可以看到截然相反的现象，在战争中，为了达到目的，敌我双方并非总是永不停息地前进，相反，间歇和停顿才是军队的基本状态，前进却是例外。

这几乎推翻了上述的观点，不过，尽管战史所展现的事实证明的确是这样，但是最近发生的系列事件却刚好证明了上述的观点。革命战争证明了它的现实性，也证明了它的必然性。在革命战争中，尤其是拿破仑所进行的战争中，战争的进行达到了最大限度的发挥。这是暴力的自然规律。由此可见，战争达到这种程度是可能的。既然它是可能的，那就是必然的。

其实，倘若不是为了前进，我们该如何解释在战争中付出的诸多力量呢？面包师只是为了烤面包才烤热炉子，而人们仅仅是为了要用车才将马套在车上。因此，如果让对方付出同样多的力量后却一无所获，那么又何必要如此费尽心思地努力呢？

关于该原则的总体情况，我们先谈到这里，现在我们来说说它在现实中的变化。当然，这里的变化只是指事物性质决定的变化,而非指一些具体情况所引起的变化。

首先,我们要提出引起变化的三个原因。它们是内在的牵制力量,能阻止战争不停歇地进行下去或者进行得太快。

第一个原因是优柔寡断和怯懦。它是精神上的一种重力,不过它是靠反感而不是依靠吸引力而发挥作用,而反感则是针对危险和责任的。

在战争中,普通人往往踌躇不前,需要强烈的刺激运动来确保他们锐气不减,而要想扫除这种裹足不前的行为,仅仅依靠光知道打仗的原因是不够的。

除了以下的情况,否则间歇就会变为常事,前进就会成为例外:要么尚武精神作为主导,要么拥有一位在战争状态下如鱼得水的统帅,要么要具有巨大的责任感。

第二个原因是人的认识和判断都是不完善的。这些在战争中表现得最为明显,因为人们总是难以每时每刻都确切地知道自己的情况,至于敌军的情况,由于是隐蔽的,所以只能凭借为数不多的材料加以揣测。

因此,经常会出现这样的情况:事实上等待只对一方较为有利,可是双方却都认为对自己有利。这就出现了正如我们在前面讲过的,每方都认为等待另一个时刻是很明智的。

第三个原因是防御比较强有力。它犹如钟表里的制动装置一样,会让行动时时停下来。甲方也许觉得自己力量弱小无法进攻乙方,但我们不能因此得出结论,乙方拥有足够的力量来进攻甲方。

防御可以增强力量,因此,倘若一方放弃防御而采取进攻,那么他将失去这种力量,而将它转移给对方。较为形象地说,就是 $a+b$ 和 $a-b$ 的差等于 $2b$。因此,双方会同时无力进攻,而且事实上也是如此。

如此一来，人们就在为应对巨大危险的害怕和谨慎小心在军事艺术中找到了立足点，证明它们存在的合理性，进而抑制了战争所固有的暴烈性。

然而，这些原因尚不足以说明，为什么在过去那些并非因为重大利益冲突而引发的战争中会有较长时间的间歇。在这些战争中，90%的时间都是在无所作为中度过的。

出现这种现象主要是由于一方的要求和另一方的状况与情绪对战争的影响所引发的，这一点，我们在前面已经谈过了。

这一切或许会产生重大的影响，使战争变成了不伦不类的东西。这样的战争通常只是一种武装监视，或者只是让己方处于较为有利的地位而后见机行事的一种缓和的行动，或者仅仅是为了声援谈判而摆出的威胁的姿态，或者只是出于同盟义务而勉强履行义务的行为。

在上述这些场合中，利益冲突不大，敌对因素不强，所以每一方都不愿意对对方采取过分的举动，也并不十分害怕对方。一句话，没有足够的利害关系迫使他们做出行动。

在这种情况下，敌我双方下的赌注一般较小，进而出现了温和的战争，而造成真正的战争所具有的仇恨情绪则被束缚着。

当然，战争越是如此不伦不类，偶然性就越多，而必然性则相应地减少，建立理论就越缺乏必需的根据和基础。

不过，就算在这样的战争中，才智也有用武之地。与其他战争相比，它的表现形式可能更加多种多样，它的活动范围也许更为广泛，犹如赌金币的赌博变成了小买卖一样。

在这里，大部分的作战时间都花费在装模作样的小动作上，也就是半真半假的前哨战，丝毫没有消耗在长时间的部署以及为后人称颂的布阵上。然而，恰恰就在这里，一些理论家发现了真正的军事艺术。

他们从历朝历代的战争中所运用的虚刺、防刺、防右下刺和防左上刺中找到了所有理论研究的对象，他们发现智力比物质重要。他们认为最近发生的几次战争与野蛮的搏斗无异，没有值得学习的地方，只是文明时代的退步。

这种观点毫无价值。在缺乏强大的力量和伟大的激情的地方，小聪明往往容易发挥作用。但是，统率庞大的军队作战，像在狂风骇浪中掌舵一样，难道不应该被当成一种更为高级的智力活动吗？

事实上，上面所说的击剑术式的作战方法只适用于对方的力量并不比我方强的情况。然而，我们能够知晓这种条件可以保持多久吗？难道法国革命不是在我们依旧幻想旧式作战方法时袭击我们，并将我们从夏龙赶到莫斯科的吗？难道腓特烈大帝不是正用类似的战术让墨守成规的奥地利人大吃一惊，并撼动了奥地利王朝吗？

在应对一个只接受内在力量限制而不受其他任何规则约束的野蛮的敌人时，如果一个政府采取不坚决的政策，而运用墨守成规的军事艺术，那就太可怜了。

这个时候，行动和努力上的任何松懈都会加强敌军的力量。一个击剑运动员以他击剑那套方法去摔跤是不轻松的，往往只要被轻轻推一下，就会摔倒在地。

综上所述，一次战局中的军事行动不是连续不断的而是有间歇的。所以，在每次流血行动之间总会出现一个双方都处于守势而互相观望的时期，但是，有较高目的的一方往往会采取进攻的态势，它处于前进的状态，所以它的观望态度与另一方有所区别。

第四篇

防御

第一章　进攻和防御

1.防御的概念

什么是防御？抵御进攻。防御的特征是什么？等待进攻。只有具备这种特征的军事行动才叫防御行动，也只有依据这种特征才能够在战争中区分防御和进攻。

然而，单纯的防守和战争的概念是完全矛盾的，因为纯粹的防守便让战争成为一方的战争。事实上，防守在战争中只是相对的。因此，防御的这个特征只是对防御而言，并不是针对防御的各个部分说的。

在一次战斗中，倘若我们静候敌人发起攻击，那么防御就是防御战斗；在一次会战中，倘若我们等候敌人的进攻，那么防御便是防御会战；在一次战局中，倘若我们静候敌人攻击我们的战区，那么防御便是防御战局。

在上述情况下，对防御来说，等待和抵御这个特征都是从总的方面来说的，所以它并不与战争的概念发生矛盾，因为等待敌人发起进攻对我们是有利的。不过，我方若是想进行真正的战争就必须给敌人以反击，我方采取的进攻行动依旧是在战场的范围内进行。这样一来，在防御战中，进攻行动是存在的，而在防御会战中，任何一方可以动用某些师发动进攻，而那些在阵地上等待敌方发动冲锋的部队，也可以开枪阻击敌人。因此，防御这种作战形式绝不是单纯的盾牌，而是由巧妙的打击所组成的盾牌。

2.防御的优点

防御的目的是什么？是据守。据守往往比夺取更为容易。如果以此进行推断，我们可以说，倘若运用的是同一支部队，那么进行防御比发动进攻容易得多。为什么呢？因为**防御方可以利用进攻方没利用的时间，防御方可以坐享其利**。只要是进攻方因为判断错误、恐惧或者迟钝而没有利用的时机，都是对防御方有利的。比如七年战争，普鲁士凭借防御的优点多次让自己逃脱灭顶之灾。

抵御与据守所带来的优点都存在于防御的性质中。在现实中的其他领域，尤其是跟战争极其类似的诉讼中，早已通过"占有者得利"这一拉丁谚语肯定下来。此外，防御方还可以有限享用由战争带来的地形之利。

明确了这些概念后，我们要来谈谈防御本身。在战术范围内，只要是我方让敌人主动进攻，等待敌人前来攻击我们的战斗，都属于防御战斗。从敌人来到我方阵地前开始，我方都能够采取一切进攻的手段而不失去防御的优点：等待敌人的好处和占据地形之利。

在战略范围内也是如此。只不过不同的是，战斗变成了战局，阵地变成了战区，甚或是战局变成了整个战争，战区变成了全国国土。在这两种情况下，就如同在战术范围内一样，如果采用进攻手段，依旧不会失去防御的优点。

防御比进攻容易，这点已经谈过了。不过，防御具有消极的目的（据守），而进攻则具有积极的目的（占领），占领可以增加己方的作战手段，而据守则不行。

因此，为了让表达更加确切，我们必须这么说：**防御这种作战形式就其本身来说比进攻这种作战形式要强**。这也是我们的结论。尽管它彻底由事物的性质决定的，且被经验屡次证明，但流行的说法却彻底同这个结论相反。这也说明，著作家从表面去看问题会给概念造成混淆。

既然我们说防御是一种较强的而带有消极的目的的作战形式，那么我们自然只会在力量较为弱小且需要这种形式时才会运用它。一旦我们的力量强大到能够到达积极目的，就应该立刻放弃它。

由于人们在防御中取得胜利往往能够获取对自己比较有利的兵力对比，所以，**以防御开始而以进攻结束，是战争的自然进程**。将防御当成最终的目的，就如同不仅在总的方面把防御看成是消极的，还将防御的各个部分也看成是消极的一样，这跟战争的概念是矛盾的。换句话说，在战争中，单纯地将因防御而获得的胜利拿来抵御，却不积极进攻，就像在会战中让纯粹的防守（消极性）在各种措施中占据主导地位一样，是十分荒谬的。

也许有人会列举许多防御方从头到尾采取防御却不考虑反攻的战例来否定它。的确，这些战例可以引用，只不过它们只能被当作反攻的可能性还未到来的具体场景，而反驳者往往忽视了，在这里我们仅仅是从总的方面来说。

比如七年战争，至少是在战争的最后3年，腓特烈大帝丝毫没有想过进攻，我们甚至这样认为，他只将进攻当成一种较好的防御手段，而他当时面临的处境让他别无选择，只能做那种最符合他当时处境的事，这是自然而然的事情。不过，如果我们不将他有可能对奥地利进行反击的想法当成他整个行动的基础，如果反击的时机直到那个时候还没有到来，那么我们所做的就不是联系总的情况来考察这个战例了。

事实上，上述总的看法在这个战例中，并非找不到实际依据，缔结和约便是很好的证明。倘若不是奥地利意识到仅仅凭借自己的力量无法跟腓特烈大帝的才能相抗衡，意识到它必须比以往更加努力，否则只要它稍微有些松懈，便可能再度丧失国土，那么还有什么原因促使它缔结和约呢？实际上，如果不是腓特烈大帝的部分兵力被俄国、瑞典等国的军队牵制住，那么他将在波希米亚和摩拉维亚再度击败奥军。对此，又有谁会怀疑呢？

在解决上述问题后，我们还要谈谈防御是较强的作战形式这一论点。

将进攻与防御进行仔细考察和比较后，我们发现这一论点更加清晰明了。现在我们要做的是，指出与此论点相反的观点是如何自相矛盾且与经验相抵触。如果说，进攻是较强的作战形式，那么我们便没有任何理由采取防御这样的作战形式，因为防御本身所具备的是消极目的，如果双方都只想着进攻，那么防御便不会存在。然而，追求较高的目的要付出较为高昂的代价，这是毋庸置疑的。

谁认为自己拥有的力量相当强大，强大到足以采取进攻这种这种较弱的作战方式，谁就可以追求较大的目的；而谁如果给自己提出较小的目的,那么谁就能够采取防御这种较强的作战形式。

回顾往昔,我们不难发现,几乎没有出现过用一支较弱的军队在一个战区进攻,却让一支较强的军队在另一个战区防御的情况。如果说自古以来情形到处都与之相反,那么便充分证明了,就算是最喜欢进攻的将领,也仍然认为防御是较强的作战形式。

在谈具体问题之前,我们还要在下面几章里先谈几个问题。

第二章　进攻和防御在战术上的比较

首先，我们要讨论在战斗中能够克敌制胜的因素。不过，在这里，我们不谈军队的训练、勇敢、优势或者其他素质，因为决定这一切的东西，一般来说，不属于我们所要谈的军事艺术，而且它们对进攻和防御所发生的作用是相同的，甚至连总的数量优势，我们在这里也是不加以考虑的，因为军队的数量也是一个既定的事实，无需经由统帅的意愿决定。更何况它们同进攻的利害关系与同防御的利害关系是相同的。此外，**我们认为，有利于取得胜利的只有3个因素：出敌不意、地利与多面攻击。**

出敌不意的效果是，让敌人在某个地方面临远远超出他意料的优势兵力。这种数量上的优势跟总的数量优势彻底不同，它是军事艺术中最重要的有效手段。

对于地利是如何有利于取得胜利这一点，是很容易理解的，只不过，有一点需要加以说明，即我们所说的地利不但指进攻方在前进时所遇到的各种障碍，如陡峭的谷地、高山峻岭等，而且指那些有助于我们隐蔽地部署军队的地形，甚至一块普通得不能再普通的地形，我们也可以说，谁若熟悉它，谁将从中获益。

多面攻击则包括战术上的各种大的与小的迂回，它之所以对取胜有帮助，主要有两个方面：一是让敌人遭到火力夹击，二是让敌人害怕被切断退路。

上述3个因素与进攻和防御之间的关系如何呢？

倘若我们认真讨论一下上述3个因素，那么便能获得答案：进攻方往往只采用第一、第三两个因素的一小部分，而防御方则可利用这两个因素的大部分与第二个因素的全部。

进攻方要获得出其不意的利益，只能动用全部的军事力量对敌方的全部军事力量进行奇袭，可是防御方却能够在战斗中通过各种猛烈程度和各种样式的袭击来达到出其不意的效果。

进攻方比防御方更容易包围敌方的部队以及切断对方的退路，因为防御方所处的状态是驻止的，而进攻方则是根据防御方的驻止状态而进行军事行动的。不过，进攻方的迂回战术是只针对整支部队来说的，至于在战斗过程中以及对军队的各个部分而言，防御方比进攻方更容易发动多面攻击，理由已在上文说过，在此不再赘述。

很明显，防御方还可以充分利用地形之利。这也是防御方可以通过各种猛烈程度和各种样式的袭击来达到出敌不意的原因。进攻方由于要在各种道路上行军，容易暴露而被防御方侦察出来，防御方则没有这方面的问题，他们可以在决定性时刻到来之前隐蔽起来，而进攻方却无法发现他们。

自从正确的防御方法被普遍地使用后，这种侦察便失去了其应有的价值。尽管有些人偶尔会采用这种侦察，但是收获极少。防御方能够在选好的地形上部署军队并且在战斗开始前熟悉地形，这对他有着莫大的好处，他隐蔽于地形之中自然要比进攻方更能出敌不意，这点容易理解。不过，人们依旧受到陈旧观念的影响，似乎接受一次会战就相当于输了一半的观念。

该观念在七年战争中就已为少数人使用过，在20年前流行的防御方法引起的、期望从地形上获得好处不过是占领一个很难接近的正面。当时的部队配置没有纵深，以至于两翼运动不变，进而产生了这样一个弱点：部队的部署总是从一个山头延伸到另一个山头，致使情况越来越糟。这个时候，如果两个侧翼找到了某种依托，那么军队便会像一块绷紧在刺绣架子上的布帛一样，它的任何一点都不会被敌人突破。

由于军队所占领地区的任何一点对整个战争都发挥着直接的作用，所以，每一个点都要严加防守。如此一来，在会战中，我们既看不到运动战，也说不上出敌不意。这样的防守跟我们称之为好的防守及在现代也曾出现过的好的防御是两码事。

事实上，大家轻视防御往往是因为时代不一样了，某种防御方法过时了。我们上述所谈到的防御方法就是这样，这种防御在过去某个时间段确实比进攻更具优势。

我们不妨认真地探讨下现代军事艺术的发展过程。刚开始，也就是三十年战争和西班牙王位继承战争期间，军队的部署是会战中最为重要的事情之一，也是会战计划中最为重要的内容。在这种情况下，防御方往往较为有利，因为防御方的部队早已经在进攻方展开和配置前完成了展开和配置。

后来，随着军队的机动能力进一步增强，这个有利条件便不复存在，于是进攻方在某个时间段内取得了优势。再往后，防御方便设法以河流、深谷和山岭作为掩护，并取得了决定性的优势，直到进攻方增加机动能力，并最终冲进防御方所防御的阵地并分成几个纵队发动进攻。直到进攻方采取迂回战术，防御方才再度失去优势。

防御方根据进攻方敢于这样行动，从而将正面配置得越来越宽，迫使进攻方改变战术，采取集中兵力于几个点上，突破敌方纵深不大的阵地。如此一来，进攻方第三次取得了优势，而防御方则不得不再次改变防御方法。

在最近的几次战争中，防御方已经改变了防御方法，他们将军队集结成几个大的集团军，但不是事先展开，而是尽可能隐蔽地部署好，即只做好行动准备，等到进攻方的军事行动进一步暴露后再做出行动。

这种防御方法并不完全将消极防御排斥在外，它允许部分地区做消极防御。这种消极防御的优点很大，以至于在战局中必须要成百上千次地使用它。只不过，这种防御在当前一般不居于主导地位，我们在此说的也正是这一点。

如果进攻方再度发明某种新的有效的方法，那么防御方就必须改变自己的防御方法。不过，地形有利于防御这点却是肯定无疑的，而且因为地形对军事行动的影响，现在比过去任何时候都要大，所以一般能够保证防御方原有的优势。

第三章　进攻和防御在战略上的比较

首先我们要面对这样一个问题：什么是在战略上有利于取得成果的因素？

正如同我们之前所说的一样，胜利这个概念在战略范围内是不存在的。所谓战略的成果有两方面：一是指为战术胜利做好有效的准备（这种准备越好，战斗中的胜利就越会有把握），二是指利用战术上已获得的胜利。会战胜利后，战略可以通过各种安排让会战的胜利所产生的效果越多，它能够让己方从敌军那里获得的战利品增多。对于在会战中费尽心思与力量却只能一点点取得的东西，它却可以大批地取得，且取得的越多，它的效果越大。

能够导致这种成果或使这种成果容易取得的主要条件有下面几个因素：

（1）地利；

（2）出敌不意（要么是通过发动真正的奇袭造成出敌不意，要么通过在一定的地点出其不意地部署大量的军队以造成出敌不意）；

（3）多方面攻击；

（以上3个因素同在战术上的3个因素是一样的）

（4）战区通过要塞及其一切附属设施所产生的有利作用；

（5）人民群众的有力支持；

（6）充分利用巨大的精神力量。

那么，这些因素对于进攻与防御的关系是怎样的呢？

防御方拥有地利，而进攻方则具有进行奇袭的有利条件，这在战略范围与在战术范围中是相同的。不过，需要指出的是，奇袭这个手段在战略范围内比在战术范围内有效得多和重要得多。

在战术范围，奇袭很少能够变成大的胜利，但是在战略范围，它却可以。然而，这个手段的使用要建立在敌人犯了重大的、决定性的、少有的错误的基础上。因此，奇袭并不能够在天平上为进攻方增加很大的砝码。

在一定地点部署优势兵力造成出敌不意，这又和战术上的情况很相似。倘若防御方将兵力分割部署在己方战区的若干接近地点上，那么进攻方便拥有了集中兵力攻击敌方军队的一部分的有利条件。

然而，新的防御艺术已经运用另一种行动方法，这就确定了与此不同的防御原则。只要防御方没有设防的道路不被敌方利用，并奔向重要的仓库（或补给站）和未作准备的要塞或首都，那么就是防御方有这样的担心，他也会前往进攻方所选择的道路上去攻击敌人，否则他的退路便会被切断。因为，如果进攻方选择的不是防御方所在的道路而是另外一条道路，防御方也能够在几天之内动用全部兵力在进攻方所选择的道路上找到敌人。

在大多数情况下，防御方甚至可以确定，进攻方一定会前来拜访。而且，倘若进攻方因为各种原因，比如补给问题，而不得不分兵前进，那么防御方便处于有利地位，因为他可以动用自己全部兵力来攻打进攻方的部分军队。

在战略范围，侧翼攻击与背后攻击涉及战区的背后和侧面，所以，它们的性质就发生了巨大的变化。

（1）由于部队是在战区的一端，不可能射击到另一端，所以火力夹击的情况不存在；

（2）被迂回的一方对于退路被切断的恐惧小得多，因为在战略范围内，空间不会像在战术范围那样容易被封锁；

（3）在战略范围，由于空间较大，内线（也就是较短的路线）的效果扩大，这对抵抗多面攻击非常有利；

（4）交通线十分脆弱是一个新的因素，一旦交通线被切断，那么影响将是巨大的。

在战略范围内，由于空间较大，所以通常只有掌握主动的一方，即进攻方才会进行包围（即多面攻击）作战；而防御方则无法像在战术范围之中那样，在行动过程中对包围者进行反包围。因为防御方的军队部署既没有与之相对应的纵深，也无法很隐蔽。当然，这都是由事物的性质决定的。

不过，既然包围无法带来什么可观的利益，那么，虽然包围行动很容易，但是对进攻方有什么好处呢？因此，如果不是因为包围作战对交通线起到一定的影响的话，在战略范围内或许压根儿不会将它作为一个导致胜利的因素。

可是，它在最初的时刻，即双方开始接触但却保持原来的部署时，很少发挥大作用。在战局进程中，当进攻方在敌方国土上由进攻方变成防御方时，它才发挥较大的作用。

这个时候，新的防御方的交通线变得脆弱不堪，原来的防御方便可以利用这个弱点作为进攻方。只是，总的来说，这种进攻的优越性不能被当成进攻本身的优越性，因为事实上，它是从防御本身的较高关系中产生的,对此,谁会不明白呢?

战区的有利作用,往往在防御方这里。当进攻方的部队发动一次战役,他们便要离开自己的战区。如此一来,他们的实力便受到了削弱,即要塞和各种仓库只能留在后方。他们需要通过的战区越大,他们因此而受到的削弱就越严重,因为他们要分出行军和派出守备部队,而防御方则完全没有这方面的困扰。他们的部队依旧和各个方面保持着紧密的联系,他们不但能够利用要塞,不会让自己受到任何削弱,而且还距离人员补充和物资补给基地较近。

至于人民大众的支持,这点并不是在每次防御战中都会出现的,因为有的防御作战是在敌国的领土上进行的,不过它终究是从防御的概念中产生的,防御方能够获得民众的支持。

另外,这里所讲的民众支持主要是(但并不完全是)指民军与民众武装的作用,它同时也指部队所碰到的各种阻力较小、人员补充与物资补给基地都比较近、补充和补给来源比较丰富等情况。

1812年的战局能够让我们看清第三个和第四个因素中提出的那些手段的效果:拿破仑的大军渡过涅曼河的是50万人,可是参加博罗迪诺会战[1]的部队仅有12万人,抵达莫斯科的部队则少之又少。

我们可以这样说,这次战局的效果极大,就算俄国人不着手发动反攻,也能够在较长的时间内不遭受新的入侵。当然,除了瑞典以外,在欧洲没有一个国家像俄国那样幅员辽阔。不过,民众的支持这个因素依然发生作用,只不过作用的大小不一样罢了。

对战区与民众的支持还需要作一点说明。这两个有利于防御

---

〔1〕拿破仑入侵俄国的一次会战。1812年8月26日,双方在博罗迪诺展开大战。

的因素在真正的作战防御中,即在本国境内进行的防御作战中才发挥作用,当防御发生在敌国境内、防御和进攻交织在一起时,其作用会减弱。

在考虑这点时,我们会发现它们差不多跟多面攻击一样,会对进攻产生不利的影响。正如同防御并非单纯由抵抗因素构成一样,进攻也不是全部由积极因素构成,甚至那些无法直接造成媾和的进攻最终都不得不以防御告终。

既然在进攻中出现的一切防御因素都因为具有进攻的性质而受到削弱,那么我们必然认为这一点是进攻中的普遍弱点。

这并非无谓的诡辩,相反,一切进攻的主要弱点就在这里。所以,在制定战略进攻计划时务必要重视这点,即注意紧随进攻之后的防御。关于这一点,我们在后面会作具体研究。

最后一种因素有时像真正的发酵素一样混合在战争的各个要素之中,所以,在一定的情况下,统帅可以利用它们来加强自己的力量。

我们似乎可以这样认为,防御方和进攻方一样,也具备这些精神力量。虽然有些精神力量,一旦导致敌军的混乱与恐惧,在进攻中所产生的影响将尤为显著,但是它们往往出现于决定性打击之后,所以,它们对决定性打击本身难以起到重大作用。

至此,我们认为防御是比进攻强的一种作战形式这一论点已经得到了充分的论证。不过,我们还要谈到一个一直没被提起的问题——勇气。它是军队由于意识到自己是进攻方而感到自己占有优势的一种感觉。这种感觉也确实存在,只不过,它很快会因为军队的胜利或失败,指挥官的才能或者无能而产生的更为普遍、强烈的感情而被湮没。

第四章 战略防御的特点

我们在前面已经讲过防御究竟是什么的问题——防御是一种比较强的作战形式。人们想要利用它来取得胜利,以便在取得优势后发动反攻,也就是转向战争的积极目的。

就算战争的意图只是保持现状,但是纯粹的抵御也必然和战争的概念发生矛盾,因为作战从来不是忍受。防御方一旦取得明显的优势,防御便完成了它的使命,而如果防御方不愿意坐等灭亡,他必然要利用已取得的优势发动反攻。理智告诉我们,**要趁热打铁,利用一切优势阻止敌人的另一次进攻。**

那么应该怎么样以及在何时何地发动反攻?这需要根据诸多条件来决定,这些问题我们会在后面加以阐述。在这里,我们要说的是,应该将转入反攻当成是防御作战发展的必然趋势,是防御的一个基本组成部分;无论何时何地,如果任由通过防御获得的胜利像花儿一样枯萎凋谢而不加以利用,那将是莫大的错误。

迅速而猛烈地转入进攻(这是闪闪发光的复仇利剑)是防御的最光彩的部分。谁若是在防御时忽视这一部分,或者说,不将它当成防御的一部分,那么他便永远无法理解防御的优越性,永远只能通过进攻去摧毁敌方的手段和增加己方的手段。

但是，这些手段的丧失和取得取决于如何解结而不是取决于打结。[1]此外，倘若认为进攻总是以出其不意的攻击出现，而认为防御不过是处境困难和陷于混乱，那么无疑是扭曲了事实。

征服者进行战争的决心自然不比没有恶意的防御方下得更早。倘若征服者深谙保密之道，他就常常能够在某种程度上对防御方发动突袭。但是，这不是战争中必然的现象，事实上，实际情况往往不是这样的。

与其说战争随着征服者一起出现的，倒不如说它是跟随防御方一起出现的。因为是入侵引发了防御，而有了防御才导致了战争。征服者往往是爱好和平的（如拿破仑一贯声称的那样），他非常乐意和平地进入德国。但是为了不让征服者的野心得逞，我们必须进行战争。为了进行战争就必须准备战争。换句话说，正视那些别无选择而只能选择防御的弱小国家，要时常做好战争的准备，以免遭遇敌军的进攻。这正是军事艺术要求人们这么做的。

至于谁将先出现在战场上，并不是由抱有进攻意图还是抱有防御意图决定的，而由其他一些东西决定。所以，进攻意图和防御意图往往不是谁先出现在战场上的原因，而是谁先出现在战场上的结果。

既然进攻比较有利，那么谁先做好战争准备，谁就可以因为这个原因而采取进攻的方式，而准备工作稍微缓慢的一方，就只能利用防御的优点来弥补自己因为准备工作缓慢而产生的不利。

然而，一般来说，能够有效利用较早准备好战争这点，应该

---

[1]意指，手段的丧失和取得并不取决于如何开始一场战争而取决于如何结束一场战争。

被看成是进攻的优点，不过，这个优点并不会必然地出现在任何战争场合。

所以，如果我们大胆地设想一下，防御应当是什么样的？那么我们可以说，防御应该是：尽可能地准备好一切手段；有一支英勇善战的队伍；一个把握主动、沉着冷静而不是提心吊胆地等候敌人的统帅；有不怕任何围攻的要塞；最后，还要有不畏敌人且让敌人害怕的坚强的民众。

具备这些条件之后，将防御和进攻进行比较，大概不会出现某些人所想象的那样——防御是扮演可怜的角色，而进攻也并非像某些人所认为的那样轻而易举和万无一失。那些人往往认为进攻意味着勇敢、意志力及运动，防御则意味着软弱与瘫痪。

第五章　防御的方式

在防御的各要素中，决定战术结果和战略结果的因素除了军队的绝对数量与质量外，还有以下几个方面：有利的地理位置、出敌不意、多面攻击、战区的有利作用、民众的支持及巨大的精神力量等因素。

关于防御方在利用上述这些因素比进攻方更有利的问题，我们已经在上文探讨过了，在这里，我们要谈的问题是主要供防御方利用因而可以当成是支持防御这座大厦的各种支柱的哪些手段是有益的。

1.后备军。在现代，后备军也经常被调到国外进攻敌国，并且不容置疑。在某些国家，比如在普鲁士，后备军早已被看作是常备军的一部分，所以，它的作用不止于防御。

不过，我们也要注意到，人们在1813—1815年广泛利用后备军是在防御作战中开始的；后备军也只在少数几个地方，是像普鲁士那样组织的，而那些组织不完善的后备军用来防御比用于进攻更为靠谱。此外，后备军的概念中还有这样一种含义——全体民众以其体力、财产和精神在战争中不同于一般地、或多或少地志愿去协助作战。

后备军的组织越不具备这样的性质,所组建的队伍便越成为一种变相的常备军。当然,越具备常备军的优点,所组建的队伍也就越缺少真正的后备军的优点。

后备军真正的优点是:**具有广泛得多、生动得多、十分容易因精神和信念的作用而大大增强的力量。**

后备军的实质往往表现在这些方面,后备军的组织形式必须让全体民众发挥这种协助作用,否则,要想后备军建立特别的成就便只能水中捞月了。

非常明显,后备军这种实质与防御的概念有着莫大的联系,所以,我们必须注意到,以这样的后备军来防御比进攻更合适,它可以挫败敌军的进攻。当然,这种效果主要体现于防御战中。

2.要塞。进攻方所能利用的要塞,只存在于边境附近的要塞,所以,要塞对进攻方没有多大的帮助。但是,防御方却能够利用全国的要塞,所以,有很多要塞可以发挥作用,并且这样的作用本身很强大。一座可以迫使敌军发动包围战而己方能够守得住的要塞,往往比一座只让敌军放弃占领该地区的想法,进而无法真正牵制和消灭敌军的要塞,在战争中更能发挥作用。

3.民众。尽管在大多数场合下,战区内的单个居民对战争的影响犹如一滴水在整条河流中的作用那样微不足道,但是,全国居民,就算在根本不是民众暴动的场合,也绝对不是无足轻重的。

如果本国民众服从本国政府,那么在本国进行任何活动都会比较容易。敌人要让居民尽任何大小义务是不容易的,他们必须使用强制手段才有可能,进而他们要动用军队。如此一来,敌人将耗费大量兵力和增加很多劳累,而防御方则可以得到这一切。

尽管民众并非真正地出于自愿，但是长期形成的公民的服从性会让他们贡献出自己的一切。而且那种真正忠诚的自愿协助是很多的，在一切不需要流血牺牲的事情上，这种协助则更多了。

在此，我们以情报为例子进行说明。这里所说的情报并不是出于重大的需要而通过侦察取得的情报，而是指军队在日常勤务中遇到的搞不清楚的细小的情况，同居民保持良好关系则可以让防御方在这方面占尽优势。

最小的侦察队、每个哨兵和每个外出执行任务的军官都有必要向当地居民了解有关敌人、友军和当面之敌的情报。

倘若我们在研究了上述这样一般且经常出现的情况后，再研究一下特殊情况，即居民直接参与斗争，甚至居民参加斗争发展到最高阶段，如西班牙那样，斗争的主要形式是民众战争。那么我们便会发现，在这种情况下，民众支持便不再是单纯的支持，而是出现了另外一种真正的力量。根据这些，我们认为：

4.民众武装或民兵是一种较独特的防御手段。

5.我们还可以将同盟者当成防御方的最后支柱。我们在这里所说的同盟者并不是进攻方也有的一般的同盟者，而是指同某个国家的安危存亡有着切身利害关系的同盟国。只要了解一下当前欧洲各国的情况，我们便会发现，国家和民族的各种大小的利益都是错综复杂且变化多端地交织在一起。

如此一来，每个这样的交叉点便成了一个起着稳定作用的结，因为在这种结上，一个趋向是另一个趋向的平衡力量；这些结又紧密联系成较大的整体，任何变化都必然会对这种联系产生一定的影响。所以，各国之间关系的总和便呈现出有利于整体上的维持现状，而不是让它发生变化。换句话说，这种关系存在着维持现状的倾向。

我们认为,应该按照上述这样的理解来理解政治均势,而且但凡许多文明国家进行多方面接触的地方,都会自然产生这样的政治均势。

对于共同利益要求我们维持现状的这种倾向究竟会产生多大的作用,这是另外一个问题。当然,个别国家之间的关系会发生变化,有些变化会让整体更容易发挥这种维持现状的作用,而有些变化则会让整体难以发挥维持现状的作用。

在前一种场合中的变化是维持政治均势的力量。由于它们和共同利益的倾向保持一致,所以,它们也会获得共同利益中的大部分,而在后一种场合中的变化则是一种病态。它是个别部分在积极活动,是一种真正的病态。在由许多国家组成且关系并不牢靠的整体内出现这种情况,是不足为奇的。

所以,如果有人说,在历史上曾有些国家能够获得对自己有利的重大变化,可是整体的维持作用却不发挥作用,连尝试制止这种改变的行为也没有,甚至有些国家还凌驾于其他国家之上,几乎成为整体的绝对统治者。

对此,我们认为,虽然有这样的情况存在,但这并不能证明共同利益要求维持现状的倾向是不存在的,它只能证明这个倾向的作用在当时力量不够强大。这正如向这一目标的引力与向那个目标的运动并非一码事,我们不能因此说明这种引力是不存在的。

我们认为:要求维持均势的倾向就要维持现状。当然,我们是以现状中的均势作为前提的,因为一旦均势状态遭到破坏,一旦紧张局面出现,维持均势的倾向也可能随之发生变化。不过,如果从本质上看问题，那么该变化总是涉及一小部分国家，却不会涉及大多数国家。所以，我们可以断定，大多数国家都深知各自的生存始终由各国的共同利益来维持和保证的，而且可以肯定，任何一个与整体保持一致的国家在自卫时，获得支持的国家数量要远远多于反对它的国家数量。

谁若是嘲笑这些研究，谁便是抛弃哲学上的真理。然而，虽然哲学上的真理让我们了解事物基本要素之间的互相关系，但是如果不对偶然现象加以考虑，而试图从这种相互关系中去得出能够支配每个具体情况的法则，这也是不合适的。

但是，谁若是在逸事趣闻上徘徊，并用这些东西来编纂历史，时时从个别现象出发，从细节问题入手，并且只以寻找最直接的原因为目的，从不深入研究总的在根本上起支配作用的关系，那么他的看法只在个别事件上有价值。对这种人来说，哲学对一般情况所规定的一切，自然是难以设想的了。

如果说不存在维持均势的倾向，那么许多文明国家就绝对不会在较长时间内共同存在，它们将会合并成一个国家。既然现在的欧洲已经存在了1000多年，这便是共同利益维持均势的倾向所产生的结果。

如果整体并非永远地维护每个国家，那也是这一整体中的不正常现象，但是这种不正常现象并没有破坏整体，而是被整体消除了。

有些严重破坏均势的变化会为其他国家的或多或少的公开的反抗所阻止或消除，这点只需要回顾一下历史便能明白。当然，罗列大量事实来作论据是多此一举。我们只想举一个例子，因为那些对政治均势冷嘲热讽的人总是提到它。

我们所讲的事例是波兰，一个拥有800万人口的国家被一分为三，而周遭国家却没有一个出手支援。这个事例似乎说明了政治均势一般是不起作用的，或者至少在个别情况下不发生作用。

波兰这样幅员辽阔的国家被几个国家灭亡，沦为几个强国的掠夺物，这好像是一个特殊情况。既然它无法影响整个欧洲各国的共同利益，那么人们便会认为，共同利益在维护各国利益方面所发挥的作用是幻想、虚构的。但是，我们坚持这样认为：首先，不管个别事件如何突出，它都无法成为否定一般情况的论据；其次，波兰的亡国并不像表面上看起来那样难以理解。难道波兰真的能算是一个欧洲国家，可以作为欧洲各国中一个具有同等水平的国家吗？答案是否定的。它是一个鞑靼国，可它又不像克里米亚的鞑靼人那样生活在黑海之滨，即地处欧洲国家僻远的地带，而是地处欧洲各国之间的维斯拉河流域。

我们这样讲，既不是瞧不起波兰人，也不是说这个国家被一分为三是理所当然的，而是为了真实地阐明情况。几十年来，波兰几乎没有起过什么政治作用，对其他欧洲国家来说，它是纷争的火药桶。从其本身的状况和国家的结构来说，波兰是无法在其他各国之间长时间地存在的，而要改变这种状态，就算波兰的政府首脑有这样的意愿，那也是一项极为庞大、需要耗费半个世纪甚至一个世纪才能完成的工程。更何况，政府首脑身上往往沾满鞑靼人的习气，他们很难有这样的想法。

国家的动乱和他们本身极端的言行举止拖住了他们，让他们一步步地坠入黑暗的深渊。早在波兰亡国前，俄国人就在那里活动了，他们将波兰当作自己的家，波兰是个独立自主的国家这样的想法是不存在的。我们甚至可以肯定，就算波兰不被其他大国瓜分，也会沦为俄国的一个省份。

如果说情况不是这样的话，如果波兰拥有自卫能力，那么3个强国就难以这样轻而易举地瓜分它。同时，那些和波兰有着切身利益关系的强国，如法国、瑞典和土耳其就会以完全不同的态度来帮助波兰。然而，一个主权国家彻底依靠外援来存在，这是一件比较过分的事情。

事实上，从100多年前多次提及瓜分波兰的问题起，人们便不再将它当成是门禁森严的住宅，而是当成一条外国军队来往的公共大道。我们就要问了：难道阻止这一切是其他国家的任务？难道要其他国家使用武力来维护波兰的政治尊严吗？很显然，这跟要求人们做一件不符合道义的事情一样，是不可能的。

这个时期的波兰，从政治上看，它就像一片荒无人烟的草原，人们无法总是维护这片处于其他各国之间的、没有防守的草原不受别国侵犯，人们同样无法保证这个主权国家的尊严。

根据上述理由，我们便不会对波兰的悄然灭亡感到惊讶。我们也深知，土耳其比任何一个欧洲国家与维护波兰的独立有着更大的利害关系。可是土耳其也意识到，保护一个毫无抵抗能力的草原是白费工夫。

我们认为，防御方一般比进攻方更有希望得到外国的援助这点已经得到了充分的证明。防御方的存在对于一切其他国家越重要，即它的政治、军事状况越健全，它就越有机会获得外援。

当然，我们在这里提及的主要供防御方利用的手段并不是在每次防御中都会必然出现，可能有时缺少这几样，有时缺少那几样，但是，从总的防御这个概念来说，它们全部都是属于防御的。

第六章　进攻和防御的相互作用

我们认为，进攻和防御是可以区别开的两个概念。现在，我们要对它们分别进行考察。我们将先研究防御，理由如下：**防御的规则是以进攻的规则为根据，而进攻的规则又是以防御的规则为根据，这点是非常自然和必要的**。

不过，要让这些概念得以成立，我们就必须从二者之中找出一个起点。当然，这也是我们要谈的第一个问题。

如果从哲学上来研究战争的发生，那么我们就会发现，战争的概念并不是随进攻而是随防御一同产生的，因为进攻的绝对目的更倾向于占领，而不是斗争，而防御则是以斗争为直接目的，它跟斗争是一码事。

防御的目的完全是对付进攻的，所以，一定要以敌人的进攻为前提。进攻的目的却不是应对防御，而是为了其他东西，比如为了占领，所以，它不必以对方防御为前提。因此，防御方式是让战争要素产生作用，首先从己方的立足点出发来考虑作战双方并为战争制定最初法则的一方。

我们在这里谈的不是个案，而是理论家为了理论的发展而假设的一般的、抽象的情况。在这里，我们知道在什么地方能够找到进攻和防御二者相互起作用的起点,很显然,起点在防御上。

如果说,我们上述的论点是正确的,那么就算防御方对进攻方的军事行动毫不了解,他也一定有确定行动的依据并且他将根据这些依据来决定战争的部署。

如果进攻方不谙敌情,他就没有确切的行动依据,他就只能统率军队强行占领对方的国土。

事实上,真实的情况就是这样。因为携带战斗手段并不等同于使用战斗手段。进攻方携带战斗手段是因为一种假定,即它可能会使用战斗手段,不是以派遣官员和发表宣言的方式,而是使用军队来侵占别国的领土,这实际上谈不上是积极的军事行动。但是,对防御来说则不一样了。防御方不但可以集中使用战斗手段,而且能依据自己设定的作战意图来部署战斗手段,他首先采取了真正符合战争观念的行动。

紧接着,第二个问题来了:在进攻这个概念不存在之前,什么可能是在理论上最先确定防御行动的根据?

很显然,目标是占领者的前进。这种前进应当为战争之外的东西,不过,军事行动的最初规则却是以它为依据的。防御要阻止这种占领者的前进,一定会结合国土来考虑问题,于是就产生了最初的、最一般的防御方法。

这些方法一投入作战,进攻方就会针对它们采取对策;而防御方又会研究进攻方所采取的手段,进而出现新的防御方法。这样,双方就出现了互相作用。只要不断产生的新结果值得考虑,理论就可以不停地研究这种相互作用。

为了让我们后面的考察更加透彻和更有根据,在此作一下简单的分析是很有必要的。当然,我们进行这样的分析既不是为了在战场上使用,也不是为了未来的统帅,而是为了一群理论家依旧草率地对待这种问题。

第七章　抵抗的方法

防御的概念是抵御，在抵御中包含着等待。我们认为，等待既是防御的主要特征，也是防御的主要好处。

但是，在战争中，防御不能是单纯的忍受，因此等待也不能是绝对的，而只是相对的。至于同等待有关系的对象，若是从空间上说，便是所有国土、战区或者阵地；若是从时间方面上看，则是战争、战局或者会战。

我们非常清楚，它们并不是一成不变的单位，而只是错综复杂的一定范畴的中心。在现实生活中，我们经常不得不习惯于只对事物进行分类而不是严加区分，而且这些概念在现实生活中已经非常明确。因此，我们可以依据它们来确立其他的观念。

所以，国土防御不过是静候敌人前来进攻国土，战区防御不过是静候敌人前来攻打战区，阵地防御也不过是静候敌人前来进攻阵地。防御方在此后所实施的任何积极的、因而多少带有进攻性质的活动，都无法改变防御的概念，因为防御的主要特征和主要优点（等待）已经实现了。

从时间范畴来区分的战争、战局和会战，同国土、战区和阵地是相关的概念，因此我们上述对国土、战区和阵地论述的问题对于战争、战局和会战也同样适用。

所以，防御是由等待和行动这两个性质不同的部分组成的。当我们让等待和一定的对象发生关系并在采取行动之前先等待时，我们就再次将二者结合成为一个整体。然而，一次防御行动尤其是一次大的防御行动，像战局或者正常战争，单从时间上看，无法划分为两个阶段：第一阶段为单纯的等待，第二阶段为单纯的行动。它是由等待和行动二者交错而成的。所以，等待能够像一条连续不断的长线贯穿于整个防御行动中。

我们这样关注等待的原因是现在探讨的问题本身要求我们这样做。等待这样的概念尚未被任何理论以独立的概念提出来，尽管这常常是不自觉的，但是在现实生活中，它早已经不断地演变成行动的依据。

等待是整个军事行动的一个基本组成部分，以致没有等待，军事行动就不可能出现。因此，我们在后面谈及等待在力量的相互作用中的效果时，还会经常提到这点。

现在我们要探讨的是，等待是如何贯穿在整个防御行动中，以及因此会产生什么样的防御方式。

为了更加简单明了地说明我们的论点，我们打算将国土防御放到《战争计划》一篇中去研究，因为政治关系在国土防御中非常复杂，而且影响比较大。此外，防御行动在阵地上和会战中是战术问题，它们只有合并成一个整体时才是战略活动的起点。所以，战区防御是最适合用来阐明防御的情况的。

我们说过，等待与行动是防御的两个极为重要的组成部分，没有等待，防御就无法成为防御；没有行动，防御也就无法称为战争。根据这点，我们得出了这样一个观点：防御是一种能够更有把握地战胜敌人的较强的作战形式。

我们必须绝对坚持这一观念有两方面的原因：一是由于归根结底只有它能让我们避免犯错误；二是由于这一观念愈是生动的，它越被人们掌握，就越能使整个防御强而有力。

如果对还击再加以区分，只将狭义的抵御，即将守卫国土、战区和阵地当成是必要的部分，而将转入真正战略进攻的进一步还击看成是与防御丝毫没有关系、可有可无的东西，那么它将和我们上述的观点相违背。所以，继续区分是毫无意义的。

我们认为，应将报复思想作为防御的基础，因为不管防御方最初的反击在顺利时会给敌人造成多大的损失，依旧无法造成进攻和防御在对比关系上所需要的均衡。

所以，我们说，防御是比较容易得胜利的较强的作战形式，至于这种胜利是否超过了最初防御的目的，就要视具体情况而定了。

然而，防御与等待紧密相连，所以，打败敌人这一目的只有在出现了进攻的条件下才可以存在。所以，倘若没有进攻，防御就只能停留在保持原有的状况下。

当然，保持原有的状况是防御在等待中的目的，也是其最直接的目的。此外，防御只有在这样的情况下，才能够获得它作为较强作战形式的那些优点。

如果我们设想有一支部队奉命前去防守它的防区，那么一般会出现下面几种防御方式。

（1）敌人一进入战区，部队立即发动进攻（莫尔维茨会战[1]、霍亨甫利得堡会战）。

---

〔1〕即奥地利王位战争中第一次西里西亚战争，于1741年4月10日进行了第一次大会战。

（2）部队在战区边沿附近占领阵地，等待进攻敌人出现在阵地前面，然后主动进攻敌人（恰斯劳会战、索尔会战和罗斯巴赫会战）。在这样的情况下，行动是较为被动的，等待的时间也较长。虽然在敌人真正发动进攻的情况下，采取这样的防御方式和前一种防御方式相比所获得的时间多不了多少，甚至一点也不多，但是两者的结果是不一样的。在第一种场合，战斗会发生，而在第二种场合，战斗就不一定会发生，敌人或许没有足够的决心发起冲锋，因此，等待的利益会更大。

（3）军队在战区附近的阵地上不但要等待敌人下决心进行会战（等待敌人出现在我方阵地前面），而且要等待敌人发动真正的进攻（崩策耳维茨筑垒阵地战）。在这样的情况下，双方将进行一次真正的防御会战，正如我们说过的，防御会战还含有部分军队的进攻行动。跟第二种情况一样，赢得时间的问题不在考虑范围之内，但是敌军的决心却要遭受新的考验。有的进攻部队在发起冲锋后发现，对方的阵地非常坚固，难以攻克，以至于在最后时刻或者进行第一次尝试后就放弃进攻的决心。

（4）军队退入本国腹地进行抵抗。退却的目的在于让进攻方的兵力遭到削弱，并等待进攻方不得不主动停止前进，或者至少不能打败我们在其进攻路程的终点所进行的抵抗。

如果防御方能在撤退中留下一座或几座要塞，逼迫进攻方不得不进行围攻战或者包围战，那么进攻方的兵力将会受到更为严重的削弱，防御方则有很多机会以巨大的优势兵力在某个地方攻打进攻方。

不过，就算没有要塞，向本国腹地撤退也能让防御方逐渐取得他所需要的均势或优势，而这种优势在战区边沿附近是得不到的，因为进攻方的任何前进行动都会造成兵力削弱。这种削弱是由两方面引起的，一是由于前进本身引起的，一是必要的分割兵力造成的。关于这点，我们将在探讨进攻时详细论述，在这里我们只要先知道这个观点即可。

第四种场合首先要做的是将赢得时间当成是一种重大的利益。如果进攻方围攻我方的要塞，那么我们便获得了要塞沦落前的一段时间，这段时间可能长达数个星期，在一些特殊情况下可能长达数月。

倘若进攻方受到削弱，即进攻方的力量趋于枯竭只是由于前进和占领必要的地点造成的，或者只是由于路途遥远而造成的，那么在多数情况下，我们将赢得更多的时间，以至于我们在转入行动时无需受特定时间的限制。

除了要衡量进攻方在进攻路程终点的双方兵力对比的变化外，我们还要衡量防御方不断增长的等待的利益。虽然进攻方并未因为前进而削弱到无力在防御方主力停下来的地方发动进攻，但是他极有可能没有决心发动进攻，因为在这里发动进攻比在战区附近地带发动进攻更需要决心。

这主要有两方面的原因：一是进攻方的军队受到削弱，不再是出征前那般精锐，而且威胁已增加；二是因为对于一些犹豫不决的统帅来说，抵达并占领所到达的地区后，他们要么真的觉得进行会战已然没有必要，要么找借口认为没有进行会战的必要，结果常常彻底放弃进行会战的打算。由于进攻方放弃了进攻，而防御方无法像在战区边沿地带那样充分取得积极结果，但是，他还是赢得了不少的时间。

由此可见，上述4种场合，防御方都能获得地利，而且他在行动中还能充分利用要塞和获得民众的支持与帮助。这些因素的作用是依据上述4种防御方式的顺序而逐渐递增的。在最后一种防御方式中，削弱敌人力量的主要就是这些因素，而等待的利益也是如此。

因此，我们应该将这4种防御方式的依次变换当成是防御力量的真正的依次增强。作战方式越和进攻不同，它就越强大。人们可能会对我们的观点，即对防御中最消极的防御却是最强的进行责难，但是我们并不担心这点。因为抵抗行动并不是按照上述4种防御方式的次序依次减弱的，它只是被延迟和推后罢了。

人们可以凭借坚固的要塞进行更加有效的抵抗，而在敌军的力量因为遭到这种抵抗而损失一半兵力时，人们就能够对敌人施行更为有效的攻击，这绝对不是不合理的理论。

如果道恩[1]不利用科林附近的有利阵地，也许他根本不能取得那次胜利，而如果道恩能够在腓特烈大帝率领少量军队从战场撤离时发动更加猛烈的进攻，那么这次会战将彪炳史册。

所以，我们可以这样说，防御方可能得到的抵抗力量将会按照上述4种防御方式的次序依次递增，防御方的反击力量会随之增强。

不过，这种防御的利益能够全部凭空而来吗？很显然，绝不可能。要获得这些利益，其代价也要相应地增加。

如果说我们在自己的战区内等候敌人，那么不管在距边沿多近的地方进行决战，敌人总是要进攻这个战区的，这便会给我方

---

[1] 利奥波德·约瑟夫·道恩（1705—1766），罗马帝国陆军元帅，七年战争中奥地利的拯救者。他是腓特烈大帝最强大的对手。

带来损失（除非我们发动进攻，将不利转嫁给敌人）。如果我们不是一开始就对敌人发动攻击，损失便会加大；敌人所占领的空间越大，敌军接近我们阵地所需要的时间越长，我们的损失便会加大。倘若我们要在防御战中打一次会战，即让敌人决定会战的时间与地点，那么敌人将长时期地占领他们所攻占的地方，这无疑会增加我们的损失。因此，我们因为敌人难以下决心而赢取的时间便是以这种损失为代价的。如果我们向腹地撤退，这种损失还会更大。

防御方因此遭受的损失，多半是力量方面的损失。这种损失对军队的影响是间接的，以至于人们很少能感觉到它的存在。由此可见，防御方是以将来的利益来换取当前力量的增强，正如同他像一个穷人，不得不向别人借贷。

倘若我们要研究这些不同的防御方式的效果，那么我们就要关注进攻的目的。敌人进攻的目的是占领我方的战区，至少占领我方战区的大部分阵地。因为起码是占领大部分阵地才能理解为整体，而仅仅攻占几普里[1]的地方，在战略上一般是没有多少意义的。

所以，只要进攻方没有攻占我方的战区，即只要敌人害怕我方的军队，根本不敢向我方的战区发动进攻，或者没有进攻我方的阵地，或者在我方向其发起会战时对方回避会战，我们便完成了防御的目的，各种防御措施在此时也发挥了明显的作用。

当然，这种作用是消极的，它无法直接而只能是间接地给真正的还击力量增加力量，即它可以为还击做好准备。因为进攻方

---

[1] 1普里约等于10英里，约为16千米。

正在丧失时间,而时间上的损失总是不利的,它往往会以某种方式来削弱进攻方。

因此,在采用前3种防御方式时,无需进行决战,防御便取得了一定的成就。但是这点并不适用于第四种防御方式。

倘若敌军围攻我们的要塞,那么我们就必须及时地为要塞解围,因此,以积极行动决定胜负,是由我们来决定的。如果敌军不围攻要塞而尾随我军进入腹地,情况也是如此。在这样的情况下,尽管我们时间充裕,能够等到敌人极度削弱时才采取行动,但是最终要转入反攻这一前提则是始终不变的。

当然,敌人或许占据了作为他进攻目标的整个地区,但是这不过是我方借给他的而已,紧张状态依旧存在,决战尚未到来。只要防御方的力量变得越来越强,而进攻方的力量越来越弱,对防御方来说,拖延决战则十分有利。

不过,只要必然会到来的顶点一出现(就算这个顶点最终只是由于防御方总的损失产生了最终影响才出现),防御方就一定要采取行动,进行决战。此时,等待的价值便消耗殆尽。

当然,这个时刻并无固定的标准,因为它要受制于很多的情况和条件。但是,我们要说,冬季的来临往往可以作为自然的界限。

如果我方无法阻止敌军在其占领的地方过冬,那么一般来说,我方已放弃这块地区。但是,只要回顾一下托里什·韦德拉什[1]这个例子,我们就会发现,这个规律并不具有普遍意义。

那么,究竟什么是决战呢?

---

〔1〕位于葡萄牙首都里斯本以北21.5千米。1810年,英国威灵顿将军统率联军与拿破仑作战时,曾建立托里什·韦德拉什营垒。

在研究中，我们始终将决战想象成会战的形式。当然，决战未必会采取会战的形式，它可以是可能造成剧变的一系列分兵进行的战斗行动。它们之所以会造成剧变，要么是因为双方进行了真正的血战，要么是因为战斗的可能性所引发的效果迫使敌人最终选择撤退。

按照我们对战争所确定的观点，得出这样的观点是必然的——在战场上无法用其他方式进行决战。因为，就算敌军仅仅是因为缺乏粮食而被迫撤退，这也是我方的武力行动限制了敌军才形成的结果。换句话说，如果我们的军队根本不存在，那么敌军必然能够解决粮食问题。

所以，就算敌军在进攻路程的终点就被各种困难搞得疲惫不堪，且因为兵力分散、饥饿以及疾病而让力量受到了损耗，但足以迫使敌军放弃已然获得的一切，依旧是因为他们对我方军事力量的忌惮。只不过，这样的决战和在战区边沿附近进行的决战有着较大的区别。

在战区边沿地带进行的决战中，我们只能依靠自己的军事力量对付敌军，只能用自己的军事力量来制服或者摧毁敌人的武力。但是，在进攻路程的终点，敌人因为劳累等问题损耗了一半力量，我方的军事力量在此所发挥的作用便不同于前了。

所以，虽然我方的军事力量是决定胜负的最终因素，但是已经不再是决定胜负的唯一因素了。敌军在前进中的损失已经为胜利做了准备，这种损失已经达到了这样的程度，以至于我方有了反攻的可能性，迫使敌人撤退，也就是说，它引发了剧变。

在这种场合，决定胜负的真正的原因只能是敌军在前进中的疲劳。当然，防御方的军事力量也起到了一定的作用。但是，在实际分析问题时,我们要着重关注的是,究竟这两个因素中的哪一个占据主导地位。

我们认为,在防御中,存在着两种决定胜负的方式,即有两种对付进攻的方法。它们是因为进攻方是被防御方的军事力量消灭,还是因为自身的劳累问题而崩溃这两个问题而存在的。

无需多言,第一种决定胜负的方式主要适用于采用前3种防御方式的场合,而后一种决定胜负的方式主要适用于第四种防御方式的场合。而且,在大多数情况下,只有往本国腹地撤退时,第二种方式才会决定胜负。与此同时,也正是因为通过向本国腹地撤退能够决定胜负,人们才会选择这种需要做出重大牺牲的退却。

如此一来,我们便知道两种不同的抵抗原则,而一些战例则能够很清晰地将二者区别开来,正如同我们在现实生活中区别双方基本概念那样清晰。

1745年,在腓特烈大帝率领大军进攻霍亨甫利得堡的奥地利军队时,奥军刚从西里西亚山区下来。此时,奥军的力量既不可能因为分散,也不可能因为劳累而受到明显的削弱。

跟上述事例完全相反的例子是:威灵顿在托里什·韦德拉什的筑垒阵地上坚守,直到马塞纳[1]的军队因为饥寒交迫而不得不主动撤军。在这样的情况下,实际上削弱进攻方的并不是防御方的军事力量。

在别的战例中,这两种原则则相互交织在一起,当然,其中也有一种发挥了主导作用,比如1812年的战例。

---

〔1〕法兰西第一帝国将军、指挥官,曾于1810年远征葡萄牙受阻,于1811年3月退出葡萄牙。

尽管在这一场举世闻名的战局中发生了许多流血战斗（如果在其他场合，发生这样多的流血战斗也许就能说是用武力彻底决定胜负了），但它依旧证明了，进攻方是如何因为劳累而遭到灭顶之灾的。30万的法国中央军团在抵达莫斯科时仅剩下约9万人，而派出去的军队人数只有约13000人，所以，法军一共损失了197000人，其中战斗减员人数不超过三分之一。

在以所谓拖延制胜著称的战局中，比如在有名的"拖延者"非比阿斯展开的那些战局中，主要是希望敌军因为过度劳累而崩溃。总之，劳累这一原则在很多战局中发挥了主导作用，但是人们并未给予足够的重视。我们只有抛开历史著作家杜撰的原因，而深入研究事件本身，才有可能找到这个决定胜负的真实原因。

讲到这里，我们认为已经很充分地阐明了防御的一些基本观念，清楚地讲明各种防御方式及防御方式中的两种主要的抵抗原则，我们还对等待这个因素是如何贯穿于整个防御概念中、如何与积极行动密切结合作了说明。我们也说明了，积极的行动必将出现，而当它出现时，等待的优势便不复存在。

到此为止，我们认为，我们已经从总的方面分析并探讨了防御的问题。当然，防御中还有一些非常重要的问题，比如要塞、营垒、山地防御、江河防御及侧翼活动等的实质和作用问题，这些问题可以各自成为独立的研究点，也是我们要探讨的，我们将在后面专门研究。

但是，我们认为，这些问题都在上述一系列观念的范围之内，只是这些观念在具体地方和具体情况中如何被进一步地运用罢了。

以上的系列观念是我们从防御的概念和防御同进攻的关系中研究得出的，我们将它们与现实生活联系起来，就指明了如何才能从现实中再回到那些简单的观念上来，即找到靠谱的依据，避免在讨论问题时求助于那些自身毫无依据的论据。

然而，战斗的组合是多种多样的，特别是在流血战斗实际上并未发生，武力抵抗在只有可能发生作用的情况下，在形式和特点上有很大的变化。所以，人们往往会认为在这里必定有另一种发生作用的因素。

在简单的会战中，流血抵抗所产生的作用和完全不至于发展到浴血奋战的战略计谋所发挥的作用是有较大差别的。所以，人们肯定会认为一定有一种新的力量存在于二者之间。

如果进攻方发现防御方认为自己凭借非常坚固的阵地就觉得敌军无法攻下，如果进攻方发现防御方以大河作为掩护便认定敌军无法渡河作战，甚至担心补给问题无法得到保障，那么始终只有防御方的武力能引起这些效果。因为进攻方被迫停止的原因在于，他担心在主要战斗中或者在一些尤为重要的地区会被防御方的军事力量击败，只不过进攻方压根儿不会或者起码不会坦白这一点。

就算人们认可我们的观点，承认在不需要经过流血战斗而决定胜负的场合，其最终决定作用的依旧是那些尽管还没有真正进行但已经作了部署的战斗。他们依然会认为，在这样的场合中，应该被当成有效因素的并不是战斗在战术上的胜负，而是制定这些战斗的战略计谋。

而且在谈及运用武力之外的其他防御手段时，他们所说的不过是战略计谋所起的突出的作用。我们对此表示认同，不过，这也是我们将要讨论的问题。我们的意思是：如果非要说任何战略计谋都要将战斗中的战术成果作为基础，那么进攻方必然会针对这个基础采取行之有效的措施，首先力求让己方在战术成果方面获得优势，为下一步完全摧毁防御方的战略计谋奠定基础，这一直是防御方所担心的地方。

所以，绝不能将战略计谋当成某种独立的东西，战略计谋只有在人们拥有一定的根据、势必能获得战术成果时才能发挥作用。以拿破仑为例子，像拿破仑这样天才般的统帅可以不顾一切击破敌人的全部战略计谋而努力战斗，是因为他对战斗的结局将利于己方深信不疑。

由此可见，如果战略计谋未能不遗余力地以优势兵力在战斗中压垮拿破仑，而是沉迷于玩弄比较精巧的计谋，那么它的下场将像蜘蛛网那样被轻而易举地撕破。所以，试图采用普鲁士军队在七年战争中所使用的对付道恩及其军队的方法来对付拿破仑及他的军队是愚蠢之举。为什么呢？

因为拿破仑本人深知，所有一切全部取决于战术成果并确信自己可以获得战术成果，但道恩却不是如此。所以，我们认为，任何战略计谋都只能以战术成果为基础，无论是采取流血战争的方式来解决问题，还是通过不流血的方式来解决问题，战术成果都是决定胜负的真正的本质原因。也只有对胜负抱有信心的时候，我们才能够期望从战略计谋的本身获得利益。

概览战争史，我们不难发现，在许多战局中，进攻方在还未进行流血决战的情况下选择了放弃进攻的打算，所以，在某种程度上讲，战略计谋发挥了十分大的作用。或许这会让人这样认为，这些战略计谋本身就具有强大的力量，并且在进攻方未能在战术成果方面占有明显的决定性优势时，战略计谋大多能够单独解决问题。

对此，我们要说，就算上面所说的现象的原因存在于战场上，换句话说，它属于战争本身的现象，这一观点也是错误的。因为众多进攻没能发挥作用的原因在于战争中较高的关系，即存在于战争的政治关系之中。

产生战争因此也形成战争的基础的总的关系也决定着战争的特点，关于这点我们会在后面专门探讨。在这里，我们只要知道，这些总的关系会让绝大多数战争变成半真半假的战争。在这样的战争中，原来的敌对情感会因为要迂回曲折地通过诸多的关系而变成只能起到微弱作用的因素，这点在进攻方那里表现得尤为明显、突出。

所以，只要增加一点压力，软弱无力的进攻便会自动停止，这不足为怪。因为，应对一个被种种疑虑和压力削弱的决心，往往只需摆出点抵抗的样子就足以让进攻方放弃进攻。

因此，防御方常常可以通过不流血的方式获得成功，而不是缘于他有固若金汤的阵地，也不是因为横贯在战区的山脉和穿过战区的大江和大河让人惧怕，更不是战斗组合真能很容易地瓦解敌人用以攻击他的力量，原因不在于此，真正的原因在于进攻方意志薄弱、踌躇不前。

我们能够且必须考虑上述的这些抵抗力量，但同时也要注意，必须对它们的作用有一个恰当的认识，而不应将这里所谈的其他事物的作用全部归到它们的身上。在这里，我们要强调，如果批判者不能站在正确的立足点上进行批评，那么战争史中有关这方面的阐述将不具备客观性和真实性。

我们现在要谈论一下许多没有采用流血方式进行的失败的进攻战局通常是什么样的。进攻方的军队入侵他国，迫使敌军后撤一段距离，但是进攻方却对一次决定性会战犹豫不决，于是进攻方在敌军面前停了下来，好像进攻方已经完成了占领的目的，除了掩护已占领的地区之外，进攻方已经没有什么别的任务了。至于会战，则似乎是防御方的事情。如此一来，进攻方似乎每天都在等待决战。

其实，这都是借口，进攻方的统帅拿着这样的借口欺骗部下、宫廷、世界，甚至他本人。事实上，他停滞不前的原因在于他发现敌人实力太强大。

当然，我们这里所说的情况并不是这样的情况：进攻方放弃进攻的打算是因为他无法利用已经获得的胜利，而是因为他在进攻路程的终点已然没有足够的力量来发起新的进攻。这样的情况是以一次成功的进攻，即真正的占领为前提的。但是，我们在这里要谈的不是这样的情况，而是进攻方还没有达到预定的占领目的就停顿不前的情况。

这时，进攻方采取了等待，以期将来利用有利的战机发动进攻，但遗憾的是，这样的情况几乎不会出现。因为预定的进攻已经证明，最近的将来并不比现在有更大的希望。所以，它也是一个冠冕堂皇的借口。

倘若该行动和常见的那样，是和同时进行的其他行动紧密相连，那么，这支军队就会将属于自己的，但却不愿意自己承担的责任转嫁到其他军队身上，他们往往会说自己因为支援不力或协同不够而无法发动进攻，他们还会以各种无法克服的困难和各种微妙关系来为自己辩护。

于是，进攻方的力量就在这种无所作为之中被白白消耗掉，而防御方则获得了十分宝贵的时间。随着恶劣天气的临近，进攻方便会退回到自己所属的战区过冬，进攻随之结束。

战争史将这一切都记录了下来，虚假的借口掩盖了进攻方未能取得成果的最简单的也是最真实的原因——害怕敌人的军事力量。如果批判者想研究这样的战局，那么他就会陷入诸多相互矛盾的原因之中而得不出让人信服的结论，因为这些原因是毫无根据的，而人们也没有深入研究事情的真实情况。

然而，这样的欺骗后果很严重，它不但是一种恶习，而且会造成战争威力的削弱（减弱进攻的牵制力量）。人们总是将大部分存在于国家的政治关系及政治企图中的诸多关系和企图隐藏起来，让世界、本国人民和军队一无所知，在很多场合，甚至统帅也被蒙蔽，比如谁也不愿意承认，他最终决定停顿不前或者放弃进攻的理由是担心自己的军事力量不足以血战到底，或者是因为害怕招惹新的敌人，或者不愿意让自己盟友的实力大增等。对于这样的事情，人们都习惯于长期甚至永远绝口不提，可是，任何事情总要有个缘由，于是统帅出于为自己或者为他所效力的政府考虑，便不得不胡编乱造，搞出一些虚假的借口。

在理论上，有关军事问题上进行辩论时屡次出现的这种欺骗手法已僵化成一些体系。当然，这些体系并不包含什么真理。只有像我们力图做到的那样，根据事物内在联系的简单线索进行探索，才能搞清事情的真相。

如果我们抱着怀疑态度来研究战史，那么各种关于进攻和防御的空洞理论自然就会不攻自破，而我们在这方面所提出的简单观点便会自然而然地显示出来。所以，我们认为：这个简单的观点适用于整个防御领域，人们只有完全掌握它，才能够很清楚地弄清楚诸多事件的真相。

现在我们还要谈一下几种防御方式的使用问题。上文所说的防御方式一个比一个有力量，这是在付出一个比一个大的代价的情况下获得的。所以，要是没有别的条件影响，仅凭这点就能够在统帅选择防御方式时起主导作用。统帅会选择适当的防御方式，既可以让他的军队具有所需的抵抗力量，又可以让他在撤退时不致退得太远，进而造成不必要的损失。

不过，我们也要注意，这些防御方式会受到各种条件的限制，因为防御中出现的一些重要条件会对统帅选择何种防御方式产生重大的影响。以向本国腹地撤退为例。向本国腹地撤退需要有广阔的国土，或者要具备像1810年的葡萄牙那样的条件，当时，葡萄牙有一个同盟国（英国）作它的基础，而另一同盟国（西班牙）则用它辽阔的国土极大地削弱了敌人的攻击力量。此外，要塞位置的远近也较为重要。要塞更多的是建立在边境附近，还是在本国腹地，往往会影响统帅的决定。国家的地理和地形状况、居民的特性、习俗和信念则会产生更重要的影响。

进攻会战或者防御会战的选择往往要根据敌人的计划、双方军队和统帅的特性来决定。最后，特别有利的阵地和防线也是统帅决定采取这种或者那种方式的重要因素。

总之，列举这么多的条件足以证明，防御方式的选择在许多场合更多地取决于上述这些条件，而不是由简单的兵力对比决定。上述这些重要条件，我们还会在后面进行深入探讨，在此不再赘述。

不过，我们还应注意，这种影响多数是在双方兵力相差无几的情况下才会起决定性作用，而在兵力对比悬殊的情况下，兵力对比则发挥着主要作用。

战史不断地证明，人们并非依据我们在此所提出的论断，而只像在战争中的多数场合所做的那般，自觉地通过迅速的判断，并根据兵力对比选择防御方式。

同一个统帅，同一支军队，在同一个战区，这一次发起了霍亨甫利得堡会战，可那一次却在崩策耳维茨扎营。至于会战，就连最痴迷于进攻的腓特烈大帝，在兵力对比悬殊的情况下，他也不得不攻占真正的防御阵地。拿破仑也是如此，此前他就像一头野猪似的冲向自己的敌人，但在1813年8-9月间，在兵力对比已对他产生不利时，他就像栏中的野兽那样东冲西撞，而不是不顾一切地向敌军发起冲锋，这点难道我们没有看到吗？在同年10月，在双方兵力对比悬殊到达极点时，他在莱比锡附近、在帕尔特河、埃耳斯特尔河和普来塞河所构成的角落里寻找掩护并等待敌人，这点难道我们没有看见吗？

我们在此强调，我们研究的目的不是要提出作战的新原则和方法，而是研究久已存在的东西的内在联系，并弄清其最基本的重要因素。

第八章 防御会战

我们在前面已经说过,倘若防御方在敌人一进入己方防守战区就攻击敌人,那么他就能在防御中进行一次从战术上来看纯粹是进攻的会战。但他也可以选择在敌人来到自己的阵地前面之后再发动进攻。在这样的情况下所进行的会战,从战术角度上看依旧是进攻会战,尽管它已带有某种条件。

此外,防御方还可以选择在自己的阵地上等待敌人发起冲锋,这时他可以选择用一部分兵力扼守本地区的防御,用另外一部分兵力反击敌人,抵御敌人的进攻。

在这里,我们当然可以假设,在防御中,因为积极还击因素和扼守地区的因素的变化,从而存在着不同程度与不同等级的防御。

对此,我们无法说明积极还击与扼守地区这两个因素会在什么样的比例下最有利于取得决定性的胜利,也无法说明防御究竟能够区分为多少等级。但是我们认为,要在防御会战中获得决定性的胜利,绝不能完全没有攻击计划。我们确信,攻击部分与战术上单纯的进攻会战相同,可以而且必然会带来决定胜利的一切效果。

从战略上看,战场只是一个点,而一次会战的时间也不过是一瞬间。在战略上产生作用的因素不是会战的过程，而是会战的结果。由此可见，如果任何防御会战包含攻击要素的确能够带来胜利，那么从战略运用的进攻会战与防御会战的角度来看，则几乎没有多大差别。我们认为确实是这样，不过，如果单纯从表面上看，则完全不是这个样子。

为了搞明白这个问题，为了阐明我们的论点，为了透过现象看本质，我们不妨设想一下防御交战的情景。

防御方在阵地上等待进攻方，为此，他选择了适当的地方并做了各种准备，他熟悉地形并在极为重要的地点构筑了坚固的工事，开辟修整交通线，部署火炮，在周围一些村庄修筑防御工事，为自己的部队找到了隐蔽的场所。

如果防御方在阵地的正面构筑一条或者几道平行的壕沟，设有障碍物，或者可以控制周围地区的制高点，从而让敌人难以接近，那么在双方为争夺核心阵地之前的各个作战阶段，在敌我双方在接触点上短兵交接消耗兵力时，防御方便能够利用这些阵地，以少量兵力杀伤敌军大量的兵力。

防御方两翼的依托点，能够有效地保证主力不受到敌军从数个方向发起的突然袭击。防御方所选择的隐蔽地形让敌军行动极为谨慎，甚至裹足不前，而防御方则能够凭借若干次成功的小规模攻击，给部队向新阵地且战且退的后撤运动争取时间。

防御方满怀满意的心情关注着在他面前正在进行的战斗。当然，防御方不会认为己方正面阵地上的抵抗力是无休止的，也不会相信己方的侧翼是牢不可破的，同时，防御方也不会奢望单凭几个步兵营或者几个骑兵连的成功的攻击就让整个会战发生翻天覆地的变化。

防御方的阵地是纵深的，因为属于战斗队形的每个部分，从师到营，都配置预备队，以便应对突发状况和恢复战斗。

其在距离会战地区较远的地方，根本不会受到敌方火力攻击的地方，还配置了占总兵力四分之一到三分之一的一支强大的部队。有可能，防御方会将预备队布署在进攻方的迂回线以外（他有可能对我们配置阵地的这一翼或者那一翼进行包围）。

很明显，防御方打算用这支部队掩护自己的侧翼，防止自己遭到敌人深远的迂回攻击，而在会战的最后阶段，当进攻方的作战计划全部暴露出来，绝大部分兵力也已参与战斗，防御方便可以调用预备队来攻击进攻方的部分部队，对进攻方展开小规模的攻击战。在决定会战胜负的重要时刻，防御方的预备队往往会使用攻击、奇袭、迂回等战术，迫使进攻方选择放弃进攻。

这就是我们经常想象的防御会战，它建立在现代战术水平之上。在这种会战中，防御方往往会采取局部包围来应对进攻方的全面包围（这是进攻方用来增大进攻成功的可能性和使战果更辉煌的手段），即用己方的部队前去包围进攻方进行迂回运动的那部分部队。

然而，这种局部包围无法发展成进攻方所采取的全面包围，而只能达到让进攻方的包围不能产生作用的目的。所以，这两种包围的军队运动的形式往往是各不相同的。在进攻会战中，包围敌军时是向敌军的中心点行动，而在防御会战中，包围敌军则多少是从圆心沿半径往圆周运动。

在战场范围内与在追击的起始阶段，包围往往被当成比较有效的形式。然而包围之所以能够发挥作用，主要原因并不在于它具有这种形式，而在于只有进行最严密的包围，即在会战中可以极大地限制敌军的撤退时,它才有效。

但是,防御方的积极的反包围的目的就是要应对进攻方严密的包围。在许多情况下,这种反包围虽然不足以促使防御方获得胜利,但却足以保证防御方不会遭到严密的包围。

但是我们要承认,在防御会战中,这种危险(即撤退时受到极大限制的危险)是主要的危险。如果防御方无法摆脱这种危险,那么进攻方在会战中和追击的起始阶段中所获得的战果将会大幅度地增加。可是,这种情况往往只出现在追击的起始阶段,也就是到天黑之前这段时间。因为第二天包围就完成了,作战双方在这方面又恢复了均势。

不错,防御方有可能丧失最好的撤退路线,所以,他在战略上将继续处于不利的状态。不过,除了少数特殊的情况外,包围活动总是会结束的,因为它最初就只打算在战场范围内进行,因此,它不会也不能远离战场很远。

不过,如果说防御方最终获得了胜利,那么进攻方的情况又会如何呢?战败方的兵力将被分成数部,这在起始阶段是有利于撤退的,但是第二天敌情的紧迫会让战败方不得不集中兵力。

如果防御方获得了具有决定性的重大胜利并对敌军展开猛烈的追击,那么战败方便又面临着这样的问题——他无法将兵力集中起来,他将兵力分成数个部分的举动有可能会造成严重后果,部队会趋于崩溃。

以拿破仑为例,如果拿破仑赢得了莱比锡战役的胜利,那么分成数部的联军会导致联军的战略地位一落千丈。尽管拿破仑在德累斯顿并未进行真正的防御会战,但是他的进攻却具有由圆心指向圆周的形式。

谁都清楚，当时联军因为兵力分散而处境极为困难，联军是在获得卡次巴赫河畔的胜利后才摆脱了这种困难（因为拿破仑收到这个消息，就率领近卫军回德累斯顿去了）。

卡次巴赫河畔会战就是这样的战例：防御方在最后时刻转入进攻，采取了我们所说的离心方向的行动。因为联军的这一军事行动，造成了法国军队四处溃散，会战没几天，庇托指挥的师便成为联军的阶下囚了。

因此，我们得出结论，进攻方可以采用在性质上同进攻相适应的向心形式作为扩大胜利的手段。同样地，防御方也能够将在性质上和防御相适应的离心形式作为扩大胜利成果的利用手段（防御方所采用的这种手段，比防御方的军队与敌人的军队成平行配置时向敌人正面进行垂直攻击所取得的成果要大得多）。而且我们认为，上述这两种手段的价值起码是一样的。

就算我们在浩瀚的战史中很少看到防御会战所获得的胜利不如进攻会战所能取得的胜利那样巨大，但也无法证明关于防御会战同样能够取得巨大胜利的观点是错误的。

防御会战之所以没有取得像进攻会战那般大的胜利，是因为防御方和进攻方二者所处的情况并不一样。防御方不但兵力弱小，而且从总的情况来看，实力是较为弱小的。在大多数情况下，他无法这样认为：让胜利扩大为巨大的战果。所以，防御方只好满足于消除危险与挽救军队的荣誉。

因为实力弱小和进攻条件不利，防御方只能受到极大的限制。不过，有人却喜欢将这种因为防御本身带来的不利条件所造成的结果当成采取防御这种形式所造成的结果。于是，他们便对防御产生了误解，即防御会战只以抵抗为目的，而不以消灭敌人为目的。

我们认为，这种想法的坏处很多，它完全混淆了形式和内容本身。我们认为，采取防御这种作战形式获胜不但较为可靠，而且胜利的规模与效果可以同进攻时所取得的效果相同。只要拥有充足的力量与决心，那么，不但在构成战局的所有战斗的总的成果中是这样，在单个会战中也是如此。

第九章　武装民众

民众战争在欧洲，是19世纪才出现的现象。对于这样的战争，赞成者有之，反对者有之。

在反对的阵营中，有些人因为政治上的关系，将民众战争当作一种革命的手段，是公认的合法的无政府状态。他们认为，这种行为对国外的敌人会产生威胁，但对国内的社会秩序也会造成一定的影响。而有些人因为军事的关系，认为民众战争是得不偿失的行为。

在上述两种看法中，第一种看法跟我们所要探讨的问题无关，因为我们仅仅将民众战争当成一种斗争手段，即我们只从用它来对付敌人的角度考察它；第二种看法则与我们要讨论的紧密相关。

一般情况下，民众战争应看成是战争要素在我们这个时代突破了以往某些限制的结果，应被看成战争的整个发酵过程的加强和扩大。倘若我们以过去局限很大的军制为起点来看问题，那么我们便能看到，不管是征集制度、让军队的数量大幅度增加的征集制和普遍兵役制，甚至是后备军的利用，都是同一种事物的发展，而如今的民军制度，即组织民众武装也是如此。

既然上述几种新手段的出现都是突破过去的限制的一种自然的、无法避免的结果，既然首先运用这些手段可以极大地增强自己的军事实力，迫使对方也不得不效仿，那么从民众战争的角度看，情况亦是如此。

一般情况下，善于使用民众战争的国家要比那些轻视民众战争的国家占有一定的优势。既然如此，问题来了，民众战争对人类究竟有无益处？

对此，我们认为，可能只有彻底解答了战役本身对人类究竟有无好处这个问题，才能够获得答案，而我们将上述这两个问题都留给哲学家去解决！

也许有人会说，如果将民众战争所耗费的各种力量用到其他战斗手段上，或许效果更为明显。但是，人们无需多加研究便会发现，事实上这些力量无法被自由支配，无法随意使用。在这些力量中，尤其是精神力量，只有在民众战争中才能够发挥它应有的效果。

因此，问题并不在于一个国家运用民众战争进行抵抗要付出什么样的代价，而在于这种抵抗究竟会产生什么样的影响，它要具备哪几种条件，它的用法如何。因为就民众战争本身的性质而言，它这种异常分散的抵抗的效果不是通过对敌军进行时间上和空间上集中的重大打击来表现的。

民众战争的抵抗的结果犹如物质的蒸发过程那样，取决于面积的大小。面积越大，民众武装和敌军的接触面便越宽广。换句话说，敌军的力量越分散，民众武装发挥的作用就越大。它像暗中永不停息地燃烧着的火焰一样破坏着敌人的根基。

它需要经过一段时间才能取得成果。所以，在敌我双方你来我往的那段时间，会出现一种紧张状态。有时候，它会因为在某些地点遭遇挫折和在某些地点逐渐停歇下来，这种紧张状态便慢慢消失；有时候，民众战争从四面八方围困敌军，迫使敌军因为考虑到可能全军覆没而不得不撤兵回国，这种紧张状态或许会造成一种危机。

想要借助民众战争造成这样的危机，就要拥有这样的先决条件，即要么遭到侵略的国家幅员辽阔（除俄国以外，欧洲任何其他国家都不存有这个条件），要么侵略军的兵力和遭到侵略的国家的幅员极不相称（这其实是不存在的）。

所以，如果我们不愿意做个空想家，我们就要充分考虑将民众武装的战斗和正规军的战斗结合起来，并以一个总的计划让二者协调起来。民众战争只有在下面几种情况下才会发挥其应有的作用：

（1）战争是在自己国家腹地进行的；

（2）战争的胜负并不仅仅由一次失败决定；

（3）战区包含非常大一部分国土；

（4）民族的性格有利于采取这种办法；

（5）国土上有森林、山脉、沼泽，或耕地，地形极为复杂，通行困难。

在民众战争中，人口的多少并不起决定性作用，因为很少会出现缺乏兵员的情况。民众的贫富也不直接起决定性作用，或者至少无法起决定性作用。不过，不容置疑的是，贫穷的、吃苦耐劳的人民通常更为勇敢，更为坚强。

像德国许多地区居民分散居住的情况特别利于发挥民众战争的效果。因为人们可以将这样的地区分成更多的散块，更有利于民众隐蔽。尽管这里道路多,但却很不利于军队宿营,尤其是民众战争通常所具有的那种特点在这儿会小规模地反复出现。

这种特点是,到处都有抵抗的因素,可是,到处都捉摸不到。如果民众集中于某些村庄,那么敌军便会攻占那些反抗最为强烈的村庄。为了惩罚居民,他们甚至会将这些村庄抢光、烧光。不过,这种做法对威斯特伐利亚的农民大概是不行的。

民军和武装的民众无法也不应当被用来对付敌军的主力部队,甚至不能用来对付敌军实力较强的部队。他们并不是用来摧毁敌军的核心部队,而是只能从外部和边缘去吞食敌人的部队。

他们应当在敌军的大部队尚未抵达的战区两侧发动攻击,让这些地区彻底摆脱敌军的影响;他们应当像汇聚在战区两侧的乌云,紧紧地跟随前进的敌人。在敌军完全没有出现的地区,民众是不缺乏武装反抗的勇气的。有一个地方武装反抗了,附近地区的居民便会紧随其后。如此一来,全国各地便会燃起反抗的熊熊大火。这熊熊大火就会以燎原之势蔓延,最后烧到敌军的基地,烧到敌军的交通线,并且破坏敌军的生命线。

当然,我们并不认为民众战争的作用是万能的,也不认为它像人无法对付的风雨似的,不认为它是单纯依靠军队无法应付的、用之不尽而不可战胜的东西。

一句话,我们的结论并不是建立在那些吹嘘民众战争的言论之上,不过,我们不得不承认,我们不能像驱逐士兵那样去驱逐武装的农民。

因为士兵犹如一群家畜那样集结在一起,他们往往是笔直地向前奔跑,而武装的农民则不是这样的,他们无需什么巧妙的计划就会向四面八方散开。如此一来,任何在森林、山地,或者地形尤为复杂的地区行军的小部队都面临着危险，因为战斗随时可能发生。就算一支行军的纵队很久都没有发现新的敌人，但是那些早就被纵队事先驱逐的农民随时可能活动在纵队尾部附近。

正规军的前哨或别动队对破坏道路和封锁隘路所使用的手段，和农民武装所使用的方法进行比较，就像自动机器的动作同人的动作比较一样。对此，敌军唯一能做的就是加派更多的部队护送运输队，派兵驻守在兵站、隘口、桥梁等地。

刚开始，民众武装的活动规模总是有限的，敌军因为担心过分分兵会造成自己实力受到严重的削弱，因此他们只派出小股部队前去征剿。可是，民众战争的火焰恰恰是在与这些小股部队进行的斗争中燃烧起来的。

在某些地方，民众武装依靠数量优势击败了敌军的小股部队。因为这种胜利，他们的勇气倍增，斗志更加激昂，斗争更加积极，一直发展到能够决定全部战局为止。

我们认为，民众战争要像云雾一样，在任何地方都不凝结成一个反抗的核心，否则敌军便会动用相应的力量来攻打这个核心并粉碎它，俘虏大量民众。如果真的是这样，那么群众斗争的勇气便会迅速低落，人们可能认为大局已定，继续斗争徒劳无益，最终放下武器。

不过，民众武装在必要的时候要在某些地区形成较为雄厚的力量，形成那些足以让敌军害怕的威慑力量。这些地区，就是我们上文所说的，要分布在敌人战区的两旁。

在这里，民众武装必须要联合起来，成为更强大、更有组织的整体，并配以少数正规军。这样的民众武装便具备了正规军的形式，能够也敢于采取规模较大的军事行动。从这些起点开始，越是往敌军的大后方，民众武装的力量就应该越分散，因为他们在这些地区会遭到最为猛烈的打击。

较为集中的民众武装的主要任务是袭击敌军留守的较大的防备部队，此外，他们还要让敌军在精神上恐惧、忧虑不安，加深整个民众武装在精神上所造成的印象。如果没有这些较为集中的民众武装，那么它的所有活动便会毫无力量，整个形势对敌军而言，便无法形成一种极大的威慑力。

统帅若想以自己的意愿使民众武装具备上述力量，最简单的方法是派出一些由正规军组成的小分队前去帮助他们。若没有少数正规军这种鼓舞人心的支持与帮助，大多数居民便会丧失拿起武器、反抗侵略者的信心与动力。

派去支援的部队越多，越能吸引民众，民众斗争的声势越会高涨起来。不过，前来支援民众武装的正规军的数量是有限的。因为，一方面，如果要为达到次要目的而将部队分散开来前去支援民众武装，便会造成前线出现一条处处薄弱的、宽正面的防线（出现这种情况，正规军与民众武装必然会同被敌人消灭），这是极为有害的。另一方面，经验告诉我们，当一个地区正规军人数过多时，民众战争的力量和效果便会相应地减弱。这有三方面的原因：首先，正规军过多，容易吸引敌军前来围剿；其次，正规军过多，居民便会产生依赖感，转而依赖正规军；最后，正规军过多，会需要更多的地区来宿营，需要更多的粮秣供应，需要更多的运输，这会极大地消耗民众的力量。

防止敌军对民众战争进行强有力的还击的另一个方法是，很少或者压根儿不把这一巨大的战略防御手段用于战术防御。这是运用民众战争的重要原则之一。民众武装的战斗特点和素质较差的部队的战斗特点一样，攻击非常猛烈，但是难以持久，行动不够沉着。

此外，对民众武装来说，由于他们早就对失败和被击退有心理准备，所以战败和被击退是无关紧要的事情。不过，他们绝对不能受到严重的创伤、被俘很多等致命的打击，因为这样的失败会使民众丧失信心，进而使民众战争的火焰很快地熄灭。

上述的两个特征与战术防御的性质是矛盾的。防御战斗要求部队进行的是持久的、缓慢而有计划的行动和果敢的冒险。如果说防御只是一种纯粹的、能够在短时间内放弃的尝试性活动，那么它永远无法带来成果。

所以，使用民众武装防御某个地段时，决不应该进行决定性的防御战斗，否则就算情况对防御方有利，他们也将遭到毁灭性的打击。由此可见，民众武装较为适合的防御地区是沼泽的堤道、山地的入口、江河的渡口等。

但是，当这些地方被敌军突破时，民众武装不应该集中撤退到正规的防御阵地上而被敌军封锁，他们应该分散开来，利用突然袭击进行防御。

无论民众多么勇敢、多么尚武，无论他们多么憎恨敌人，无论地形对他们多么有利，我们也不能不承认，在这种过分危险的气氛中，民众战争是无法持久的。

所以，如果要让民众战争发挥大作用，就要选择好发动民众战争的地点，即要远离危险地带又不能距离敌人太远，也不能让民众武装遭到敌军大部队围剿的地方。

对于上面的分析，与其说是客观的分析，倒不如说是对真实情况的一种感受。因为民众战争出现较少，而长时间亲眼见过这种战役的人对它的论述却少之又少。

虽然我们对此进行了一番考察,但我们还要说明一点,民众武装的支持可以通过两种不同的方式纳入战略防御计划:将民众武装**当成会战失利后的最后补救手段;将民众武装当成决定性会战前的自然辅助手段**。

由于后面这种方式要建立在朝本国腹地撤退和我们所说的那种间接还击方式的基础上。所以,我们在这里只谈会战失败后征集民军的问题。

每个国家都不应当将自己的命运、生死存亡押在一次会战上(即使是最有决定意义的会战)。就算一个国家战败了,它也可以通过征集新兵和利用敌军发动持续性进攻中必定会遭到兵力上的削弱,来期待形势的改变。此外,它还能够获得外部的援助。

一次会战的失败距离亡国有一段较大的距离。当民众看到自己即将被卷入深渊时,他们会本能地、想尽一切办法来挽救自己,这是符合精神世界的自然规律的。

所以,就算一个国家比敌人弱小得多,也不应不做最后的努力,要不然人们便会说这个国家早已丧失了灵魂。这种努力也包含签订一个代价很高的和约以免自己完全灭亡。

当然,这种政治谈判并不意味着所采取的新措施无法发挥其应有的作用。这些措施既不会加大媾和的难度,也不会让媾和的条件更加不利,而是会促使媾和更加容易,让媾和的条件变为更加有利。

在我们能够从与我们有着切身利益相关的国家那里获得援助时,采取这样的措施则更有必要。所以,如果一个国家在主力会战失利后便只想着让民众在和平中快速地酣睡,并被严重的失望情绪压倒，丧失了发动一切力量的愿望和勇气，那么这个国家一定会因为懦弱而犯下不能血战到底的错误，并说明了自己是不配赢得胜利的。或许是因为这点，这个国家才没有能力取得胜利。

由此可见，不管一个国家遭到的失败有多么惨重，它势必要利用命令部队朝着本国腹地撤退来发挥要塞和民众武装的作用。如果主要战区的两旁和山地或其他极其险要的地形相毗连，那么这种作用将得到尤为有效的发挥。因为军队和民众武装可以利用这些要塞和天然的地形条件，对敌军进行足以打击其战略侧翼的袭扰。

如果进攻方正在围攻防御方的阵地，如果他留下了大量的守备部队来保护自己的交通线，或者他为了保证自己拥有一个较大的活动空间和维持周边地区的秩序，甚至不惜动用全军的兵力。倘若有生命的和无生命的战斗手段让他的实力遭到削弱，那么这个时候，防御方应当重新投入战斗，通过相应的打击来动摇困境中的进攻方。

第五篇

进 攻

第一章　从进攻与防御的关系论进攻

　　如果两个概念真正构成了逻辑上的对立，即其中的一个含义是另一个的补充，那么，实际上我们从一个概念就能够得出另一个概念来。

　　就算有限的智力让我们无法一眼就看清这两个概念，无法根据它们的对立，从一个完整的含义中得出另一个完整的概念来，但是这一个概念对另一个概念来说，不管如何也是一个非常重要的说明，而对它的很多部分来说，是足够的说明。

　　因此，我们认为，《防御》篇中前面几章有关进攻的特点都是相应地对进攻的充分说明，然而并非所有的方面都是如此，进攻的所有问题是无法在上文彻底地阐述清楚的。所以，当概念的对立不像在《防御》篇中前几章那样直接涉及概念的基本部分时，我们便不能单纯地从《防御》篇中所论述的内容直接推出有关进攻要论述的内容。

　　换个立足点往往能让我们更加清楚地认识事物。所以，对于从较远的立足点粗略研究过的事物，理应从较近的立足点加以研究。这样才能够对思想作一个全面的说明。当然，在这里有关进攻所要论述的问题也有不少是对防御的进一步说明。

所以，在这里，我们将会发现，在研究进攻时经常会碰到我们之前在研究时已做过讨论的问题。不过，我们并不打算在研究进攻时故意不谈，或者彻底否定在涉及防御时所提出的防御的一切积极价值；我们也不打算证明，应对每种防御方式总会有某种绝对可靠的进攻方式，因为这样做是与事物的性质相违背的。

防御有长处也有短处，尽管它的长处也能够被制服，但是要制服它并不容易，必须付出得失极不对称的代价。这点从任何立足点上看都是正确的，否则便会自相矛盾。

此外，我们也不打算细致深入地研究应对每种防御方式的进攻手段，每种防御方式都会引发一种进攻方式。不过，后者容易理解，无需通过防御的立足点转到进攻立足点便能够认识。

进攻方式是紧随防御方式的出现而出现的。我们打算在探讨进攻的每个问题时说明，进攻所独有的、间接由防御所引起的情况。因为我们采用这种论述方法，在本篇中就肯定会涉及一些在《防御》篇中没有与之相对应的章节。

第二章 战略进攻的特点

我们在前面已经说过,在战争中,防御绝不是绝对的等待和抵御。换句话说,防御决不是完全的忍受,而是一种相对的等待和抵御。因此,它多少带有一些进攻的积极因素。

同理,进攻也不是纯粹的进攻,而是不停地与防御交织在一起。但是二者是有差别的,主要差别在于:还击是防御的必要组成部分,没有还击的防御是难以想象的,而进攻却并非如此。进攻或者进攻行动本身就是完整的概念,它本来不需要防御。事实上,由于受到时间和空间的限制,人们才不得不将防御当成一种不得已的下策而加以运用。究其原因,主要有两方面:第一,进攻行动不可能自始至终都在进行,中间势必有平静的时间,在这平静的时间里,防御状态便自然而然地出现了。第二,进攻的部队通过的、为了维持其生存所必需的空间,并不是始终都可以得到进攻本身的掩护,必须专门加以防护才行。

因此,在战争中,进攻行动,尤其是战略上的进攻行动,呈现的是进攻和防御的不停地交替和结合,但是我们不能将进攻行动中的防御当成进攻的有效准备和加强。换句话说,不可以将它当成一种有效的战争因素,而只能将它当成一种不得已的下策,是阻碍前进的阻力，是进攻的原罪，是进攻的致命伤。

因为如果说，防御无法对进攻产生有利的影响，那么单纯因为它而导致时间上的损失就势必会削弱进攻的效果。

然而，防御因素在任何进攻中都是存在的。既然如此，它是否会对进攻行动不发生实际的不利影响呢？

根据我们前面说的进攻是较弱的作战形式，防御是较强的作战形式这点，我们似乎可以大胆地说：防御对进攻不会发生实际的不利影响。理由如下：在兵力尚足以运用较弱的作战形式时，采用较强的作战形式肯定会更加容易。

从主要的方面看，这种看法是对的，至于如何进一步说明这个论断，我们将在后面专门开辟一个章节来说。但是，我们务必记住，正是这一点构成了战略防御的优越性的理由之一，进攻本身无法摆脱防御，这种防御是非常无力的防御；进攻从防御中获得的是防御中最为有害的因素。我们从整个防御层面上说的问题，不能认为对这个因素也是适用的。所以，它们在进攻行动中发生了实际上削弱进攻的作用是容易理解的。

正是在进攻中出现了软弱无力的防御的时刻，防御中的进攻因素才可以积极地发生作用。经过一天的战斗后，经常随之而来的是12个小时的休息时间，在这段时间里，双方的处境迥然不同。防御方是在自己选定的、非常熟悉的、准备好了的阵地上，而进攻方却像盲人那样摸索着进入行军野营地。

当出现为了重新筹备给养或者等待增援等事项而亟须较长时间地休息的情况时，防御方就在自己的要塞和仓库附近，而进攻方则像是栖息在树枝上的鸟儿。

但是，任何进攻都将以防御告终。至于这个时期的防御究竟是什么样的防御,就要取决于具体情况了。如果敌军被消灭,情况或许较为有利;如果敌军没有被消灭,情况或许将变得更加困难。尽管这种防御不再是进攻行动本身的一个组成部分,但是它的特点势必对进攻发生影响,并且对决定进攻的价值起着一定的作用。

从上述的考察中,我们可以得出结论:每次进攻时,都要慎重考虑在进攻中一定会出现的防御,以便进攻方看清进攻中的弱点,并对此有所准备。

但是,从另外一个角度上看,进攻行动本身完全是始终如一的,而防御却依据等待减少的程度可以分为许多等级。如此一来,诸多防御方式便应运而生了。这点,我们在《抵抗方式》一章中已讨论过了,在此不再赘述。

由于进攻只有一个有效因素,进攻中的防御仅仅是一种累赘的阻力,所以,进攻并不具备像防御那样有很多的方式。虽然在威力、速度和力量方面,进攻与防御有着很明显的差别,但是这种差别仅仅是程度上的不同而已,并不是方式上的不同。

当然,人们可以举例说,为了顺利抵达目的地,进攻方偶尔也会选择防御的方式,比如占领某个有利阵地,等待敌人发起冲锋。然而这种情况极为罕见。我们向来讨论的是普遍的,而不是特例,所以,大可不必讨论这种特例。因此,进攻不具备像防御那样的抵抗方式的不同等级。

最后,进攻中能够使用的手段往往只限于军队。如果有的要塞地处敌军战区附近并将对进攻发生重要的影响,那么自然要包括在这种作战力量之内。不过,要塞的这种作用会随着军队的前进而逐渐减弱,甚至消失。

而且，非常明显，在进攻中自己的要塞所发挥的作用绝不可能像在防御中的要塞那样重大（防御时，要塞往往成为主要的手段）。

至于民众的支持，只有当地居民对进攻方抱有好感而对本国军队深恶痛绝时，进攻方才能获得民众的支持。

进攻方或许有同盟者，但进攻方也只能在特殊的或者偶然的情况下使用他的同盟者。事实上，进攻行动本身并不意味着它会带来同盟者。所以，在防御时，我们大可把要塞、民众武装和同盟者都当作抵抗手段，那么在进攻时，我们就不能这么做了。

防御中可以获得这些手段是由防御的性质决定的，而在进攻中，进攻方却很少能得到这些手段，就算能得到它们，也大多是偶然的原因所致。

第三章 战略进攻的目标

不管是进攻还是防御,打败敌人是战争的目标,消灭敌人的军队是手段。

利用消灭敌军这一手段,防御可以转化为进攻,进攻则可以攻占领土。所以,占领别国领土是进攻的目的。不过,占领领土并不意味着要全面占领别国的领土,它可以是占领其中的一部分国土、一个省份、一个地区或者一个要塞等。

这些在媾和时将发挥充分的作用,是进攻方谈判的政治资本,进攻方要么占有它们,要么利用它们来换取别的东西。

所以,战略进攻的目标可以从占领全部国土起一直到占领一个最不重要的地方为止。目标一旦达成,进攻便随之停止,防御便会出现。如此看来,我们似乎可以将战略进攻设想成一个有一定界限的单位。

可是,如果我们根据实际情况对其进行深入研究,我们便会发现,事情并非如此。在现实中,进攻的意图和措施往往是不知不觉地以防御为其终点,就像防御计划始终以进攻为其终点一般。

要攻占什么地方,统帅很少可以、至少不是经常能够预先精确地予以规定的,这是由事态的发展来决定的。有时,进攻的进展比统帅所预定的大得多,但经过短时间的平静后,他的进攻又获得了新的力量。在此,我们不能将平静前后的行动当成是两个完全不同的军事行动。有时候,进攻停止的时间比预定的时间要早,可是统帅却没有放弃进攻计划,没转入真正的防御。

从上述情况来看,如果说成功的防御可以在悄无声息间转化为进攻,那么进攻也能够悄无声息地转化为防御。如果人们要正确地运用这些观点,就一定要密切注意大小不同的战略目标。

第四章　进攻力量的减弱

进攻力量的减弱是战略上的一个主要问题。在具体场合能否正确地认识这一问题，决定着进攻方能否正确地判断当时他能做什么。

进攻力量之所以会削弱是因为以下几方面的原因：

（1）要达到进攻的目标，也就是占领敌人的国土；

（2）进攻的军队需要占领自己背后的地区，以便保障自己交通线的安全与维持生存；

（3）战争伤亡与疾病减员；

（4）远离补给来源基地；

（5）围攻或者包围敌人的重要地区；

（6）努力程度逐渐下降；

（7）同盟的散解。

但是，和上述这些削弱进攻力量的原因相比，还有一些可以加强进攻力量的原因。很显然，只有我们对这两种不同的原因进行比较，我们才可以得出最后的结论。比如，进攻方力量的削弱或许部分地或者全部地被防御方力量的削弱抵消，甚至比防御方力量的削弱要小得多。只不过，后者比较少见。

我们在进行比较时，绝对不能老是考虑双方在战场上的全部军队，而应考虑双方在前面或在决定性地区上互相对峙的军队，比如法军在奥地利和普鲁士的情况，法军在俄国的情况，联军在法国的情况以及法军在西班牙的情况。

第五章　进攻的顶点

　　进攻中获得的胜利是已存在的优势的结果，确切地说，是物质力量和精神力量一起造成的优势的结果。

　　我们说过，进攻力量会慢慢削弱，而优势则可能逐渐增长。但在多数场合，优势的整体趋向是减弱的。进攻方能够像买东西一样取得一些在媾和谈判时对自己有利的条件，但是他必须先拿自己的军队作为代价付出现款。

　　如果进攻方能够一直将这种逐渐减弱的优势保持到媾和，那么他的希望就实现了。

　　有些战略进攻能够直接造成媾和，但这样的情况很少出现，大多数战略进攻往往只能做到这样：它的力量尚足以进行防御以等待媾和时刻的到来。超过这个时间段，事情便会发生剧变，进攻方将遭到比进攻方发动的攻击力量还要猛烈的还击。我们将这个时刻叫作进攻的顶点。

　　由于进攻的目的是占领他国的领土，所以进攻一定会进行到优势消失为止。

　　这样一来，进攻方会往目标方向推进，并且容易令他超过原先定下的目标。假如我们能够想到在比较双方力量时要考虑诸多因素，那么我们便容易理解，在许多场合要确定交战双方谁到底拥有较大优势是多么困难的一件事情。在这样的情况下，所有一切常常取决于不是很可靠的想象力。

所以，真正的问题是要依靠迅速而准确的判断来发现进攻的顶点。从表面上看，这里有矛盾。既然我们说过，防御是一种比进攻强的作战形式，是不是说进攻绝对不可能超过顶点？我们认为，在力量尚足以采用较弱的作战形式时，它用于比较强的作战形式一定是绰绰有余的。

第六章　消灭敌人的军队

消灭敌军是达到战争目的的手段，这话应该怎样理解呢？究竟要付出什么代价呢？关于这个问题可能有下面几种不同的意见：

（1）只消灭为达到进攻的目标所必须消灭的那一部分军队；

（2）尽可能多地消灭敌人的部队；

（3）在保存自己军队力量的前提下消灭敌人军队；

（4）进攻方只在有利的时机消灭敌人的部队（从第三点引申出来）。对进攻的目标来说，这种情况也是非常可能发生的，这一点我们在前面已讨论过了。

战斗是破坏敌人作战力量的唯一手段，它通过两种方式达到目的：（1）直接的；（2）间接的（即通过各种战斗的安排）。

所以，假如说会战是主要的手段，那就等同于说它并不是唯一的手段。占领一座要塞，占领一部分国土，这些行为本身就对敌人的作战力量造成了一定的破坏，而且它还会给敌人的作战力量造成更加巨大的破坏。换句话说，它同时又是一种间接地破坏敌人作战力量的方法。

我们除了将占领一个没有设防的地区当成直接达到某种预定

的目的之外，还能够将它当成对敌人作战力量的一种破坏。所以，引诱敌军离开其攻占的地区所产生的效果跟我方攻占敌军没有设防的地区的作用非常类似。因此，我们只能将它和占领未设防的地区同样看待，而不能够将它当成真正通过战斗取得的成果。

在很多情况下，这些手段的价值都被高估了，可实际上，它们几乎很少具有一次会战那样的价值。与此同时，采用这些手段往往会遇到一种危险：人们或许看不到它们会导致他们陷入不利的境地。因为运用这些手段需要付出的代价较小，所以看起来非常有诱惑力。

这些手段在任何时候都应被当成较小的赌注，它们只会带来较小的利益，只适用于条件有限和动机较弱的场合。在这样的场合，很显然，它们比没有目的的会战强一些，因为就算没有目的的会战获得了胜利，但是其成果却无法被充分利用。

第七章　进攻会战

我们所谈的有关防御会战的一切，已在某种程度上说明了进攻会战。为了让大家更加清楚地认识防御的本质，在探讨防御会战时，我们只考察了防御特性表现得最明显的会战。

可是这样的防御会战还是少数，大多数的防御会战则是半遭遇战。在这种会战中，防御的特性在很大程度上已荡然无存，而在进攻会战中情况则并非如此。

不管是什么情况，进攻会战都能保持自己的特性，而且在防御方越不是处于真正防御的状态时，进攻会战的特性的表现就更加明显。

所以，就算在特性并不明显的防御会战中，以及在真正的遭遇战中，双方所进行的会战特性多少会有一些差别。进攻会战的主要特点是，一旦会战开始就进行包围或者迂回作战。

很明显，在战斗中运用包围战术的确可以带来较大的利益，这是战术上的问题。进攻方无法因为防御方具有应对包围战术的方法就放弃进攻带来的好处，而进攻方只有在防御方的其他条件适用于防御方运用为对抗包围的手段时，他才会放弃包围战术。

不过，为了顺利地对进攻方的包围部队进行反包围，防御方要占领经过详加选择且工事坚固的阵地。但更加重要的是，防御方不可能在实际上获得防御所提供的所有利益。

更何况，在多数情况下，防御不过是一种可怜的应急手段罢了，即防御方在大多数情况下处于非常窘困和危险的境地。防御方认为最为不利的情况即将到来，所以暂时决定调集部队在半路迎击进攻方。

因此，利用包围甚至变换正面进行会战，原本是在交通线的位置处于有利的情况下应当采取的手段，现在却变成了精神和物质占优势时采取的手段，比如马伦哥、奥斯特里茨、耶拿等会战。

此外，还有一种情况，即每次会战时，进攻方由于距离国境线不远，他的基地尽管所发挥的作用不如防御方的基地所发挥的作用大，但是基地的作用也较大，足以让进攻方采取较为冒险的行动。

至于侧翼进攻，即在会战中变换正面作战，却比包围更为有效。有人认为，在进行战略包围的起始阶段，就应当如布拉格会战那样，同时发动侧翼进攻，但这种看法是错误的。

因为，二者鲜有共同之处，而战略包围是一种更具危险性的行动。关于这一点，我们在论述对战区进攻的问题时还会进一步说明。如果说，在防御会战中，统帅要求尽量推迟决定胜负的时刻，以便为会战赢取时间（因为防御会战如果在日落前胜负仍未定，通常就是一次胜利的会战），那么在进攻会战中，统帅则会希望决定胜负的时刻马上到来。不过，如果进攻方操之过急，将会带来极大的危险，因为它会给兵力造成较为严重的损耗。

进攻会战的一个特点是，在多数情况下敌情不明，进攻会战的确会像在陌生的环境里探索。在进攻会战中，情况越是不明晰，就越需要集中兵力，就越需要对迂回战术多加使用，而少用包围战术。

胜利的主要果实只有在追击中才能得到，这点我们已在前面说过。所以，追击在进攻会战中比在防御会战中更是整个行动中不可或缺的部分。

第八章　寻求决战的战区进攻

　　该题目的大部分问题,我们已在《防御》篇中谈到了,在那里的论述只要反过来看就是对战区进攻的应该有的表述。

　　一般而言,一个独立的战区的概念和防御的关系往往比同进攻的关系更加密切。关于进攻的一些主要问题,如进攻的目标、胜利的影响范围等,我们也已在本篇中探讨过了,而关于进攻性质的最有决定性和最重要的问题,我们则要到探讨作战计划时才可以对它加以阐述。不过,我们在这里会探讨一些问题,首先我们要探讨的是寻求大规模决战的战局。

　　1.进攻的直接目的就是胜利。防御方可以从防御所提供的各种利益中获利,而进攻方却只能以优势,至多通过军队,感到自己是进攻方和前进着进而所产生的一种极其微小的优越感来抵消。在大多数情况下,人们往往高估这种优越感所引发的作用。事实上,它无法持久并且也经受不住现实困难的严峻考验。

　　当然,这里有一个前提,即防御方的行动跟进攻方的行动一样,是正确且恰当的。

　　之所以要作这样的说明,是想让大家对奇袭和出敌不意的观念有个大致的了解,不至于混淆二者的概念。在人们看来,奇袭和出敌不意在进攻中是胜利的源泉。

然而，倘若没有一定的条件，奇袭和出敌不意是无法实现的。有关战略上的奇袭，我们在前面已经说过了。所以，如果进攻方在物质力量方面没有一定的优势，那么他就只能依靠精神力量了。

2.和谨慎应当是防御方的保护神一样，大胆与自信理应是进攻方的保护神。当然，这并不意味着，一方可以缺少另一方应当具备的特点，而是说，谨慎和防御、大胆和自信同进攻之间的关系更为密切。

一般来说，这些特点的必要性不是因为它们像数学计算那样简单，而是由于战争是一种在灰暗的、至少是在朦朦胧胧的领域中进行的活动。在这里，我们必须相信那些最有可能达到我们目的的指挥官。一句话，防御方在精神方面越是软弱，进攻方就应该更加大胆。

3.要取得胜利，就要让敌人的主力同自己的主力作战。这点对进攻方来说比对防御方而言更加靠谱，因为进攻方是要前进去攻占往往已经占领阵地的防御方。我们在前篇中已经说明，倘若防御方的部署错误，那么进攻方就不应去寻找防御方。因为，他完全可以确信，防御方会来找他。于是，他可以在防御方尚未准备好的情况下和敌人交战。

这个时候，最为重要的是能否正确判定哪条路和哪个方向。在探讨防御时我们没有探讨这个问题，现在我们将对这个问题作必要的说明。

4.什么可以作为进攻的直接目标，即可以作为胜利的目的？如果说这些目标在我们要进攻的战区内，即在我们极有可能获胜的范围之内，那么通向这些目标的道路就是进攻的自然方向。

不过，我们要记住，进攻的目标往往只有在能够取得胜利的情况下才有意义。因此，当在考虑进攻目标时务必要考虑到胜利。因此，对进攻方来说，单纯地达到进攻的目标并不重要，重要的是进攻方要以胜利者的姿态抵达目标。所以，进攻方进攻的方向便不是指向进攻的目标本身，而是指向敌军前往该目标时必经的那条道路。那条道路就是直接进攻的直接对象。

如果进攻方能在敌军尚未抵达进攻目标之前向它发动进攻，并将他和这个目标分开，那么便可以获得更大的胜利。举个例子，假设敌国首都是进攻的主要目标，而且防御方的军事部署没有配置在首都同进攻方之间，那么进攻方直奔敌国首都而去便是错误的，较好的办法往往是掉转枪口，向敌国军队和首都之间的交通线发起攻击，并在这里追求胜利。如果获得了胜利，敌国的首都便唾手可得。

倘若在进攻的胜利范围之内没有大目标，那么对进攻方来说，具有特别重要意义的地方便是敌军同最近的大目标之间的交通线。在这样的情况下，进攻方必须做如下考虑：倘若获得了会战胜利，该如何利用这一胜利？

我们的答案是，利用胜利能够得到的目标就是进攻的自然方向。如果防御方在这个方向上配置重兵，即防御方的配置非常准确，那么进攻方应该做的是毫不犹豫地发起挑战。如果防御方的工事坚固，进攻方就应当想尽一切办法从阵地侧翼通过。换句话说，进攻方遇到困难时就要另想他法。

如果防御方的军事部署不当，进攻方则应该沿着正确的方向前进，一旦出现了跟防御方同向正面遭遇，而防御方却依旧不沿着进攻方的侧翼移动,进攻方则应迅速奔向这支敌军与该目标的交通线,并在那里发动进攻。如果敌军依旧不为所动,那么进攻方应该迅速转向这支敌军,从其背后发动进攻。

在进攻方选择的通往目标的所有道路之中,最好的和最自然的道路是通商要道。倘若这些道路有过于弯曲的地段,那么进攻方理应在这些地段外另选较直的道路(即使是较小的道路也好),因为道路太过弯曲将会给撤退带来极大的危险。

5.在寻求大规模决战时,进攻方绝对没有分割兵力的理由,如果兵力分散,只能将其当成进攻方不明情况而造成的错误。所以,进攻方只能在能够保证各纵队可以同时参加作战的正面上前进。如果防御方兵力分散,进攻方便可大获其利。

当然,只有在这样的情况下分割兵力才是对的,进攻方才能够发动一些规模较小的佯动(这种佯动在某种程度上可以说是战略上的佯攻,其任务是确保这些利益)。

倘若不得不将部队分成几个纵队前进,那么这种情况只能在组织进攻的战术包围中出现,因为包围对进攻方来说是非常自然的,倘若不是迫不得已,进攻方就不应该放弃这一形式。

不过,这种包围形式只能是战术性质的,因为进攻方在大规模战斗时进行战略包围行动完全是浪费兵力。只有在进攻方很强大、胜利毫无悬念的情况下,才能够采取战略包围。

6.但进攻也要谨慎,因为进攻方也要保护背后和交通线的安全。进攻方应当尽可能地依靠前进来进行这种掩护,通过军队本身来完成这种掩护。倘若一定要单独指派一部分军队来执行该任务,那就要分割兵力,而这自然会削弱进攻的力量。

既然一支兵力较为雄厚的军队一般总是在两端相距至少一天

行程那样宽的正面上前进，那么，如果交通线（退却线）偏离行军正面的垂直线不大，军队的正面大多可以掩护交通线。

在这方面，进攻方要冒多大风险，主要视敌人的情况和特点而定。如果一切都处在大规模决战的气氛的压力下，防御方便很少有机会进行该活动，进攻方的行动即较为自由。

不过，如果前进停止，进攻方便越来越转入防御状态，这个时候，掩护背面则越来越有必要，也越来越成为主要问题。因为进攻方的背面要比防御方的背面薄弱。所以，防御方在转入真正的进攻以前，甚至在他还未不断放弃国土时，就已经对进攻方的交通线采取措施了。

第九章 不求决战的战区进攻

一、就算进行大规模决战的意志和力量尚不具备,进攻方还是有一定的战略进攻意图,只不过进攻意图较小罢了。倘若进攻成功,那么紧随着目标的实现,战局就会出现平静和均势,而如果在进攻中遭遇挫折和困难,那么总的前进就会在达到其目标之前中止。

这个时候,战场就会出现一种单纯是临时的进攻甚至战略机动。这就是多数战局的特征。

二、能够成为这种进攻目标的对象包括以下几个方面:

(1)一个地区。攻占一个地区可以取得这样的利益:获得供给,在必要时也能够征收军税,减轻本国供给的负担,还可以在媾和时将它作为交换别的东西的等价物。

有时候,占领某个地区是出于军队荣誉的考虑。路易十四时代,法国统帅所进行的战争就接连出现过这种情况。占领后能否守住该地区,其所发挥的作用很不相同。一般而言,只有在该地区和己方的战区毗邻,是己方战区的补充部分时,己方才有可能保住该占领地。

也只有在这样的情况下,该地区才能在媾和时成为交换别的东西的等价物。如果占领地并非上述这样的地区，那么进攻方一般只会在战局的持续时间内占领，一到冬天便放弃该地。

（2）敌人的一个大仓库。倘若仓库不大，它就不会被当成决定整个战局的进攻目标。虽然占领仓库意味着进攻方获得了仓库，防御方失去了仓库，但进攻方的主要利益并不在这里，而是在于防御方因此被迫后撤一定距离，放弃一些他本可以守住的国土。

由此可见，攻占仓库只是一种手段。在这里将它当成行动的目的提出来，原因在于它是进攻的直接而明确的目标。

（3）夺取一个要塞。关于这点，我们将用专门的一章来探讨，大家可以参阅那章。根据那章所阐述的理由，我们将不难理解，在不能以完全打垮敌人或占领敌人大部分国土为目标的进攻战争和进攻战局中，要塞一直是最重要的原因及最理想的进攻目标。如此一来，我们也将不难理解，为何拥有很多要塞的尼德兰，一切总是以占领这个或者那个要塞为中心，而且在大多数情况下，就算逐步占领整个地区似乎也不是主要问题，而主要问题则是将每个要塞当成其本身似乎具有某种价值而应予以考虑的单位。对于要塞本身，人们关注更多的是对它围攻是否方便与容易，它的价值并不备受关注。

不过，对一个不太小的要塞进行围攻一直是一个重大的军事行动，因为它需要大量的资金作为支持。如果该行动并非与战争全局息息相关，那么是否进行这样的军事行动则需要慎重考虑。

所以，在这里，围攻要塞便成了战略进攻的重要目标之一。然而，要塞越小，或者围攻行动越不认真，围攻的准备越不充分，一切都是附带进行的，那么该战略目标便越小，就越适合以微弱的兵力和意图来进行军事行动。在这样的情况下，为了给战局添加荣誉，行动往往是装模作样的。因为，作为进攻方，免不了要采取一些行动才像样子。

（4）进行一次有利的战斗、遭遇战，甚至会战。为了获取战利品，或只是为了军队的荣誉，有时甚至仅仅因为统帅的荣誉心，战斗便进行了。如果有人对此心存疑虑，那么他便是对战史一无所知的人之一。路易十四时代所发生的战斗中，大多数进攻会战都是上述这些类型的战斗。但是，我们要指出的是，这些战斗并非无关紧要，也不是纯粹为了满足虚荣心而进行的儿戏。相反，它们对媾和有着一定的影响，它们能够促使进攻方十分直接地达到目标。军队的荣誉、军队和统帅的精神优势所产生的影响尽管是无形的，但对整个军事行动来说，往往是有影响的。

当然，要进行这类战斗必须具备两个前提条件：胜利的希望很大；即使战斗失利，受到的损失也不会太大。当然，这种在特殊情况下为了有限的目标而进行的会战和那种由于精神上的软弱而没有利用胜利的会战是无法同等对待的。

三、上述目标除了第（4）项之外，其他目标大都可以不经过大的战斗就能够得到，而且进攻方为了达到这些目标也不希望进行大的战斗。

进攻方不经决定性战斗就获得达到目标的手段，都是以防御方在其战区内需要保护的全部利益为基础的。这些手段是：威胁防御方的交通线（不管是同给养来源地，如仓库、富庶的地区、水路等有联系的部分，还是同别的部队及重要地点，如桥梁、隘口等有联系的部分）；攻占敌军不会夺回并可以给敌人造成困难的坚固阵地；占领大城市；富饶的地区和可能发生反抗的、不安定的地区、威胁弱小的同盟国等。

倘若进攻方确实可能切断防御方的交通线，而且防御方不得不付出极大代价方能恢复，如果进攻方可能攻占上述那些目标，那么防御方便会被迫放弃一些重要性较小的目标，退到后方或者侧方去攻占别的地区来掩护上述目标。

如此一来，某个地区、仓库与要塞便不再有掩护，而进攻方便可以趁机攻占地区和仓库，围攻要塞。这个时候，双方可能发生或大或小的战斗。但是，这并不是大家想要的结果，人们并不能将它们当成目的，而只能是将它当成一种迫不得已的下策罢了。所以，战斗的规模和重要性往往不会超出规定的界限。

四、防御方威胁进攻方的交通线是防御的一种还击方式。在寻求大规模决战的战争中，该作战方式只会在进攻方的作战线很长时才出现，而且该作战方式较为适用。

在后一种场合，尽管进攻方的交通线很长的情况较少出现，但是，这时重要的并不是让进攻方在交通线上遭遇巨大的损失，而是只要让进攻方在给养方面发生困难，或者造成他的给养有所减少，通常就足以发挥作用。

倘若进攻方的交通线不长，那么防御方也可以采用相应的对策，延长与进攻方在这个方面进行斗争的时间。因此，掩护战略侧翼是进攻方的一项重要任务。

倘若进攻方和防御方之间因为保护各自的侧翼和威胁对方侧翼而发生战斗，那么进攻方只能利用自己的兵力优势来弥补自己所面临的不利条件。倘若进攻方尚有足够的力量和决心，对敌军大部队或者主力发起一次较为猛烈的攻击，那么让敌人面临同样的危险则是掩护己方侧翼的最好办法。

五、在这种战争中,进攻方比防御方具有一个更加有利的优势,即进攻方比防御方能更好地根据对方的企图和能力来判断对方。预见进攻方拥有多大的进取精神和胆量,要比预见防御方是否准备采取重大行动困难得多。事实上,选择防御这种作战形式往往是没有什么积极意图的证明。

我们还应注意,大规模还击的准备跟一般的防御作战准备之间的差别,经常比怀有大意图的进攻准备和怀有小企图的进攻准备之间的差别要大得多。及至最后,防御方将不得不较早地采取措施。因此,进攻方就只能根据防御方的举措来采取行动。

第十章　入侵

关于入侵这个问题,我们所能谈的恐怕只能局限于词义的解释了。我们发现,许多现代著作家尤好使用这个词,甚至还自以为是地用它来表示某种特殊现象。

比如,法国人的著作中经常有"入侵战争"这样的字眼,他们企图用入侵这个词来表示挥师敌国腹地的进攻,并且将这种进攻和蚕食敌人边境的进攻对立起来。

这是不合逻辑的、用语混乱的现象。对于一次进攻的谋划,是在国境线附近进行还是深入敌国腹地,是先夺取敌国要塞还是先寻找和追击敌军的主力,完全不取决于进行的方式,而取决于当时的情况,至少在理论上是这样。

在某些情况下,深入敌国腹地往往要比逗留在国境线附近要更有步骤,甚至更为谨慎。但是,在大多数情况下,深入敌国腹地跟进攻没有本质上的差别,它也不过是一次猛烈的进攻所获得的结果。

第十一章　关于胜利的顶点

胜利者并非每次都能在战争中彻底击垮敌人,在大多数情况下,胜利往往有一个顶点,这是多数经验所充分证明了的。该问题对于战争理论极为重要,而且几乎是所有战局计划的依据。同时,从表面上看,该问题就像同一种颜色在阳光下反射出奇光异彩一样,看似有许多矛盾。因此,我们要对该问题进行深入细致的研究,并探讨其内在的原因。

胜利通常是在各种物质力量和精神力量的总优势之中产生的。不容置疑,胜利可以增加这种优势,要不然,大家就不会有追求胜利的想法,并以巨大的代价去换取胜利了。

毫无疑问,胜利是可以增加这种优势的,胜利效果也能增加这种优势,只不过,它是有限度的,在大多数情况下,它只能增大优势到某一点。这一点可能很近,有时甚至与会战胜利的全部效果相接近。现在我们要做的就是好好研究一下为什么会是这样的。

在军事行动的过程中,军队往往会遇到两种因素:增强自己作战力量的因素和削弱自己作战力量的因素。所以,这其中的关键问题在于哪种因素会占优势。

我们可以这样说,交战双方中任何一方力量的削弱,都应该被当成是另一方力量的增强。因此,不管是在前进时还是在退却时,双方都会遇到增强力量和削弱力量这两种因素。

我们只要研究在一种情况下引起这种变化的最重要的原因,就同时说明了在另一种情况下引起这种变化的原因。

前进时使力量增强的最主要的原因有:

1)敌军遭到损失,这种损失常常比我方大;

2)敌人在仓库、补给站、桥梁等无生命的作战力量方面遭到重大损失,而我方却没有这种损失;

3)从我方进入敌国领土的那刻起,敌人就开始丧失土地,因此也丧失补充新的作战力量的动力;

4)我方获得了这些源泉的一部分,即得到了以敌养己之利;

5)敌人的各部分失掉内部联系,不能够正常活动;

6)敌人的同盟国同敌人脱离,而另一些国家则是转向我方;

7)敌人最后丧失了勇气,甚至有些人放下了武器。

前进时引起力量削弱的原因有:

1)我们不得不围攻、封锁或者监视敌人的要塞;敌人在我们获得胜利之前用来采取同样行动的部队,在他退却时撤回了主力;

2)从我们进入敌国领土的那刻起,战区的性质就发生了变化,它成了富有敌意的地方;我们必须攻占它,因为只有为我们所占领的地区才是属于我们的,可是就算在我们所占领的地区,整个军事机器及其运转都不可避免地要遇到困难,这些困难势必会削弱整个军事机器的效能;

3)我们渐渐远离自己的补给基地,而敌人则逐渐地接近他们的补给基地，这让我们无法及时地补充已经消耗的力量；

4）敌国受到威胁，引起了其他强国来保护它；

5）由于危险的增大，敌人的努力程度会上升，而胜利一方的努力程度则会逐渐下降。

上述的因素可以并存，它们中间也只有最后一项是互相排斥的。仅凭这一点，我们就可以说明，胜利的影响是如何的不同，既可以让敌人胆战心惊，又可以让敌人发挥更大的力量。

我们想对上述各点逐一作些简单的说明。

（1）敌军在失败后遭到的损失可能在初期最大，随后便会一天天地减少，直到其损失程度与我方的损失相差无几。不过，敌人的损失也有可能与日俱增。这完全取决于其所处的态势与情况。

我们只能说，在一般情况下，前一种情况经常出现在素质优良的军队身上，而素质不好的军队经常出现后一种情况。同时，政府的精神状态和军队的精神状态都会对这方面产生极为重要的作用。

在战争中区分这两种情况是非常重要的。也只有这样，才不会出现在应该采取行动时停滞不前或者相反的情况。

（2）同样，敌人无生命的作战力量的损失也可能出现日益减少或者日益增加的情况，这要看敌人仓库的位置和状况。然而，就其重要性来说，在今天，我们不能将这个问题和其他问题相提并论。

（3）第三个利益必然随军队的前进而增加。然而，一般来说，只有在进攻方深入敌国，即已占领了敌人四分之一至三分之一的国土时，这种利益才会被加以考虑。除此之外，我们还须考虑这些地区在军事上的特殊价值。同样，第四个利益也肯定会随着军队的前进而有所增加。

然而，针对第三和第四两个利益，我们还要注意，它们对正处于前线作战军队的影响很少会被感觉到，它们比较缓慢地、间接地发生了作用。所以，不应该为了获得这两种利益而让自己陷入太危险的境地。

第五个利益只有在这样的情况下才值得考虑：在军队已经前进很远，而同时敌国国土的形状允许我们让它的几个地区和主要部分隔开时。这个时候，这些地区很快会失去生机。

对于第六个和第七个利益，我们会在后文加以说明，在这里我们只要记住，它们至少有可能随军队的前进而不断增长。

现在我们来说说力量被削弱的原因：

（1）围攻。一般情况下，封锁和包围敌人要塞的需要会随军队的前进而继续增加。单纯因为这个原因而造成的力量的削弱，对军队当前的状况可以发生很大的影响，以至于容易抵消了所有的利益。

当然，现在人们开始用少量的兵力来封锁要塞，或者仅派更少的兵力来监视它，而敌军也一定会派出守备部队驻守这些要塞。尽管如此，要塞依旧是敌人非常重要的安全保障。

一般而言，要塞的守备部队是由一半非正规部队的人员和一半正规部队人员编成。如果进攻方要封锁交通线附近的要塞，就必须预留比守备部队多一倍的兵力，而要想正式围攻某个要塞，或者想让它缺粮断水，就需要一个小军团的兵力。

（2）在敌国境内建立战区的必要性一定会随军队的前进而不断增大。因为这个情况而造成力量的削弱，会带来较为严重的影响，就算当时对军队的状况不会造成重大的影响，可时间一长，它对军队状况的影响将比第一个原因产生的影响更大。

在敌国国土上，只有通过部队去占领的地区才能当成我方的战区，即在这些地区，我们不是在野外驻有小部队，就是在最重要的城市中或在兵站上配置守备部队，这些举动会极大地削弱我们的军队，但是这种削弱是最次要的。

每支军队都有战略侧翼（指自己交通线两侧的地方），由于敌军也同样有战略侧翼，所以侧翼并不是我们明显的弱点。但是，只有在我方的军事力量位于我国境内，情况才会是这样。

一旦进入敌国，侧翼这个弱点就很明显了。因为在交通线很长而又很少甚至没有掩护的情况下，就算敌人只对我侧翼进行最小的行动也会产生一定的影响，而在敌国的国土上，这种军事行动随时可能发生。

前进得越远，侧翼就越长，因此产生的危险也就越大。原因有以下几方面：首先，侧翼难以掩护。其次，交通线很长但却没有安全保障容易给敌方制造采取行动的机会。最后，我方在撤退时如果丢了交通线，可能产生的后果将十分严重。

这些情况会给前进中的军队带来严重的负担。所以，如果进攻方开始进攻时没有获得巨大的优势，一定会觉得自己的计划遭到的困难越来越多，进攻力量越来越弱小。最后，进攻方会对自己的处境深感不安与忧虑。

（3）军队同补充来源地的距离会随着军队的前进而增加。一支出征的军队好比是灯上的火苗一样，如果灯油越少且离火苗越远，火苗就越小，一直小到彻底熄灭。

当然，占领地区的财富会缓解补给问题。不过，它并不能彻底解决补给问题，因为有许多东西，比如兵员一定要从本国补充,且在正常情况下,通过敌国补充的供应往往不如本国提供的迅速和可靠。此外,身处敌国境内的部队,它们的需要无法得到很快的满足,而各种误解和错误也无法及时地被发现和纠正。

倘若一国之君不御驾亲征,并且也不在军队附近,那么来回请示、报告所造成的时间损失将会成为一个新的不利条件。因为,就算统帅的权限很大,他也无法独自处理其广阔活动范围内的全部问题。

(4)政治结合关系的变化。如果这种变化对胜利者有利,那么这种有利的程度和前进的程度大体上成正比;如果胜利在这方面所造成的影响对胜利者不利,那么这种不利的程度和胜利者前进的程度大体上成正比。

在这方面,一切和现存的政治结合关系、利害关系、习惯、方针等有关,跟君主、大臣、宠臣和情妇等有关。我们通常只能这么说,**在一个大国战败时,它的小同盟国往往会很快与之脱离关系,所以,胜利者一定会随着每个战斗而越来越强大**。不过,如果是小国战败,那么在它的生存受到严重威胁时,诸多国家便自愿充当它的保护者,甚至会出现,有些曾帮助胜利者打击该小国的国家在认为胜利者的举动太过分时,会掉转枪口对准胜利者。

(5)引起敌人更强烈的抵抗。有时候,敌人会因为恐惧和惊慌而放下武器;有时候,敌人则会因为受到热情的鼓舞而拿起武器,并在第一次失败后发起更为激烈的抵抗。

人民和政府的特性、国土的情况、国家的政治结合关系都可以作为用来预测敌人可能采取哪种行动的依据。

以第四、第五两个原因为例子,它们让人们在战争中的这种场合与那种场合所制订的和应该制订的计划发生了诸多不同！有的人因为胆怯和所谓按部就班的行动而错失了良机，而有的人却因为鲁莽而一下子就坠入陷阱，后来便像刚被从深水里拉上来的那样狼狈不堪和惊恐万分。

在这里，我们还要作一下声明：

度过危险后，胜利者在为了扩大胜利成果而正需做出新的努力的时候，经常会懈怠下来。如果全面地考察一下上述这些因素，我们便能得出这样的结论：在一般情况下，利用胜利以及在进攻战中前进，都会造成进攻开始的优势或者凭借胜利获得的优势遭到削弱。

如此一来，我们就会追问：倘若事情真是这样，那么究竟是什么东西促使胜利者继续寻求胜利，继续前进呢？难道这能叫利用胜利吗？在尚存的优势还完全没有被削弱之前就停止行动不是更好吗？

我们的回答是：兵力的优势不是目的，而是手段。如果目的不是击垮敌人，至少应是夺占敌人的部分领土。这样做虽然对军队当时的境况没有好处，但是对战争和媾和却极为有利。

甚至当我们想要彻底击垮敌人时，我们也不能否认，也许我们的优势会因为每前进一步而遭到削弱。不过，我们不能据此推断出我方的优势一定会在敌人失败前全部丧失。

敌人的失败或许会来得早一些，如果利用最后极小的一点优势能够击溃敌人，那么不充分利用这点优势将会是一个令人遗憾的错误。

所以，在战争中原本有的或后来取得的优势都只是手段，不是目的。而且，这一手段一定要用来达到目的。不过，行动前一定要了解优势究竟能够维持到哪一点，因为超过这一点所获得的将不是新的利益而是耻辱了。

战略优势在战略进攻中会慢慢消失。关于这一点，我们无需再举例说明。相反，有关这方面的大量现象要求我们深入研究它的内在原因。

自从拿破仑出现以后，我们看到那种优势竟然**能够一直保持到敌人都被打垮为止的文明国家之间的战争**。在拿破仑之前，每次战争都是以胜利的军队力图达到与敌人保持均势为终点。一旦达到了这点，部队的活动就将停止，有时候甚至不得不撤退。

在未来，胜利的这个顶点也将出现在所有不能以打垮敌人为军事目标的战争中，并且多数战争永远都是这样的。所以，由进攻转入防御的转折点是各个战局计划的目标。

一旦超过这个目标，所有努力将不但是力量的无效发挥，无法带来任何成果，而且会引来敌军的还击。根据普通的经验来看，这种还击所带来的效果非常大。

由于后一种现象随处可见，是司空见惯的，也非常容易为人们所理解，所以我们无需在此对它的原因进行详尽的论述。不过，我们认为，进攻方在刚占领的阵地上缺乏准备和其混乱不堪的心情，在任何情况下都是最重要的原因。

在这里经常发挥不同寻常作用的是精神力量（一方面是情绪高涨，有时甚至发展到了自负的程度；另一方面是意志沮丧）。因为上述原因，进攻方在撤退时可能遭遇严重的损失，而如果他仅仅归还了夺取的东西，而没有丧失自己的国土，那他就该谢天谢地了。

在这里，我们还要解决一个看似很矛盾的现象。也许有人会认为，只要进攻方继续前进，其优势必将继续存在，而且既然在胜利的终点上出现的防御是一种比进攻强的作战形式，那么进攻方变成弱者的危险似乎就更小了。

然而，这种危险依旧存在，如果我们回顾一下历史，那么我们便只能承认，这种剧变的最大危险通常是在正在进攻的力量有所减弱并且转入防御的时刻出现的。为什么呢？我们将对它进行深入研究。

我们之所以认为防御这种作战形式是较为优越的作战方式，是因为在防御中还可以：

（1）利用地形；

（2）占有已预备好的战区；

（3）得到民众的支持；

（4）享有等待的好处。

很显然，上述这些因素并不是在每个地方、每个场合都相同和发生一样的作用的。所以，在这一场合的防御和在那个场合的防御并不总是相同的，防御也总是比进攻具有相同的优越性，尤其是随着进攻力量衰竭而出现的防御。倘若它的战区位于向前推进得非常远的进攻三角形的顶点，情况更是如此。

在这种防御中，上述4个因素中，只有利用地形没有变化，其他都发生了变化，第二个因素基本上不存在，第三个因素变成了不利的因素，而第四个因素则遭到极大的削弱。现在，我们只对最后一个因素作些很简略的说明。

有时候，整个战局会在双方臆想的均势中毫无结果地延续下去，所以，如果行动方缺乏必要的决心，那么防御方则可从中获得等待的利益。如果有一个军事行动破坏了这种均势，伤害了敌人的利益，逼迫他不得不采取行动，那么敌人极有可能采取行动而不是犹豫不决了。

在占领地区内进行防御往往比在本国进行防御具有大得多的挑战性质。该防御包含有进攻的性质，这会削弱其防御性质。道恩能够让腓特烈二世在西里西亚和萨克森悄然进行防御，可是，如果是在波希米亚，道恩就决不会这样做了。

对交织于进攻行动中的防御而言，很明显，防御所固有的主要因素都遭到了不同程度的削弱。所以，这种防御方式已经不再具备它原有的相对进攻的优越性了。

如同没有一个防御战局单纯是由防御因素组成的一样，没有一个进攻战局是单纯由进攻因素组成。因为除却那短暂的间歇之外，任何无法导致媾和的进攻都将以防御告终。

由此可见，防御本身就是削弱进攻的因素，这样说并非诡辩。我们将进攻后转入防御当成是进攻最主要的不利。

如此一来，我们就能说明，进攻和防御在力量上的差别是怎样慢慢缩小的。不过，我们还要探讨一下，这种差别究竟如何才能够彻底消失及一种因素是如何在短期内变成相反的因素。

如果允许我们借用自然界的概念，那么我们便能更加简单地说明问题。在物质界，任何一个力要起作用都需要时间。一个缓慢地、逐渐地起作用就能够阻挡一个物体的运动的力，如果时间不够，很容易被那个运动的物体克服。

这一法则非常适合用来说明我们精神生活的某些现象。**一旦我们的思想已被引向某一个方向，那么想要改变或者中止这种思想，绝对不是每个有着充分理由的原因都能够做到的。**

想要改变或中止它，就需要时间、平静与对思想的持久不断的作用。在战争中亦是如此。倘若人们已经沿着一定的方向向目标前进，或者已掉头跑向避难所，那么将会发生这样的情况：他们不容充分领会这些阻止或者改变他们原本行动的力量，而且因为行动在持续进行中，所以，他们会在悄然无声中超越均势的界限，超过胜利的顶点，甚至可能会发生如下这种情况——进攻方在精神力量的支持下，尽管已经筋疲力尽，但他们却感觉继续前进比停下来更加容易一些。

至此，我们认为，进攻方为什么会超过胜利的顶点已经得到了充分证明，不管是进攻方还是防御方，情况都是如此。

现在，我们还要探讨一下统帅在判断胜利的顶点时要考虑的一切问题。统帅往往要通过对远的及近的、无数情况的观察来判定，甚至在某种程度上，是推测最重要的问题的发展方向及其价值。换句话说，推测敌军在遭遇我方第一次打击之后，是表现为一个较为坚固的核心，一个越来越团结的力量，还是说只要攻击其表面，立刻就会粉碎。

统帅要判断敌人战区内的一些补给基地被封锁和一些交通线被切断究竟会给敌人造成什么样的损失；要判断敌人遭到沉重打击后的状态，是一蹶不振还是会像受了伤的公牛那样狂怒起来；要判断其他国家的态度，是恐惧还是愤怒，有哪些政治结合关系会解体或建立起来。

如果说，统帅理应像射手击中目标一样，以其迅速而正确的判断猜中了所有上述这些情况，那么我们将只能承认，这种统帅的智力活动非同寻常。因为，上述这些情况存在的变数极大，任何一种变化都可能会造成统帅的判断发生错误。就算错综复杂的情况未能左右统帅的判断，危险和责任也势必会让统帅犹豫不决。

于是，就发生了这样的情况：大多数统帅宁可在远离目标的地方停顿也不愿意距离目标太近；而那些具备卓越的勇敢和高度的进取精神的统帅往往其行为最终超过了目标。所以，他们也达不到目的。所以，只有那些具备利用少量手段去创建大事业的人方能顺利实现目标。

第六篇

战争计划

第一章　引言

我们在讨论战争的性质和目的的篇章中，已经大体上描绘了战争的总概念的轮廓，并指出了战争跟它周遭事物之间的各种关系，这样做的目的是，便于我们的研究从一开始就建立在正确的观念的基础之上。

当时，我们只大致提了一下探讨该问题时会碰到的各种各样的困难，然后准备在后面的章节详加研究，即我们在得出了消灭敌人军队是整个军事行动的主要目标这一结论后，就没有再深入探讨下去。

因为我们有了这样的结论，我们在紧接着的一章便指出，战斗是军事行动所使用的唯一手段。这样一来，我们认为，我们的研究从一开始就拥有了一个正确的立足点。

后面，我们又分别探讨了战斗外的军事行动的一些最值得注意的关系与形式，以便我们可以以它们本身的性质和根据战史所提供的经验，更加明确地指出它们的价值，进而将它们从与之混乱、含糊的概念中区分出来，并让人们认识到军事行动的真正目标，即消灭敌人是最为主要的。

现在，我们在准备研究战争计划和战局计划的问题时，又要回到战争这个整体上来。所以，我们将不得不涉及第一篇中的有关内容。

从总体论述来看，我们将要探讨战略的最本质的部分，即战略中涉及面最广和最重要的问题。在我们的探讨深入到所有问题且都交织于战略的最深处时，我们将感到害怕。

事实上，这种害怕心情是情有可原的。因为，一方面，我们看到，军事行动似乎极为简单，我们所听到和读到的都非常简单，许多伟大的统帅都喜欢用最为简单和朴实的语言谈论它们，在他们谈及如何操纵与运转这部极为复杂的笨重机器时，就像是在谈论一个人的行动似的，以至于将战争这种规模庞大的行动简化为搏斗。

我们发现，他们行动的动机有时候是感情激动引起的，有时是两三个简单的想法引起的；我们发现，他们处理问题非常轻松，很有把握。不过，另一方面，我们也看到，需要运用理智来研究的情况非常多，作战涉及的方面无边无际。此外，人们还要在无数的行动方式中作出选择。

这个时候，如果再考虑理论的任务应该是明确而透彻地来说明这些事物，并自始至终要让行动拥有充分的必然的根据。那么，我们就会自然而然地害怕起来，担心自己会因此陷入死板的书呆子的泥坑里。

在书呆子的泥坑里，我们是无法也永远看不到具有敏捷而卓越的眼力的伟大统帅。如果理论研究的结果是这样，那么进行这样的研究就毫无必要了，甚至可以说，不进行这样的研究还更好些。

建立在这样的基础上的理论会低估才能的作用，并很快就会被人们忘掉。与此相反，上面所说的统帅所具备的敏捷而卓越的眼力、简单处理问题的方式和将整个军事行动当成一个人的活动的做法，确实是每次出色的军事行动的灵魂，而且，自由的智力活动只有在这样出色的方式下才会表现出来。如果人们要支配军事行动而不为军事行动所支配，这种自由的智力活动是必不可少的。

带着胆怯的心情，我们继续往前走。我们也只有一直顺着刚开始就规定的道路方能继续向前走。理论的任务理应是阐明大量事物，让人们容易理解，理论理应铲除错误的见解在每处种下的莠草，应该指明各种事物之间的相互关系，将重要的东西和不重要的东西区别开来。

在各种观念凝结成原则的真理结晶时，在它们形成规则时，理论就应当将它们指出来。

理论带给人们的好处应该是让人们在研究各种各样的基本概念时能有所收获和得到启发。理论不应当是专门提供解决问题的公式，也不应当是以死板的原则为人们指出狭窄的必然的道路。相反，它应该让人们了解事物和它们之间的关系，然后让人们进入较高的行动领域，让人们依据天赋的力量来发挥一切力量的作用，让他们具有清晰地判断真实的和正确的东西的能力。

这种能力是在上述各种力量的共同作用下所形成的。与其说它是思考的产物，毋宁说它是危险的产物。

第二章　绝对战争和现实战争

战争计划总括全部军事行动，并让它成为具有一个最终目的（一切特殊目的都归到最终目的之中）的统一行动。

倘若人们不知道利用战争能够达到什么目的或不知道在战争中应该获得什么东西，那么就无法开始战争，或者说就应该开启战争机器。这个思想对作战的一切方针作了规定，确定了使用手段的范围和所用力量的大小。此外，它始终影响军事行动的最小的环节。

我们开篇就已说过，击垮敌人是军事行动自然的目标，如果要坚持从概念出发进行严格的推论，那么我们不可能得出其他目标。

击垮敌人这种想法存在于交战双方之中。所以，在军事行动中就不应该出现间歇，在其中一方真正被击垮前，是不会再出现平静状态的。

我们在论及间歇的篇章中指出，从敌对因素的体现者（人）和构成战争的所有情况来看，敌对因素是受到战争机器内部原因的阻止和节制的。

不过，这种阻止和节制所引发的变化，还远不是战争从它的原始的概念转化为到处可见的具体形态的原因。大多数战争好像只是双方在发怒,他们在发怒的情绪之下愤然拿起武器作战,如果有机会,一定会给对方以沉重打击。所以,这些战争并非两个相互破坏的因素的直接冲突,而是彼此分隔开的、只在一些小接触中爆发火花的两个因素的紧张状态。

既然如此,问题来了,阻止战争全面爆发的因素是什么呢?为什么战争并没有按照概念逻辑那样的方式进行呢?答案是,阻止战争全面爆发的因素是战争在国家生活中所接触到的大量事物、力量与关系。

在这些事物、力量及关系所引发的作用下,依据两三个前提直接得出逻辑的结论便成了水中捞月,这种逻辑的结论已被它们的作用湮没。而且,在各种大小事情中,人们往往习惯于根据某些占据主导作用的想法和感觉采取行动,而不是根据严格的逻辑结论来行动。因此,人们几乎没有意识到自己没有确切地了解事物,以及自己的不坚决和不彻底。

就算筹划战争的人能够彻底地理解上述这些情况,始终不忘目标,但是国内其他相关人士却可能做不到这一点,于是阻力便产生了。有了阻力,就需要有一种力量来克服,然而在大多数情况下,这种力量往往很不够。

这种不彻底性有时候存在于交战双方中的一方,有时候又同时存在于双方,它让战争无法按照概念逻辑那样的方式进行,而是出现了另外一种形态,成为半真半假的,也没有内在联系的东西。

这样的战争随处可见。如果我们未能目睹这个时代出现了绝对战争形态的现实战争,那么可能有人就会怀疑战争所绝对具有的本质的这种看法所具有的现实意义。

在法国革命做了简短的前奏后,拿破仑迅速地将战争推到了这个点上。在拿破仑的智慧之下,战争持续不断地进行着,直到敌人失败为止,而还击也几乎是毫不停顿地进行着。

依据这种现象所得出的逻辑的结论,再次让我们回到了战争的原始概念上来,这难道不是非常自然和很合乎逻辑的吗?

不过,是否不管战争离开原始概念多么远,我们都只考虑战争的原始概念?是否这个原始概念可以作为一切战争的判断依据呢?是否要根据这个原始概念推论出理论中的全部结论呢?

对于这些问题,我们都要作出相应的说明。因为,倘若我们自己不能够明确地说,战争只能是它的原始概念所规定的那个样子,或是说战争还有别的样子,否则我们将无法对战争计划这个问题提出合理的看法。

如果我们认为战争只能是它的原始概念所规定的那个样子,那么我们的理论在各个方面便更加符合逻辑,更加明确和更加肯定。不过,我们将如何解释从亚历山大直到拿破仑以前所进行的一切战争呢?

我们只能全部否定它们。可是,倘若我们真的将其全部否定,恐怕我们将会因为自己的狂妄而感到羞赧。当然,更糟糕的是,我们将只能承认,在未来几十年内将会出现与我们的理论相违背的战争。

这样的理论纵然具有强烈的逻辑性,但是在具体情况下却软弱无力。所以,我们要知道战争的形态不但是由战争的纯概念决定的,而且由包含和掺杂在战争中的其他一切因素决定的,也就是说,它取决于各个部分的一切自然惰性和阻力、人的不彻底性、认识不完善及怯懦。

我们认为，战争及其所具有的形态是从当时起主导作用的思想、感情和各种关系中产生的。如果我们不想与现实脱节，那么我们只能承认，甚至绝对形态的战争也是这样的。

如果我们认可上述的问题，那么我们便会得出这样的结论：**战争是建立在可能性、概然性、幸运与不幸运的赌博的基础之上的，严格的逻辑推论在这里往往完全不起作用，甚至会变成智力活动的无用而累赘的工具**。此外，我们还可以进一步得出结论：战争或许会变成一种有时很像战争，有时又不很像战争的东西。

理论必须承认上述这一切，然而理论的任务是将战争的绝对形态提到首要的地位，并将其当成研究问题的基本出发点，让那些想从理论中获得了好处的人永远记住它，将它看成衡量自己一切希望和忧虑的基本准则，在可能与必要的场合让战争靠近这种绝对形态。

这个主要观念作为我们思想和行动的基础，像会赋予我们的思想及行动以一定的色调一样，就算在最直接的决定性的原因源于完全不同的范畴的情况下也是如此。

我们的理论能够有效地做到这点，最近的几次战争功不可没。倘若没有这样真实、触目惊心的战例来说明摆脱束缚的因素具有巨大的破坏力，那么就算理论喊破喉咙也无济于事，因为任何人都不会相信目前大家所经历的事情是很可能发生的。

假如1798年普鲁士预先知道，一旦它失败就会遭到致命的反击，造成欧洲原有的均势遭到破坏，难不成它还敢派7万军队侵略法国？如果1806年普鲁士事先就预测到第一颗枪弹将会引起弹药库爆炸而导致自身毁灭的话，难道它还会用10万大军对法国开战？

第三章 战争的内在联系

战争的内在联系

人们对战争的看法各不相同，认为它具有绝对的形态有之，认为它具有或多或少不同于绝对形态的现实状态有之。因为对战争的看法不同，对结果也就会有不同的看法。

在战争的绝对形态中，一切都是因为必然的原因造成的，一切很快地交织在一起，不存在没有联系的、中性的空隙。在这种形态中，因为种种原因，比如战争内部含有各种各样的相互作用；比如战争拥有由相继进行的系列战斗构成的内在联系；比如每次胜利都有自己的顶点，战争只有一个最后的结果。

在取得最后结果之前，一切都是不确定的。交战双方既没有获得什么东西，也没有损失什么东西。

我们要谨记的是，一切取决于最后的结果。由此进行推论，我们可以得出这样的结论：战争是一个不可分割的整体，其每个部分只有跟整体联系起来才具有价值。1812年拿破仑攻占了莫斯科及半个俄国，但是这种占领只有在促成拿破仑所期望的媾和时，才具有价值。然而，这种占领只不过是拿破仑战局计划的一部分，拿破仑计划的另一部分是击垮俄国的军队。

如果拿破仑同时实现了这两个计划，那么媾和便轻而易举了。可是，由于拿破仑只完成了其中的一部分，后来竟无法实现另一部分，于是攻占领土对他来说，不但没有好处，反而变成有害的了。

战争中的各结果之间彼此联系这种看法可以当成一个观点，但是，与此相对立的一种看法是，战争是由一些各自独立的结果组成的。这些结果是独立的，犹如赌博中独立的"局"一样，前几局的输赢对后面的输赢没有影响。所以，战争不过是这些结果的总和。人们可以将每个单独的结果像筹码一样存起来。

从事物性质上看，第一种看法无疑是正确的，而从历史经验来看，第二种看法也是对的。不遇到什么困难就会获得微小的普通利益的现象是很多的，战争的要素越缓和，这种情况就越多。

不过，第二种看法在无第一种看法的补充就适用于战争中的任何情况是很少的。

倘若我们认可第一种看法，那么我们就要承认：从一开始，就要将每次战争当成一个整体，统帅向前迈出第一步时，就一定要明确一个目标，让一切行动都指向它。如果我们认可第二种看法，那么就会寻求每个次要的利益本身，而将其他一切留到日后再做处置。

由于上述两种看法都有一定的价值，所以，理论不能置之不理。但是，理论在运用它们时却要区别对待，第一种看法是基本观点，一切都应以它为基础，而第二种看法不过是第一种看法在具体情况下的一种修正。

1742年、1744年、1757年和1758年，在腓特烈大帝从西里西亚与萨克森向奥地利发动新的攻势时，他很清楚，这些进攻并不能取得像进攻西里西亚和萨克森那样获得长期的占领。他当时之所以那样做，并非要一次性击垮奥地利，而是想要达到一个次要的目的——赢得时间及力量。

他追求这种次要目的不会给国家带来存亡等大问题。不过，1806年的普鲁士和1805年的奥地利，尽管确定目标较小，仅仅想将法国人赶过莱茵河，但是只要没有考虑从开战到媾和这段时间内胜败可能带来的系列事件，那么它们便难以顺利达到目标。

双方都有必要考虑是在无需冒险的情况下获得更大的胜利，还是在何处及如何有可能阻击敌人获得胜利这样一些重要的问题。

对此，我们只要回顾一下历史便可以发现它们之间的不同之处。在18世纪的西里西亚战争时期，战争仅仅是政府的事情，人民参加战争不过是被当成盲目的工具罢了。

一个世纪后，人民在战争中的作用却是举足轻重的。与腓特烈大帝相对峙的那些统帅，无一不是墨守成规的人物，也因为这样，小心谨慎便成为他们主要的特征，而奥地利与普鲁士的敌人[1]，可以说是战神本身。

这些情况不是应当被重视及作不同的考虑吗？1805年、1806年和1809年的情况，不是应当让人们更加重视极端的不幸，并认为这种极端的不幸有可能发生甚至经常发生吗？而这些情况造成人们确定的行动和计划，不是应当完全不同于以占领几个要塞与不大的地区为目标的情况吗？

尽管普鲁士和奥地利两国在准备战争时早已察觉政治环境将

---

〔1〕指拿破仑。

要发生重大变化，但是它们并没有采取与之相对应的行动和计划。当然，它们也做不到这点，因为它们身处当时的局势，是不可能看清楚这些的。

我们之所以对当时的情况较为了解，是因为我们根据1805年、1806年和1809年的战局以及以后的战局得出的判断。事实上，也因为这些战局，我们才能提出绝对战争的概念。

所以，理论要求：在每一次战争中，首先要做的是依据政治因素和政治关系产生的概然性来认识战争的特点和战争的主要轮廓。如果战争的特点越接近于绝对战争，战争的轮廓，包括交战国的群众越广泛与将他们卷入漩涡越深，那么战争的各次事件之间就越有联系，交战双方就越有必要在迈出第一步之前就先考虑好最后的一步。

关于战争目标的大小和使用力量的多寡

我们要给予敌人多少压力，取决于双方政治诉求的大小。如果双方都已大体上了解对方政治要求的大小，那么双方所使用武力的程度基本是相同的。不过，遗憾的是，双方政治诉求的大小并不容易看出来，也许双方使用武力的程度不一样是第一个原因。第二个原因可能是，各国的地位与情况不同。第三个原因可能是各国政府的意志力、特点和能力鲜有相同之时。

由于上述三点，我们无法准确地估计我方究竟会遭遇什么样的抵抗，如此一来，我方也无法准确地确定应该使用何种手段和能够提出什么样的目标。

由于考虑到在战争中所使用的力量不够会导致这样的结果——

非但可能一无所获，还会遭到严重的损失。所以，双方都在这方面下功夫，试图超过对方，如此一来，相互作用就产生了。

这种相互作用也许会让人们在使用力量方面趋向极端（如果这个极端是可以确定的话）。如此一来，双方便不再考虑政治诉求的大小，手段也将与目标断了联系。

不过，在大多数情况下，最大限度地使用力量通常会因为受己方内在关系的牵制而无法实现。于是，进行战争的人采取折中的办法，在采取行动时往往会或多或少地参照这样的原则，即只使用为达到政治目的所需的力量和确定为达到政治目的所需的目标。

想要遵循这样的原则，他只能放弃任何取得成果的绝对必然性，而将那些遥远的可能性抛诸脑后。

在这里，智力活动离开了严格的科学领域，变成了艺术，即变成一种可以迅速地判断从大量事物和关系中找出最为重要和有决定意义的东西的能力。很显然，这种判断多少是对各种因素及关系进行比较，它比进行严格的推断更能快速地找出关系最密切与最重要的东西。

所以，要想判断进行战争究竟要使用多少手段，就必须考虑双方的政治目的，就必须考察双方的力量和各种关系，必须研究双方政府和人民的特性、能力，必须考虑其他国家的政治结合关系和战争可能对它们发生的影响。

考虑上述这些由诸多因素错综复杂交织在一起的事物并不轻松，仅凭呆板的研究是绝对无法从中找出正确的东西，而只有那些天才的真正眼力才可以迅速地做到这点。

从这个意义上讲，拿破仑说得很对：这是一道就连牛顿那样的人也会被吓退的代数难题。

如果说，因为上述这些事物极为复杂，而又没有正确可靠的准则，我们便难以得出正确的结论，那么我们只能说，这些复杂的情况会增加解决这一问题的光荣。

以危险和责任感为例，对普通人来说，它们不仅无法对人们的精神的自由和活动起到增强作用，反而会起到削弱作用。但是对有些人来说，它们却能够激发他们的潜能，让他们的判断更加迅速，更为准确。毫无疑问，这些人便是世上少有的伟大人物。

所以，首先，我们要承认，只有对各种关系的总的观察（包括了解当时的具体的特点），才能判断即将到来的战争，以及战争可以追求的目标与必要的手段。其次，这种判断和在军事活动中的任何判断一样，不太可能是客观的，它由君主、政治家、统帅的智力特点和感情特点（不论这些特点是否集中在一个人身上）决定。

在我们观察巨大时代背景和环境所形成的各个国家的总情况时，问题就具备一般性质了，就比较适合作为抽象研究的对象。在这里，我们要大致回顾一下历史。

不管是半开化的鞑靼人、古代共和国、中世纪的封建领主和商业城市的居民，还是18世纪的国王以及19世纪的君主和人民，他们都有各自的战争方式，他们所使用的手段不尽相同，追求的目标也不尽相同。

鞑靼部族经常需找寻新住地，他们往往携带全族出征，所以，他们人数的众多是其他军队难以比拟的。他们的军事目标是迫使敌人屈服或者赶走敌人。如果他们的文明程度较高，他们利用这种手段将很快地击垮所有敌人。

古代共和国的领土都很小，军事力量非常弱小，原因在于它们将广大的人民群众排除在外。这些国家数量众多且相互毗邻，这就造成了它们在自然形成的均势中经常出现问题，以至于它们不敢轻易发动大规模战争。所以，这个时代的战争往往限于劫掠平原和占领少数城市，其目的是通过这种手段可以在这些地方保持一定的势力。

其中，罗马共和国是个例外，不过这是罗马共和国晚期的事情了。为了掠夺物资，为了和邻国建立同盟关系，它曾长期用小部队与邻国进行规模较小的战争。**它逐渐强大起来的主要原因并非通过真正的征服，而是通过结盟**。在结盟中，邻近的各民族慢慢地与它融为一体。

只有罗马在将自己的势力范围扩大到整个意大利后，它才开始征服运动：迦太基灭亡，西班牙与高卢被征服了，希腊屈服了，罗马的统治范围扩展到亚洲和埃及。

在这段时间里，罗马并没有耗费太多的力量便维持了一支庞大的军队，这是因为它占有丰裕的财富。如此一来，罗马共和国便和其他共和国不一样，与它自己的过去不一样了，它已是首屈一指的强国了。

同样地，亚历山大所进行的一些战争也是非同寻常的，他利用手中那支人数少、但组织完备的军队，征服了亚洲的一些国家。他所向披靡，长驱直入，兵锋直抵北印度。一般的共和国是无法做到这点的。只有国王御驾亲征，亲自指挥部队，才可能在极短的时间内建立庞大的帝国。

在中世纪，各个诸侯国用封建的军队进行战争。不过，一切军事行动都是短暂的。但凡无法在这样短的时间内完成的事情，只能被当成无法实现的事情。

封建的军队是由封建从属关系联系在一起的每个部分组成的（联系在一起的原因主要有两个：一半是法定的义务，一半是自愿的同盟）。所以，整体是一个真正的邦联式的集合体。

这个时期，装备和战术是以自己的力量自卫、以个人战斗为基础的，所以它并不适用于庞大的军队。

总而言之，在欧洲历史上，还有哪个时期像这个时期这样，国家结构极为不牢靠，各个成员如此地不受约束。如此一来，这个时期的战争往往进行得异常迅速，军队很少在战场上停留，而战争的目的也几乎是惩罚敌人，而不是击垮敌人，他们往往在掠夺敌人的牲畜、烧毁敌人的城堡后便各自回家了。

大的商业城市与小的共和国往往使用雇佣兵进行战争。由于费用极高，所以，这样的军队人数往往受到严重的限制。从其战斗力上看，价值更小，更别提高度发挥作战力量了。作战时，他们往往只是装模作样罢了。

一句话，仇恨感与敌忾心不再推动交战国直接参加行动，而是变成了交易用的商品。如此一来，战争中的大部分危险不存在了，而战争的性质也彻底发生了改变，人们依据战争的性质而为战争规定的一切，对这种战争完全不适用。

当封建的领地制度成为对整块领土统治的形式时，国家结构比以往更加紧密了，而人身义务则变成物质义务，而这其中的大部分又为金钱支付所代替，领取军饷的军队替代了封建的军队。

在这二者之间存在着雇佣兵这种过渡形式。在一个时期内，它是较为强大国家的工具。不过，这种情况持续的时间很短，逐渐被领军饷的士兵取代，于是各国军队便成了依靠国库供养的常备军了。

军队在逐步向常备军方向发展的过程中，便出现了上述3种类型的军队并存的现象。比如亨利四世时代，封建军队、雇佣兵与常备军同时存在。雇佣兵存在的时间则较长，甚至到了18世纪还有雇佣兵的身影。

欧洲各国在不同时期，其国家的其他情况也经常各不相同。当时欧洲的主要政治局势是，诸侯并立。其中有些国家是内部极为不稳定的共和国，有些则是权力不稳定的小君主国。

对于这样的国家，我们不能将其视为一个真正的统一体，而只能把它们当作一些力量的松懈的结合体。所以，我们不能把这些国家当成依据简单的逻辑法则就可以行动的组织。

我们一定要以此观点为出发点来研究中世纪的对外政策和战争。

当人们回顾历史，提及德意志皇帝在500年间接连不断地对意大利发动远征，但他本人却从未完全占领过意大利，甚至从未有过这样的想法时，人们很容易就认为，这种做法是一种反复出现的错误，是有时代根源的错误观点的表现。

不过，更为合理的说法是，我们应当将这种情况当成上百种重大的原因造成的。尽管我们能够大致地深入了解这些原因，但是我们所理解的无法和当事者所体验的情况相提并论。

但凡从这种混乱状态中产生的大国需要时间进行巩固和发展，其主要力量和努力都只能放在这个方面。所以，大国极少发动对外战争，就算发动了对外战争，战争也会烙上参战国不够稳定的特征。

英国对法国的战争就是这样。当时，法国还算不上是真正的君主国，我们只能将它当成公国及伯爵领地的结合体，而英国则接近于一个统一体，但也是在国内动荡不安的情况下使用封建军队进行战争。

路易十一时代，法国的统一进程有了较大的发展；查理八世时代，法国则变成了侵略意大利的强国；路易十四时代，法国政府和常备军则得到极大的发展。

西班牙的情况则有所不同。在联合王斐迪南时代，西班牙开始统一进程，通过偶然的联姻，它在查理五世时期便迅速地成为由西班牙、勃艮第、德意志和意大利组成的强大的西班牙王国。

通过金钱，它弥补了它在统一及内部巩固方面的不足，它的常备军迅速成为能够跟法国常备军相抗衡的强大军队。不过，查理五世退位后，西班牙王国一分为二——西班牙和奥地利。

这时，由于得到了波希米亚和匈牙利，奥地利的实力大增，成为不可忽视的强国，它甚至迫使德意志邦联屈服，跟从自己。

18世纪的常备军在17世纪末已经发展到了顶点。这种军队主要靠征募和金钱建立。这个时候，各国已经基本完成了统一，各国政府都将本国人民的人身服役改为金钱纳税。如此一来，政府的全部能力就集中表现在金钱上。

随着文化的迅速普及，行政管理的日益健全，国家力量跟以往相比有了巨大的变化，国家的力量越来越强大。法国已经可以派出数十万大军出征，而其他强国也能做到这一点。

各国的其他情况也不同于以往了。欧洲分裂成二三十个君主国与几个共和国。我们完全可以这样假设，如果其中两个国家进行一场巨大的战争，那么跟以往不同，它们不会必然牵扯到为数十倍的其他国家。虽然政治关系依旧会有这样那样的结合，可是它们是能够观察到并且随时会被概然性加以确定的。

现在各国都是内部关系非常简单的君主国，以前那些等级的影响已慢慢消失，政府成了完全的统一体，它对外代表国家。所以，在这种情况下，如果出现适用的工具和独立的意志，那么战争就具备与之概念相符合的形态。

在此时期又出现了3个伟大的帝王：古斯塔夫·阿道夫、查理十二和腓特烈大帝。他们试图利用数量少但组织完备的军队让自己从小国变身为强国，并击败所有敌人。如果说，他们也挺进亚洲，与亚洲的国家进行战争，那么从其作用上看，他们跟亚历山大则更加相似。不管如何，从他们在战争中敢作敢为这点上看，他们当拿破仑的先辈是当之无愧的。

军队是靠国库维持的，而君主差不多将国库当成自己的小金库，至少属于政府而非人民的东西。跟其他的关系，除了贸易往来，绝大多数只涉及国库或者政府的利益而与人民的利益无关。这种看法极为普遍。

所以，政府往往以巨大财产的所有者和管理者自居，并致力于增加财富，可是，其国民对此并不感冒。鞑靼人出征时，全体人民参加战争。在古代共和国和中世纪，多数人民参加战争，但是在18世纪，人们并未直接参加战争，而是其素质的优劣对战争产生间接的作用。

这样一来，在政府脱离民众并将自己当成国家之际，战争便变成了单纯由政府依靠国库内的金钱和本国的、邻国的无业游民所从事的事业。于是，各国政府所能运用的手段受到了限制，其规模和持续时间都有了限度，这种限度是双方都可以估算出来的。

也因为有了这样的限度,战争中最危险的因素便消失殆尽。也就是说,趋向极端的趋势和与此有关联的系列难以估计的可能性就不存在了。

人们大致可以知道敌国拥有多少财富、信用贷款,大体知道敌国的军队数量,而在战争开始时,这些东西无法大量增加。大体知道敌国拥有多么强大的实力,才能保证自己不至于遭遇彻底的毁灭,同时也能让自己意识到己方力量的有限,然后选择恰当的目标:既不至于遭遇毁灭性的打击,自己也不去追求极端的目标。

在这样的情况下,战争的必然性便失去了效用,人们不会寻求极端,只有勇气和荣誉心还可能促使人们追求极端,不过它们会在国家关系中遭到力量强大的阻力。

所以,君主、统帅都只能谨慎地对待战争工具。如果军队被击垮,那么他们便无法组建新的军队,而且除了这支部队之外,他们将一无所有。这就要求他们三思而后行。

只有在时机对己方非常有利的情况下,才可以使用这种需要付出高昂代价的手段,而统帅的高超艺术便表现在善于创造这样一种极为有利的时机。在这样的时机尚未出现时,人们似乎无事可做,统帅没有理由采取行动,一切力量似乎都是静止的,就连进攻方最初的动机也被谨慎与踌躇湮没。

这样一来,战争实际上变成真正的纸牌游戏,洗牌的是时间和偶然性。从战争意义的角度上看,**战争不过是一种比较强硬的外交,一种比较有力的谋求谈判的方式,而会战与围攻是较为重要的外交文书**。就算是非常富有荣誉感的人,他的目标也只是谋取适当的利益，充当缔结和约的资本。

我们在前面说过，战争具备这种有限的、规模较小的形态的原因在于它所依靠的基础窄小。像古斯塔夫·阿道夫、查理十二与腓特烈大帝这样卓越的统帅和国王，统率着骁勇善战的部队却不得不满足于取得普通的战果，都是由于欧洲存在着政治均势所造成的。

以往的欧洲存在着诸多小国，它们之间彼此相互联系，距离近，接触多，并存在着亲戚关系和个人友谊，这一切都是可以阻止个别国家迅速强大起来的因素。

现在，国家变大了，国与国之间的距离变远了，这一点便转由各国外交事务的更大发展来实现了。政治利害关系、引力和斥力已经形成了一个极为微妙的体系，以至于如果没有所有国家的政府参与，欧洲战场将一片寂静。

所以，新时代的伟大统帅和国王，除了手持一把利剑外，还得拿起一支好笔。但就算是这样，他在征服别国方面依旧难有大的进展。

在17世纪，尽管路易十四企图破坏欧洲的均势局面，并无需担心对他的普遍的敌对情绪，但是他采取战争的方式依旧是传统的方式。这是因为，虽然他的军队是欧洲最强大、最富有的军队，但从其性质上说，它跟其他王国的军队没有区别。

在鞑靼人时代、共和国时代，甚至于在中世纪，对敌国进行掠夺和破坏这种战争方式发挥过巨大的作用。不过，在现在，它已经与时代精神脱节。人们完全有理由将它当成是无益的和野蛮的行为，因为这种行为极易遭到报复，而且它所打击的是敌国的民众，而非帝国政府。所以，它并不起作用，它只会造成民族的文化水平永远处于落后状态。

所以，从战争的手段和其目标上看，战争都越来越局限于军队本身。军队及其要塞和阵地变成了国中国，而战争要素在其中慢慢地消失了。对此，整个欧洲手舞足蹈，并认为这是智力进一步发展的必然结果。

虽然这种看法是错误的，但是对各国人民来说，这种变化却发挥着良好的作用。不过，我们不能否认，这种变化让战争更加成为政府的事情，而与民众则越来越疏远。

在这个时期，进攻方的战争计划往往局限于攻占敌国的某个地区，防御方的战争计划则通常是阻止进攻方达到这样的目的。具体到战争中，各个战局计划基本上是围绕攻占敌人的某个要塞，或者是阻止敌人攻占某个要塞展开。至于会战，只有双方为了达到自己的目的而认为会战无法避免，他们才会寻求会战。

如果说会战并非不可避免，只不过是因为统帅求胜心切而作出会战的决定，那么他将背负"鲁莽的统帅"的骂名。一般情况下，一次战局只有一次围攻，最多两次围攻，而冬营则是必然的休战时期。

在冬营期间，一方的不利状态绝不会成为另一方的有利条件，因为双方几乎没有接触的时候。因此，冬营也被当成一次战局与另一次战局之间明显的界限。

倘若双方力量势均力敌，或者进攻方力量较弱，那么会战和围攻几乎不会发生，一次战局的全部活动将局限于保持某几个阵地与仓库，或者步步为营地蚕食敌人的某些地区。

如果战争是以这样的方式进行，那么人们便会认为，这一切都是正常的状态。

由于从18世纪开始的对军事艺术的研究只停留在战争的个别问题的层面上,不太重视战争的开始和结局,便出现了这样那样关于伟大和完美统帅的说法。以道恩为例,虽然他的主要战绩是让腓特烈大帝完全达到了目的,而使玛丽亚·特利莎的愿望落空,但是他也似乎应当成为伟大的统帅。

事实上,在当时只偶尔出现较为精辟、客观的说法,即如果拥有优势兵力就必须争取某种积极的成果,否则,不管玩弄何种技巧都不能打胜仗。

法国大革命爆发时的情况就是如此。普鲁士和奥地利企图用它们的外交式的军事艺术进行战争。不过,没多久,这种军事艺术就显得力不从心了。在当时,人们将希望寄托在为数不多的军队上,可是1793年的战争出现了新情况,即战争成为人民的事情,变成以国民自居的3000万人的事情。

对此,我们并不准备研究产生这种伟大现象的详细情况,而只想谈谈具有决定意义的结论。

由于人民群众的参与,战争便不再取决于政府和军队,而是取决于全体人民以及其固有的力量。这个时候,可以使用的手段和所能够做出的努力不再受到限制,用来战争的力量也不再遭遇阻力。所以,对敌人来说,危险是最大的。

如果说,法国大革命所展现出来的威力尚未让人们充分感觉到,且尚未被人们完全认识到;如果说革命将领没有不顾一切地向最后的目标挺进,没有摧毁欧洲的专制王朝;如果说德意志的军队可能阻挡这股洪流,那么,所有这些情况也都是法国人进行斗争的艺术不完善所引起的。

这种不完善首先表现在普通的士兵身上,随后表现在将军们身上，最后则表现在政府身上。

不过，这一切在拿破仑时代得到改善。当时，拿破仑统率这支以人民群众为基础的军队南征北战，踏遍欧洲，粉碎一切抵抗。他在所有旧式军队面前丝毫没有产生过犹豫。

不过，拿破仑的利剑惊醒了欧洲各国。在西班牙，战争成了人民的事情；在奥地利，政府首先做的事情是费尽心思搞动员，组织了预备队和后备军，结果奥地利人接近了预定的目标，他们所做的事情远比此前政府所认为可能做到的事情还要多；1812年，俄国也做了动员，它凭借幅员辽阔的条件让准备较迟的战争行动也产生效果，并且获得辉煌的战绩；在德意志普鲁士，政府将战争变成人民的事情，在人口几乎减半且没有金钱与贷款的情况下，使得兵力达到了1806年时的两倍；德意志其余各邦也先后这样做。如此一来，假如我们将参加战争的和损失了的人员都考虑在内，那么德意志和俄国在1813年及1814年两次战局中对法国作战中使用了100万人左右的兵力。

在这种情况下，作战的威力也比以前提高了。尽管这种威力还没法跟法军的水平相提并论。但是，总的来说，战局已经不再是传统式的战局，而是按照新的作战方式进行。8个月后，法国不得不第一次低头，而拿破仑则被捆绑着倒在地上。

自从拿破仑出现以后，**战争就发生了变化，它先是在作战的一方，后在另一方，变成了全体人民的事情。于是，战争便非常接近于它真正的性质，接近其绝对完善的形态。**

在战争中使用的手段已然没有明显的限制，因为这种限制早已被政府及其臣民的干劲和热情湮没。由于手段的增多，作战所获得的成果的范围可能扩大，再加上群众强烈的感情，作战威力便异乎寻常地提高。如此一来，击垮敌人便成为军事行动的目标。只有敌人被打垮时，人们才认为可以鸣金收兵，并根据政治目的进行谈判。

于是，战争各要素从墨守成规的桎梏中解脱出来，进而爆发出全部自然的力量。之所以这样，是因为各国人民纷纷参与了战争这一重大的国家事务，而人民群众参加战争的原因主要有两个方面：首先，法国革命在欧洲产生了重要的影响。其次，法国人的军事行动威胁到各国人民的安全。

上述情况是否会永远存在？未来欧洲的一切战争是否都是全民战争，因此只是因为各国民众的重大利益才会发动战争？或者，政府是否将会逐渐脱离人民？

上述这些问题难以断定，我们在此不敢轻易下结论。不过，我们敢这样说，上述那些限制只在人们对某种可能性还未意识到的时候才出现。一旦这些限制被打破，那么它们便难以恢复，至少在重大的利益关系发生时，双方的敌对情绪要以今天的方式来解决。

我们对历史的考察就到这里。我们要说明的是，进行这种考察的目的并非想急急忙忙地为每个时代的战争规定一些作战原则，而是想指出，**每个时代有每个时代的战争，每个时代的战争都有其特有的限制条件和范围。**所以，这个世界到处有人拿着哲学原理来研究战争力量，可是每个时代依旧存留着它自己的战争理论。

由此可见，在判断每个时代所发生的事件时，一定要顾及每个时代的特点。只有我们不将主要精力放在琐碎的细节上，而是花时间和精力于大事件，深入了解每个时代的特点和人，才有可能对当时的统帅作出正确的了解与评价。

不过,因为国家和军队的特殊条件所限制的那些作战方法,依旧带有某种比较具有普遍性的东西,甚至是某种完全具有普遍性的东西,这些是理论首先要研究的对象。

战争已获得了绝对的形态,它含有的普遍适用的与必要的东西是最多的。不过,战争一旦突破限制就很难被紧紧地束缚住,未来的战争或许不会都具备这种规模巨大的特性。

所以,如果理论单纯地研究绝对战争,那么它便会将战争性质由外来影响而引发变化的情况排斥在外,或者将这些情况当成错误而大加挞伐。这不是理论的目的。**因为理论研究的是现实情况中的战争学说,而非想象中的战争学说。**所以,理论在考察、区别与整理各种事物时,一定要衡量引发战争的情况的多样性。所以,理论在明确战争的大致轮廓时,就要将时代及当时情况的要求纳入考察范围。

综上所述,我们认为,进行战争的人所提出的目标和占有的手段,往往取决于他所处的具体情况。同时,战争会具有时代及一般情况的特性。最后,它们还要服从于从战争的性质中必然得出的一般的结论。

第四章　对战争目标的进一步探讨：击败敌人

从战争的概念上看，战争的目标应当是打垮敌人。这也是我们进行战争学说研究的基本观念。

那么什么叫打垮敌人呢？打垮敌人并非意味着要占领敌国的全部领土。比如，1792年，如果联军攻占了巴黎，那么他们对革命党所进行的战争可能在当时便宣告结束，甚至无需先击败它的军队，因为这些军队并不是起主要作用的力量。

与此相反，1814年，如果拿破仑依旧统率着庞大的军队，那么就算联军攻克巴黎，战争依旧将进行下去，后果如何将另当别论。不过，在当时，拿破仑的大部分军队已经被联军消灭，所以，联军于1814年和1815年占领巴黎便决定了战争的结局。

1812年，如果拿破仑能够像他在1805年击垮奥地利军队和1806年击垮普鲁士军队那样，在攻占莫斯科前后，彻底击垮卡卢加公路上的12万俄国军队——虽然拿破仑还没有占领俄国的全部领土，那么他攻占莫斯科的这个军事行动极有可能会迫使俄国媾和。

1805年，对战局发生决定性会战的是奥斯特里茨会战。在此次会战之前，尽管拿破仑早已占领维也纳与奥地利三分之二的领土，可是他并没有完成迫使对方媾和的任务。不过，此次会战过后，虽然匈牙利的领土依旧保持完整，但却无法阻止媾和活动。

让俄国军队在这次会战中遭到惨重的损失是非常有必要的最后一击。亚历山大皇帝手中没有其他军队。所以，缔结和约便成了拿破仑进行该会战取得胜利的必然结果。如果俄国军队早于多瑙河畔同奥军会合，并和奥地利军队一样遭到失败，那么，拿破仑也许无需占领维也纳，就可以跟敌国媾和。

当然，在战史上，还有一些彻底占领敌国领土却依旧无法解决战争问题的情况，比如1807年的普鲁士就是这样。当时，法军对俄国军队（普鲁士的盟军）作战所获得的胜利是颇值得怀疑的，它似乎在对敌人的打击方面并没有发挥决定性作用，而法军在弗里德兰所取得的胜利，却起到了决定性的作用。

就算在这种情况下，我们也发现，这种结果并非由一般的原因决定的，起到决定性作用的往往是一些当时不在现场就观察不到的具体原因和很多永远都无人谈起的精神方面的原因，甚至是一些在历史中只被看成逸事趣闻加以记述的最微小的情节与偶然事件。

在这里，理论所能做的是，指出密切注意两国的主要情况。这些情况会形成力量与运动的中心，即己方所有力量的集中打击务必要指向敌人的这个重心。小的总取决于大的，不重要的总取决于重要的，偶然的总取决于本质的。我们必须以此为基础来进行研究。

古斯塔夫·阿道夫、亚历山大、查理十二和腓特烈大帝，他们的重心表现在军队上。如果他们的军队遭遇惨败，那么他们也就完了。那些党争四起的国家，其重心多数在首都。那些依靠强国生存的小国家，它们的重心则在同盟国的军队和共同的利益上。在民众武装中，重心是主要领导人和民众的情绪。

军事打击的目标应该是这些重心。如果敌人因为重心遭遇重大打击而失去平衡，那么胜利方就不应该给敌人以恢复平衡的机会，而应当始终沿着这个打击方向持续打击。

换句话说，军事力量应该永远打击敌人的重心，而非拿整体去打击敌人的其他部分。比如以优势兵力平稳地攻占敌军的某个地区，比如满足于占领某个小地区而不寻求更大的战果。如果真是这样，那么是不能够击垮敌人的。只有找出敌人力量的重心，并向它投入所有力量，以求大获全胜，如此才能够真正击垮敌人。

但是，无论我们要打击的敌人的重心是什么，战胜和粉碎敌人的军队始终都是最为重要和最靠谱的第一步，它在任何情况下都是非常重要的。

从战史和较近的战争案例上看，击垮敌人主要有以下几种办法：

（1）假如敌人的军队在某种程度上是敌人起主要作用的力量，就去粉碎这支军队。

（2）如果敌人的首都不仅是国家权力的中心，而且也是各个政治团体与党派的所在地，就占领敌人的首都。

（3）如果敌人的最主要的盟国比敌人还强大，就有效地打击这个盟国。

从开篇到这里，我们始终将战争中的敌人当成一个整体来考虑，这在进行一般问题研究时是正确的。不过，在提出击垮敌人在于粉碎敌人集中在重心上的抵抗力后，我们就要抛开先前的设想，而进行新的探讨：同我们作战的敌人超过一个这种情况。

假如两个或更多的国家联合起来反对一个国家，那么从政治角度上看，它们所展开的是一场战争。不过，这种政治上的统一程度却非常不一致。

这个时候，问题在于：这些国家中的每个国家都有独立的利益与追求这一利益所需的独立的力量？还是说其中某个国家是主要的，而其他国家的利益和力量只依附于这个国家的利益和力量？

一旦其他国家更趋向于依附某个国家，我们就越能够将众多的敌人当成一个敌人，也就越能将我们的主要行动变成一次主要打击。只要这种做法能够实现，它就是获得成果的最有效的手段。

我们因此可以作出这样的判断：如果我们可以通过战胜其中某个敌人而战胜其余的敌人，那么击垮这个敌人便是战争的目标，因为我们击中了这个敌人也就击中了整场战争的共同重心。

上述观点只在极少数的情况下才能成立，即我们不能够将几个重心简单地当成一个重心。当然，在这种情况下，只能将这样的战争当成两个或更多的各有其自己目标的战争。

在这里，既然我们所假设的敌人是各自独立的，那么它们必定占据较大的优势，所以，想要在这样的情况下击垮敌人是不可能的。

现在，我们要进一步研究：击垮敌人这个目标在什么情况下才是有可能的以及是适合的。

第一，我方的兵力必须足以：（1）让我方能够对敌军获得一次具有决定性的胜利；（2）让我方能够经受得起必要的兵力消耗，能够胜利发展到敌人再也无法恢复均势的程度。

第二，在政治上，我方的处境一定要能保证这样的一次胜利不会招来新的强大的敌人，不会为了对付他们而忽视原来的敌人。

1806年，虽然法国因为彻底击垮普鲁士而造成俄国的全部兵力与自己为敌，但是，法国在当时是可以那么做的，因为它有足够的力量在普鲁士与俄国军队作战。

1808年，法国在西班牙的情况也是如此。1809年，法国不得不削减在西班牙的军事力量，而且如果它在物质的和精神的方面没有占有很大的优势的话，那么恐怕它就不得不完全地放弃西班牙了。

所以，上述问题，人们必须详加考虑，以免出现严重失误而付出不必要的代价。

在估计某种力量及其所能产生的作用时，人们往往有一种想法，好像时间在这里也跟在力学上一样，是力量的一个因素，进而人们会作出这样的判断：付出一半的努力（也就是用一半的力量），在两年之内能够完成用全部力量在一年之内可以完成的工作。

这种看法是错误的，但是它却经常被当成制定战争计划的依据。

军事行动需要一定的时间。这点是毫无疑问的，人们不可能只花费一个星期便从维也纳步行到莫斯科。不过，像力学上时间和力量之间的那种相互关系，在军事行动中却是没有的。

对交战双方而言，时间都是必需的。问题在于，究竟哪一方从它的处境上看能够因为时间而得到特别的利益。如果说双方的特殊情况可以相互抵消，那么，这种利益便先眷顾失败方。

这种判断不是基于力学的法则，而是基于心理学的法则。嫉妒、猜忌、忧虑，有时加上义愤，都是不幸者的辩护人，它们一方面会招来朋友，一方面则会削弱和瓦解不幸者的敌人的同盟。所以，与其说时间对征服者有利，不如说对被征服者有利。

其次，我们还要考虑，利用最初的胜利，是需要耗费巨大的力量的。这种力量的消耗并非消耗一次就可以完结，而是不间断的。

尽管国家的力量可以提供我们足够的力量去攻占敌人的国土，但它却无法经得住长期占领敌国领土所需要的巨大消耗，它的供给会越来越困难，以至于最后可能无力供给。如此一来，单单时间就可以使情况发生剧变。

难道1812年拿破仑从俄国和波兰那里掠夺来的金钱与财富，足以让他建立一支驻守莫斯科的数十万的军队吗？不过，倘若所占地区非常重要，并且这些地区中的某些地点对尚未被攻占的地区有着非凡的意义，以至于占领这些地点后，将会给对方带来灾难性的困难，那么就算占领者不再采取其他行动，所得也将大于所失。

在这种情况下，如果被占领者未能得到有力的外援，那么时间将会完成占领者已经开始的行动，即尚未被攻占的地方或许会自然沦陷。由此可见，时间也可能变成占领者的力量中的一个因素。

只不过，这种情况只在特定的场合才会发生，即失败方已经不再采取反攻，局势也不可能对他有利，失败方力量中的军事行动已经对占领方不再有效。因为占领方早已完成主要的事情，最大的危险早已过去。一句话，敌人已被击垮。

综上所述，占领完成的速度越快越好。如果完成占领的时间超过了完成该行动的绝对必需的时间，那么占领行动非但不会变得容易，反而会困难重重。

如果这种看法是对的，那么，我们下面这种说法也是对的：

只要拥有足够的力量攻占某个地区,进攻方就该一鼓作气地完成这种占领行动,而不是有什么中间站。当然,这里所说的中间站,并非指集中兵力和采取各种措施所需的短暂的平静时间。

从上面的论述中,我们可以得出进攻战的重要特点:速战速决。我们认为,这种观点已从根本上彻底打破那种反对不停顿地占领的说法,也就是打破了那种非常缓慢的,所谓的有步骤地占领更加有把握和更加谨慎的看法。但是,那些赞同我们观点的人,也会认为我们的观点很奇怪,与最初的提法相互矛盾,并且我们的观点与根深蒂固的陈旧观点是对立的。所以,我们要对那些与我们观点相对立的没有依据的看法进行深入的探讨。

一般而言,较近的目标往往比较远的目标容易达到。不过,倘若较近的目标跟我们的意图不相符合,那么我们也不能认为:停一停,有一个停歇点就可以较为容易地走完下一半路程。

一次小的跳跃肯定比一次大的跳跃要容易得多,但是,任何想跳过一条宽沟的人绝对不会先跳一半而陷进沟里。

如果我们对什么是有步骤的进攻战进行深入的研究,那么我们就会发现,这个概念往往包括以下一些基本内容:

(1) 夺取所遭遇到的进攻中的敌人的要塞;
(2) 储备必要的储备品;
(3) 在仓库、桥梁、阵地等重要地点构筑坚固工事;
(4) 军队在冬营或教员舍营中休息;
(5) 等着来年的补充。

为了达到上述这些目的,人们将整个进攻分割成若干阶段,在运动中确定若干停歇点。他们认为,这样做可以取得新的基地和新的力量,就像自己的国家紧随自己军队后边一样,就像军队在每次新的进攻之后都能够获得新的力量一样。

这些或许会让进攻更容易进行,但是它们无法保证取得进攻战的成果,而且这种做法不过是统帅用来掩饰矛盾心情或者政府用来掩饰自己却违反坚决进攻精神的借口。

我们想按相反的顺序来一一批驳。

(1)对双方来说,等待新的补充是不必要的,甚至可以说,敌人期待补充的心情更加迫切。此外,一个国家在一年之内所能征召的军队和在两年内所能征召的军队比较起来,数量上相差无几,这是由事物的性质决定的。因为,一个国家在第二年内所征召的力量,跟总数比较起来是微不足道的。

(2)在我们休息时,敌人在同一时间内也得到了休息。

(3)在城市内及阵地上构筑坚固工事并不是军队的事情,因此不能成为军队停顿不前的理由。

(4)据军队目前所采取的给养方法来看,仓库对于驻扎状态的军队比前进中的军队更为重要。在前进顺利时,进攻方往往会将敌军的储备品据为己有,部队到了贫瘠之地,这些储备品便可以解决给养问题。

(5)不能将夺取敌人的要塞当成进攻的停顿,相反,应当成为更猛烈的进攻。所以,攻占要塞所造成的表面的停顿,事实上跟我们在这里所谈的情况并不是同一件事,这种停顿并不是进攻力量的停止和缓和。但是,对于某个要塞,是要进行真正的围攻,还是说进行纯粹的包围或者纯粹的监视,这要根据当时的具体情况而定。

在这里,我们认为,想要回答上述这个问题必须先确定,在进行纯粹的包围的同时,继续前进是否会遭到极大的危险。如果不会遭到很大的危险，并且进攻方还有力量继续发动进攻，那么应该在进攻行动的最后才进行正式围攻。所以，不应沉迷于立即保住已获得的东西而忽视更加重要的东西。从表面上看，在继续前进时，已经取得的东西又会有立刻丢失的危险。

根据上面的阐述，我们认为，在进攻战中任何划分阶段、设立停歇点与中间站的做法都是不合理的。在进攻战中出现的这些东西，应当被当成祸害，它们非但不能让获得战果更加有把握，反而会让获得战果更无把握。如果不想违背普遍真理，那么我们就要承认，从中间站出发（这在我们力量弱时往往是不可避免的）往往是无法向目标做第二次前进的。如果说前进是可能的，那么中间站就是没有必要的。如果我们的力量从一开始便无法达到预定的目标，那它终究无法达到目标。

所谓的普遍真理就是这样。我们之所以提它，是因为我们想拿它来证明时间本身好像对进攻方有利的思想是错误的。不过，政治关系有可能逐年发生变化。也因为这种原因，与这种普遍真理相互背离的情况才会经常发生。

上面的论述可能会给大家一种印象，即我们所说的似乎远离我们的一般的观点，而在集中精力讨论进攻战。事实并非如此。当然，那些明确将彻底击垮敌人作为战争目标的人，是不会随随便便就进行以保持已占有的东西为直接目标的防御作战的。只不过，在这里，我们坚定地认为：如果没有任何积极因素的防御，那么无论在战略上还是在战术上都将自相矛盾。

与此同时，我们认为，每一次防御，一旦防御方用尽了防御的利益，那么他最应该做的是依据自己的力量转守为攻。所以，在可能的情况下，我们也应当将击垮敌人当成这种进攻的目标，即击垮敌人也应是防御的本来目标（不管是大目标还是小目标）。

此外，可能还会出现以下这种情况：交战方中有一方尽管确定了击垮敌人的远大目标，但在作战开始阶段却采用防御的形式，如1812年战局就是如此。它的出现刚好证明这种看法也有一定的现实意义。

刚开始，亚历山大皇帝也许没有料到，他所进行的战争真的跟后来事实证明的那样，彻底击垮了敌人。不过，难道他没有想过要击垮敌人吗？而且，尽管俄国人当时心存此念，但他在战争开始时依旧采取防御形式难道不也是很合情理的吗？

第五章　对战争目标的进一步探讨：有限目标

我们在前文已经说过，击垮敌人的目的如果可以达到，那么它就应当被当成军事行动本来的绝对目标。我们接下来要探讨一下在不具备实现这一目标的条件时还会有什么其他的目标。

实现该目标的前提条件是，寻求该目标的一方一定要在物质上或者精神上占据很大优势，或者拥有卓越的敢作敢为的精神（富于冒险的精神）。

在不具备上述这些条件的情况下，军事行动的目标只有两种：夺取敌国某部分国土（不大的领土）；保卫本国国土，等待较为有利的时机的到来。后者往往是防御的目标。

面对具体情况，究竟采用哪种目标更为合适？上文已经作了提示。等待较为有利的时机是假定未来确实有可能带给我们这样的时机。只有在这样的情况下，等待（进行防御战）才有理有据。

如果未来无法带给我们这样的时机，而给敌人带去这样的时机，那么采取进攻手段便是较好的方式，即我方应当充分利用当前的时机。

此外，还有一种情况：双方都无法肯定未来究竟会给自己带来什么东西,也就是说,双方都不能从未来的前景中获得采取行动的依据。在这样的情况下,从政治的角度上看,采取进攻战往往是出自于进攻方,因为他正在全力准备作战,并为达到这个目的费心费力。对他来说,浪费时间是一种损失。

在这里,何时该采取进攻战,何时该采取防御战所依据的理由跟作战双方的兵力对比没有丝毫的关系。有人认为,将兵力对比当成作出这种决定的主要依据好像更加合理。不过,我们并不这样认为,相反,这种做法与背离正确的道路完全一样。

很多人对于我们的结论抱有疑虑,现在就让我们来看看它在具体的情况下是否真的不合理。

我们首先设想一下:某个小国家和一个占据兵力优势的国家发生冲突,而且这个小国家已经预料到自己的处境将会因为冲突而逐年恶化。如果说它无法避免这次战争,那它不是应该好好利用处境还不太坏的这一段时间吗?如此一来,它只能选择进攻。

不过,它之所以选择进攻并非进攻本身能够带给它多少好处,而是因为它想在不利的局势来临之前彻底解决问题,或者至少要获得某些利益以便日后加以利用。

这种说法是合理的。如果这个小国确定敌人很快发动进攻,那么它就能够而且应该采取防御作战方式来应对敌人,以便获得最初的成果,这样一来,它便不会遭遇丧失时间的危险。

其次,我们设想一个小国跟一个大国交战,而且未来的情况对两国的决心没有任何影响。如果说,这个小国在政治上呈现的是进攻态势,那么它只能对大国发动进攻。

既然这个小国给自己设定的战争目标是积极的,那么,如果敌人不先采取行动,它就必须先进攻敌人。

等待是愚蠢的,除非这个小国在实施战争行动中突然改变政治决心——这种改变是常见的,也在一定程度上让战争具备不确定性的特点。对于这点,哲学家往往会手足无措。

在对有限目标的考察中,我们谈到了有限目标的进攻战和有限目标的防御战。对于这两种战争,我们会另辟章节来专门论述。不过,在此之前,我们要先谈谈另一方面的问题。

直到目前为止,我们都只从战争目标本身内在的原因来探讨战争目标的变化。至于政治意图的性质,我们只从它是否追求积极的东西这一点来对其进行考察。

虽然政治意图中所有其他一切原本跟战争本身没有关联,但是,我们在前文里已经说过,政治目的的性质、我方或者敌方的要求的大小及我方的整个政治状况,实际上,对战争发挥着决定性的影响。

所以,我们将在下一章对此进行专门的论述。

第六章　政治与战争的关系

政治目的对战争目标的影响

对待别国的事情就像对待自己国家的事情那般认真,是永远不可能出现的事情。其他国家出现变故,它最多会派出一支规模不大的援军。倘若这支部队遭遇失败,那么它也就认为自己尽到了义务,随后便寻找一切机会从泥淖中脱身。

这在欧洲司空见惯,因为欧洲向来有一种传统,即加入攻守同盟的国家要承担相互支援的义务。可是,这不过是表面现象罢了,它不意味着攻守同盟中的国家必然会同仇敌忾,利害一致。事实上,这种约定并不是建立在衡量战争对象是谁及其使用的力量有多少的基础之上,只不过它们事先约定好,一旦有变故,要派出一定数量的军队作为支援。

在履行和约时,同盟国并没有这样的想法:自己已经和敌人到了非以宣战开始、以缔结和约为告终的真正的战争中。此外,就算这种约定也并不是在任何情况下都是非常明了的,它在运用时往往是多变的。

如果说,同盟国能将按照约定的、一定数量的援军的指挥权彻底交给身处作战中的盟友，让它根据自身的意图来运用军队，让它将该援军当成是雇佣军，那么，事情就有了相互联系，战争理论便有了用武之地。

不过，这些都是假设。事实上，大多数援军都有自己的统帅，而统帅往往只按照本国政府的意志行事。遗憾的是，本国政府给统帅所制定的战争目标往往和政府的犹豫不决的意图相吻合。

所以，甚至在两个国家和另外一个国家进行战争时，我们也不能就此认为这两个国家在对敌方面完全保持一致，相反，**它们通常会以做生意的方式来行事**，即每个国家根据其所冒的风险和可能获得的利益进行投资——投入一定数量的军队作为股金，并且对外声明，在这次交易中，他们只愿意投资这些股金而不愿意再承担其他任何损失。

这种情况不但存在于一个国家为了一些对它没有任何重大关系的事情去援助另一个国家的情况之下，也存在于两个国家有重大的共同利益的情况之中。同盟国往往只是按照约定，派出少量援兵，而将本国其余的军事力量保存起来，另作他用（根据政治意图而使用）。

在现实中，上述这种同盟国成员对待战争的态度随处可见，只不过到了现代，在极端的危险迫使某些国家走上战争的道路时，在无限制的暴力逼迫某些国家走上这条道路时，它们才最终采取积极应战的态度。

实际上，这种态度带有不彻底性是很不正常的。因为从根本上说，**战争与和平是两个无法区分阶段的概念**。然而，它之所以存在，一方面是因为于理性所不齿的、纯粹的外交习惯，另一方面则是人类本身固有的弱点与局限性。

最后，在一个国家独自对其他国家进行的战争中，战争的政治原因对于战争的进行有着极为强烈的影响。

如果我方只要求敌人做出较小的牺牲，那么进攻方便会满足于通过这战争取得一个不大的等价物，并且认为，无需太多努力就能够实现这样的目标。一般而言，另一方也会做这样的考虑。

一旦某一方发现自己的判断有误，发现自己并非如自己所想象的那般比敌人强大，而是较敌人弱小，它便会有这样一种感觉：军费缺乏，其他手段不够用，而在精神上会出现萎靡不振、没有大干劲的状态。所以，它只能全身心地应付，期望未来的局势会对自己有利。在这样的情况下，战争就像一个久病的人一样——有气无力地勉强拖延着。

如此一来，战争中的相互作用、每方都想战胜敌人的竞争、暴烈性与无节制性，都在微弱的动机所引起的停顿状态中消失了，双方不会冒险进行大规模军事行动。

如果说，政治目的对战争具有这样的影响的观点成立的话，那么，这种影响便没有什么界限。此外，我们还得承认，以威胁敌人、支持谈判为目的的战争是存在的。

倘若战争理论要始终成为哲学的探讨对象，那么，战争理论在此方面便会出现无能为力的情况。因为，在这里，它无法找到包含于战争概念中的一切必然的东西，所以它便失去了它能够成立的所有依据。

不过，这里还有一条自然的出路。军事行动的缓和因素越多——更加确切地说，双方行动的动机越弱小——行动便越消极被动；行动越少，就越不需要指导原则。

这样，整个军事艺术就只剩下了小心翼翼，它的主要任务在于让漂移不定的均势不至于突然发生对自己不利的变化，让半真半假的战争不至于变成真正的战争。

战争是政治的一种工具

从开始到现在，我们始终在战争的性质与个人和社会团体的利益相对立的情况下对战争进行探讨，我们一会儿从这个方面进行探讨，一会儿从那个方面进行探讨，目的是不忽视这两个对立着的因素中的任何一个。

由于这种对立的根源存在于人的本身，所以，借助哲学的思考是不可能解决问题的。现在，我们要做的是，寻找这些矛盾着的因素在现实生活中由于部分地相互抵消而结成的统一体。如果说，无需明确地指出这些矛盾和分别考察各个不同的因素，那么我们从一开始就可以作这样的讨论：**战争仅仅是政治交往的一部分，而绝不是什么可以独立的东西**。

众所皆知，战争不过是由政府与政府、人民与人民之间的政治交往引起的。但是，人们却常常这样认为，好像战争一爆发，政治交往便宣告结束，局势就会出现一种只会受本身规律支配的完全不一样的状态。

可是，我们不这样认为。相反，我们认为，**战争无非是政治交往用另外一种手段来继续**。我们在这里用了"另外一种手段"是为了要指出，这种政治交往并不会因为战争而彻底中断，也不会因为战争变成另外一种完全不一样的状态。

此外，战争事件所遵循并受其约束的主要路线，只可能是贯穿于整个战争，直到媾和为止的政治交往的轮廓，难道我们还可以做其他的设想吗？

难道因为政治交往的中断，人民和政府之间的政治关系就荡然无存了吗？难道战争不是刚好表达了它们的思想的另一种文字和语言吗？很显然，战争有自己的语法，但却没有自己的逻辑。

所以，我们绝不能让战争脱离政治交往。如果抛开政治交往来谈战争，那么我们便会割断构成关系的一切线索，而得到一种毫无价值和毫无目的的东西。就算战争是彻底的战争（战争完全是因为敌对感情的不受约束发泄而产生），我们也要这样看问题。

因为所有那些作为战争的基础的和决定战争的主要方向的因素，如我们在前面所讲的：自己的力量、敌人的力量、双方的同盟者、双方的人民和政府的特点等，不也都具备政治交往的性质吗？它们不也都和整个政治交往紧密联系的吗？

现实战争并非像理论上的战争那般，是一种趋向于极端的努力，而是本身具有相互矛盾的不彻底的东西。这样的战争不太可能会受其本身的规律支配，我们只能将它当成另外一个整体的一部分，即政治。如果我们认真考虑这些问题，那么关于战争的探讨就更要像上面那样来看问题了。

政治在使用战争时，总是无视那些产生于战争性质的严密的结论，它很少考虑战争的最终可能性，它往往将最直接的概然性当作依据。如果一切行动因此而发生大量的不确定性，以至于战争变成了赌博，那么每个政府便想在这场赌博中，运用机智和敏锐的眼力打败敌人。

如此一来，政治将战争变成了一种纯粹的工具，将一把需要动用各种资源的可怕的战刀,变成一把轻便的剑,有时候甚至将它变成比赛用的剑,而政治却用这把剑交替地进行冲刺、虚刺与防刺。

如此一来,战争就让生性胆怯的人陷入矛盾而自行解决了,如果说能够将它当成是一种解决办法的话。

既然我们说战争从属于政治,那么它就应具有政治所具有的特性。政治越宏伟而有力,战争也应当越宏伟而有力,甚至可能会达到其绝对形态的高度。

因此,以这样的态度来看待战争,我们便不能忽视这种具有绝对形态的战争,相反,我们还应该经常将它列入考察范围。也只有这样,战争才是一个统一体;只有这样,我们才可以将所有战争当成同一类的事物;只有这样,我们在判断时才会有一个正确而恰当的立足点及观点,而这种立足点和观点正是我们制定和评价作战计划时的依据。

当然,政治因素无法深入地渗透到战争的每个细节部分,比如配置骑哨和派遣巡逻哨根本不需要以政治因素为依据。不过,它对制定整个战争计划和战局计划,甚至是制定会战计划,往往有决定性影响。

所以,我们并没有在刚开始便提出这个观点。因为在我们研究个别问题时,它不仅对我们的研究没有多大作用,反而会在某种程度上让我们分散注意力。但是,在制定战争计划和战局计划时,这个观点却是不可或缺的。

一般而言,在生活中,最重要的事情在于准确地找出理解和判断事物所必须依据的观点并坚持这一观点。因为只有从某个观点出发,我们才能对数不胜数的现象有统一的理解,而且也只有前后一致的观点,我们才不会陷入矛盾之中。

既然我们说,制定战争计划是不能有两个或者更多的观点,比如,一会儿根据军人的观点,一会儿根据行政首脑的观点,一会儿又根据政治家的观点等。那么,问题来了:其他一切都必须服从的是否必然就是政治呢?

在这里,我们要作下声明,政治本身集中与协调内政的一切利益,也集中和协调个人的一切利益和哲学思考所能提出的一切其他利益。因为政治本身是这一切利益的代表。

至于政治有时候会出现错误,比如会主要为统治者的野心、私利和虚荣服务,但这不是我们在这里要讨论的问题,因为军事艺术不管在什么样的情况下都无法作为政治的导师。所以,我们在这里只将政治当成整个社会的一切利益的代表。

解决了讨论的前提条件,接下来就只有一个问题了:在制订战争计划时,是政治观点让位于纯粹的军事观点(如果这种观点可以想象的话),即政治观点完全地消失或从属于纯粹的军事观点,还是政治观点仍是主导,而军事观点从属于它?

几乎可以断定的是,只有在战争是纯粹因敌对感情引起的殊死斗争的情况下,我们才能假设政治观点会随着战争的爆发而消失。这样一来,正如我们在前文说过的,现实战争不过是政治本身的表现。

让政治观点从属于军事观点是荒谬的,因为战争是在政治中产生的。政治是头脑,战争只是工具,二者不可能反过来。所以,军事观点必然从属于政治观点。

现在我们仔细想想现实战争的性质,回顾一下我们之前说过的,即每次应当先根据由政治因素和政治关系产生的战争的特点和主要轮廓的概然性来认识每次战争，并且我们要将战争当成一个由各部分紧密相连、不可分割的有机整体。换句话说，每个部分的活动一定要集中到整体中去，并从整体这个观念出发。

如果我们这样做了，那么我们便会发现，政治观点是确定战争主要路线和指导战争的最高观点。

如果我们从这个观点出发去制订战争计划，那么我们对它的理解和评价会趋于容易与合乎情理，它的说服力也比较强，它所依据的理由就较为充分，历史也相对容易理解。

从这个观点出发考虑问题，我们会发现，政治利益和军事利益二者之间的冲突就至少不再取决于事物的性质。所以，一旦出现这种冲突，我们只能将其归咎于人的认识能力不完善的缘故。

倘若政治向战争提出战争所不能实现的要求，那么它就违背了政治应该了解它想使用的工具这个前提，即违背了一个应有而必不可少的前提。如果政治能正确地判断战争事件的进程，那么，确定什么样的战争事件等，是与战争目标相适应的，则全都是而且只能是政治的事情。

简而言之，**军事艺术在它最高的领域内就变成了政治，不过，它不是书写外交文书的政治，而是打仗的政治。**

根据这个观点，对一个大规模的战争事件或者它的计划进行纯军事的评价是不可行的，甚至是有害的。在制订战争计划时，政府向军人咨询，正如有些政府常做的那样，让军人单纯地从军事角度来判断，那确实是愚蠢的举动。

有些理论家竟然要求将所有的战争手段交给统帅，让统帅依据手段制订一份纯军事的战争计划或者战局计划，这不过是更加愚蠢的举动罢了。

现实的经验告诉我们，尽管今天的军事非常复杂，并有了跨越式的发展，但是战争最终是由政府决定的。用专业术语来讲，那便是，军事是由政治当局而非军事当局决定的。

这都是事物的性质决定的。对政治关系没有透彻了解的人是无法制订出战争所需要的主要计划来的。

在人们大喊政治对作战产生有害影响时，事实上，他们所说的并非他们所要表达的，他们真实的意思并不是说政治对作战的影响，而是政治本身出了问题。因为如果政治是对的，即政治同它的目标是一致的，那么政治对于战争只会产生有利的影响。如果政治的这种影响与目标不相吻合，那么我们只能在政治的错误中去寻找原因。

只有当政治期望从某些战争手段和措施中获得与其性质不一致因而不可能得到的效果时，政治才可能通过它的决定对战争产生有害的影响。就像一个人用非常不熟练的语言，有时候并不能真正表达自己的思想一样，政治也常常会作出不符合自己本来意图的决定。

由于这种情况屡见不鲜，人们便觉得，在进行政治交往时务必对军事有一定程度的了解。

不过，在我们继续探讨之前，我们须特别注意一点：我们决不认为，在君主本人没有手握内阁大权时，一个埋头于公文的国防大臣，或者学富五车的军事工程师，或者骁勇善战的军人就会成为首屈一指的首相。换句话说，我们绝对不认为，首相一定要深谙军事。事实上，出众的头脑、坚强的性格才是首相理应具备的主要素质，至于军事常识，首相完全可以通过不同的方式很好地得到弥补。以法国为例，贝利耳兄弟与舒瓦瑟耳公爵都是优秀的军人，但是他们在当首相时，法国的政治活动却极为糟糕。

如果要让战争和政治意图完全一致，让政治完全和战争手段相适应，如果说没有既是政治家又是军事家的统帅，那么只有一个办法可以做到：让最高统帅成为内阁的成员之一，以便内阁能够随时参与统帅的主要活动。

但是，实际上这种情况很少出现，它只会当内阁在战场附近且无需花费很多时间便能决定各种事情时才有可能出现。1809年奥地利皇帝这样做了，1813年、1814年和1815年反法联盟的各国君主这样做了。事实证明，这种做法颇有效果。

在内阁中，除了最高统帅的影响可能对局势有好处外，其他军人的影响会导致危险的出现，这种影响几乎不能导致健康而有力的行动。法国的卡诺于1793年、1794年和1795年从巴黎指挥作战的例子在这里并不适用，因为只有革命政府才会执行恐怖政策。

现在我们想以历史的考察来结束本章。

18世纪90年代，欧洲的军事艺术出现了一种惊人的变革。因为这种变革的出现，许多优秀的军队战术成为历史，同时，人们从战争中获得了一些过去无法想象的规模巨大的成就。于是，人们似乎将这一切错误的计算都算在了军事艺术的头上。

很明显，在过去，人们始终将军事艺术局限在概念的小圈子里。现在，超出这个圈子却又符合事物性质的可能性让它感到意外而手足无措。

有些人将这种现象归咎于数个世纪以来政治对军事艺术所产生的非常不利的普遍影响，这种影响让军事艺术变成一种很不彻底的东西，常常变成一种十足的耍花招的艺术。事实也是如此。不过，如果只将这种情况当成偶然发生的和可避免的，那也是错误的。

有些人认为，这一切都可以从奥地利、普鲁士、英国等个别国家的政治所引起的暂时的影响中得到解释。不过，人们感到手足无措的原因真的是在军事范围内而不在政治本身吗？这种不幸到底是在政治对战争的影响中产生，还是在错误的政治中产生？我们以法国大革命为例子作进一步说明。

法国革命之所以对外产生了巨大影响，与其说是由于作战手段新颖和新观点引起的，倒不如说是与过去截然不同的国策和内政、政府的特点与人民的状况等引起的。

其他国家不能够正确地认识这点，以至于它们企图用过去常用的手段跟新的压倒一切的力量相抗衡，这都是政治的错。

如果人们单纯地从军事的观点来看待战争，是否能够认识和改正上述错误呢？如果真的有一位有哲学头脑的战略家，他能仅仅依据敌对因素的性质就推论出一切结果，并意图根据这一切结果来推断未来，那么他的做法是不会有任何结果可言的。

事实上，只有在政治能够正确判断法国的觉醒力量和欧洲政治中新产生的关系时，政治才有可能预测到战争的具体情况在这种情况下是如何的。此外，只有这样，它才能确定必须使用的方法的范围和选择使用手段的最好的途径。

所以，我们可以说，法国革命获得了20年的胜利，主要原因是反对法国大革命的各国政府在政治上犯错误的结果。

当然，遗憾的是，这些错误是在战争期间才暴露出来，并在战争中出现了跟政府所预定的目标相背道而驰的现象。不过，之所以发生这种情况，并不是因为政治当局没有咨询军事当局。

事实上，政治家当时所信赖的军事艺术不过是他那个世界的军事艺术，它从属于正式的军事艺术，是政治始终将它当成非常熟悉的工具来使用的军事艺术。我们认为像这样的军事艺术，自然同政治有同样的错误，它是不能够纠正政治的错误的。

的确，战争本身发生了许多重大的变化，以至于它更趋向于绝对形态。不过，这些变化并不是因法国政府已经摆脱了政治的束缚而产生的，而是法国大革命引发法国和全欧洲的政治变革而产生的。

发生过剧变的政治对军事艺术产生了重大影响，提供了完全不同的手段和力量，因而使战争产生了在其他的情况下不可想象的威力。

所以，就连军事艺术的实际变革也是政治改变的结果，这些变革不但远远无法证明二者是可以分割的，反而非常有力地证明了二者是紧密结合的。

我们再强调一遍：战争是政治的工具；战争不可避免地具有政治的特性，它一定是用政治的尺度来详加考察的。所以，战争就其主要方面来说正是政治本身，政治在这里以剑代笔，但却并不因此就不再按照自己的规律去进行思考了。

第七章　有限目标的进攻战

就算在不能以击垮敌人为目标的情况下，战争依旧有一个直接的积极目标。当然，这种积极目标只能是占领敌国的一部分领土。

这种积极目标能带来这样的好处：首先，它会削弱敌国的国家力量，削弱它的军事力量；其次，它能增强我方的国家力量和军事力量；再次，它可以将我方进行战争的负担转嫁给敌人；最后，在签订和约时，我方可以将占领区当成一种纯利，我们可以占有这些地区，或者拿它作为交换物。

占领敌国领土是非常合理的，如果不是进攻后一定会出现的防御状态通常让进攻方焦虑不安的话，这种观点本身是不会自相矛盾的。这点我们在《关于胜利的顶点》一章中已经作了详细的论述。

我方的军事力量因为占领敌人的领土而遭到的削弱在程度上是不一样的，至于削弱的程度如何，主要依据我方所占领地区的地理位置。如果这些占领区越是能作为我方国土的补充部分，即它被我方国土包围或者与我方国土相毗邻，越是处于我方主力的方向上，我方军事力量的削弱就越轻。以七年战争为例，在七年战争中，萨克森是普鲁士战区的一个自然的补充部分，因此，腓特烈大帝的军队在攻占这个地区后，他的军事力量非但没有受到严重的削弱，反而得到了增强。究其原因在于，萨克森距离西里西亚比距离马克还要近，此外，它还可以掩护马克。甚至1740年和1741年腓特烈大帝一度占领的西里西亚情况也是如此，腓特烈大帝的军事力量并没有遭到削弱，因为从它的地形、位置及边界的状况来看，西里西亚这个地区在奥地利尚未占领萨克森之前，它不过是奥地利一个狭窄的突出部分，而且它还处于两国主力进行主要打击的方向上。

如果占领区位于敌国的其他各地区的中间，位置僻远且地形对我方极其不利，那么它将对我方的军事力量造成明显的削弱，而敌人将容易获得会战的胜利，甚至完全不战而胜。

当奥地利军队从意大利进入普罗凡斯时，总是不经过会战就被迫撤军。法国军队也是这样，他们在1744年没有打败仗就撤出波希米亚。1745年，腓特烈大帝虽然在西里西亚及萨克森打过胜仗，但他在1758年用同一支军队却未能守住波希米亚和摩拉维亚。

一句话，占领区让军事力量受到削弱而造成军队无法守住占领区的例子比比皆是，所以我们没必要再举其他的例子了。

所以，能否将占领敌国领土作为目标，主要依据有无守住这个地区的可能，或者暂时占领所获得的成果是否足以抵偿为此而付出的代价，尤其是是否会因此而遭到敌人的猛烈还击而完全失去平衡。

至于在每个具体的场合决定这个问题时需要考虑哪些问题，我们已在前文讨论过了，现在我们只进行一个简单的补充说明。事实上，这样的进攻行动并不总是能够抵偿在其他地方所遭受的损失。

在我们施行攻占敌人的部分国土的计划时，可能敌人也正在施行攻占我方国土的计划，而且除非我方的行动具有重大的意义，否则敌人不会改变计划，停止行动。所以，在采取这样的行动时务必考虑到，我方进行这种行动所获得的成果是否会超过我方遭到的损失。

就算两个地区的价值相同，敌人攻占我方某个地区给我们造成的损失往往会超过我方攻占敌人某个地区所获得的利益，因为攻占敌人的地区会让许多力量变成冷火而不能发挥作用。不过，这点也适用于敌人。

所以，这点原本是不应该成为重视自己地区及轻视占领敌人地区的理由。然而，实际上，它却是这样的理由——保持自己的地区和自己的关系往往更密切些，而且只有在对敌区作战能够获得大的利益时，对敌报复才能够消除或者在某种程度上抵消自己国家所遭受的巨大损失。

综上所述，与以敌国的重心为目标的进攻相比，这种有限目标的战略进攻对于不在进攻直接掩护下的其他地点来说不得不进行防御。所以，它也绝不可能像在以敌国的重心为目标的进攻中那样，可以在时间和空间上集中优势兵力。

就算只打算在时间上集中兵力，也只能在所有适于这样做的地点同时进攻。如此一来，部分地区本来可以用较少兵力进行防御所获得的利益便消失了。所以，存在于这种有限目标的进攻战中的一切即没有了轻重之分，所有军事行动无法集中成为在一个主要的计划指导下的主要行动，整个军事行动将更加分散，阻力随处可见，战争的偶然性便急剧增加。

这是事物的自然趋势。这种趋势影响着统帅，让他越来越失去作用。一般而言，如果统帅越自信，越有力量，他就越能想尽办法摆脱这种趋势，力求让某个地点都具备特别重要的意义，就算这么做会冒很大的风险也在所不惜。

第八章　有限目标的防御战

我们在前面说过，防御战的最终目标，绝不可能是绝对消极的。即使是力量最弱小的防御方，也肯定会拥有能够影响敌人与威胁敌人的某种手段。

可以说，疲惫敌人就是防御战的目标。既然进攻方追求的是积极的目标，那么进攻方任何一个不成功的军事行动，就算除了兵力损耗外丝毫没有其他损失也应该是后退，而防御方所受到的损失却并非一无是处，因为防御方实现了据守的目标。

这样一来，人们似乎可以这样说，防御方的积极目标就是纯粹的据守。

如果人们能够肯定，进攻方在经过多次进攻却一无所获后一定会深感疲惫并放弃进攻，那么这种说法或许是正确的。然而，事实上，进攻方并不会这样做。这点从兵力消耗上看就可以一目了然。

从总的对比上看，防御方处于不利的地位。我们常说的进攻会受到削弱，只是从可能出现转折点的意义上来说的。在完全不会出现这种转折点的情况下，防御所受到的削弱比进攻方所遭到的削弱要大得多，这有两方面的原因：一是防御方是较为弱小的一方，就算双方损失相同，相对地说，防御方的损失也要比进攻方大；二是，进攻方往往会攻占防御方的部分国土与补给基地。

可见，进攻方会放弃进攻的想法是毫无根据的，如果进攻方持续不断地进攻，而防御方除了抵御外不采取任何其他行动，防御方就不能阻止对方的进攻，进攻迟早会获得成功。

因此，就算在现实生活中，因为强者力量的枯竭，或者更确切地说，因为强者的疲惫而导致了媾和，那也是战争在大多数场合具有的不彻底性所造成的。在理论上，我们不能将它当成这种防御的最终目标。

如此一来，这种防御只好从等待的概念中寻找它的目标了，而等待则包括情况的变化、处境的改善。在处境压根儿不能通过抵抗本身来改善时，就只能期待外力来改善了。

我们所说的通过外力来改善，指的是政治关系的改变。这要么是防御方结交了新盟友，要么是原来反对他的同盟开始瓦解。

在防御方军事力量弱小而无法进行任何猛烈的还击时，等待就成为目标。不过，按照防御的概念来看，这种防御并不是每次都会出现。根据我们的概念，防御是较强的作战形式，所以，在有可能以强烈程度不同的还击作为目标时，人们完全可以采取防御。

我们一定要在刚开始论述时就将这两种情况分开，因为它们会对防御产生不同的影响。在第一种情况下，防御方会尽其所能，长期占有并保持自己的国土完整。因为这样做能够为防御方争取最多的时间，而赢得时间是其实现目标的唯一途径。

在大多数情况下，防御方也能达到积极的目标，而且这些做法能够为其在媾和时提供强有力的支持。只不过，防御方还不能将积极目标纳入战争计划之中。

在战略上处于被动状态时，防御方在某些地方可能获得的利益仅仅是抵挡住进攻方的进攻。而且，就算它在这些地方获得了优势，它也一定要将其转用到其他地方去。因为，处于这种被动状态下，各个地方的情况往往都是非常紧急的。如果说，它连这样做的机会都没有，那么它常常只能取得暂时喘息的机会。

在防御的目标和实质不变的情况下，如果防御方的军事力量并不太过弱小，它完全可以采取一些规模较小的进攻行动，比如入侵、牵制性进攻、进攻个别的要塞等，不过，这些进攻的主要目的并非永久的占领，而是获得了暂时的利益来弥补以后的损失。

但是，在第二种情况下，防御中含有积极的意图——防御具有较多的积极的性质，而且各种条件越是允许它进行猛烈的还击，防御所具备的积极的性质就越多。换句话说，防御方越主动采取防御，以为将来能对进攻方进行有利还击，那么防御方给敌人设置的圈套便越大胆。当然，最大胆且成功效果最大化的圈套便是命令军队向本国腹地撤退。这是与上一种防御方法差异最大的一种手段。我们以七年战争中腓特烈大帝和俄国在1812年所处的不同情况作为例子作下简要说明。

战争初期，由于腓特烈大帝已做好了战争准备，他便具备了某种优势。这种优势为他攻占萨克森创造了有利条件，而由于萨克森是其战区的一个非常自然的补充部分，所以它并未削弱腓特烈大帝的军事力量，反而增强了他的军事力量。

在1757年战局开始时，腓特烈大帝曾想继续进行战略进攻。这在俄国人与法国人到达西里西亚、萨克森和马克战区之前是可能的。但是，腓特烈大帝的这次进攻失败了，他只能在战局后期采取防御，将军队从波希米亚撤出，从敌军手中夺回自己的战区。当时，他是用同一支军队先向奥地利发起进攻再夺回自己的战区的，而这样的优势是防御为他提供的。

1758年，敌军已经缩小包围圈，而腓特烈大帝的兵力比敌人弱小，但是，他还是在摩拉维亚发动一次小规模的进攻。他想在敌军尚未准备好进攻前攻占阿里木次，不过，他并非要长期占领这个地方，也不是要将它当成继续前进的基地，而是想要将它当成对付奥地利的堡垒，并作为反击时的营地。

这样做不但能够迫使奥地利集中兵力收复该地区，甚至还能够迫使它不得不为此进行第二次战斗。不过，腓特烈的军事行动失败了，于是他便放弃再度发动进攻的想法。因为，他明显地感觉到敌我兵力对比的巨大差距。

他最后将兵力集中在萨克森和西里西亚，试图用作战线较短这个条件为受到威胁的地点突然增加兵力，如果会战不可避免，他就参加会战，如果有机会便进行小规模入侵，然后静静地等待有利时机的到来。

这是腓特烈大帝的作战计划。从整个计划上看，腓特烈大帝的目标越来越消极。因为他已经发现，与其付出高昂的代价来获取可能的胜利，倒不如力求付出较少的代价来应付局势。

对他而言，这个时候时间是最为宝贵的，保持原来占有的地方是最为重要的。他越来越重视土地，甚至冒着危险进行真正的单线式防御（亨利亲王于萨克森的配置和国王自己在西里西亚山区的配置都可说是单线式防御）。我们在他给达尔然斯侯爵的信中可以看到他盼望冬营的迫切心情，以及当他的军事力量没有受到重大损失就进入了冬营时的快乐心情。

对此，我们认为，单纯从这方面来责难腓特烈大帝，只看到他的勇气减弱，是无法作出客观判断的。

以我们现在的眼光来看，崩策耳维茨营垒、亨利亲王在萨克森的阵地与腓特烈大帝在西里西亚山区的阵地，早已不是可以依托最后希望的手段，像拿破仑这样的伟大统帅很快便冲破这样的阵地。不过，我们也要注意，这是因为时代发生了变化，战争已经不同以往了，它是由一些不同于以前的力量进行的。当时发挥作用的阵地如今已经不再起作用了，同时，现在人们还要考虑敌人的敌人，而在当时，就连腓特烈大帝自己也认为对付敌国军队、道恩和布图尔林这些人的手段并非什么高超的手段，却也是最高的智慧了。

结果证明这种看法是对的。腓特烈大帝通过等待实现了自己的目标，并且让自己的军事力量避免与敌人激战而元气大伤的危险。

1812年战局开始时，跟腓特烈大帝在七年战争中同敌人的兵力相比，俄国人和法国人的兵力对比更加不利。但是，俄国人却在战局进展过程中极大地增强了自己的兵力。

对拿破仑而言，整个欧洲在暗中都是他的敌人，他的力量已经发挥到了极致。西班牙战事让他心慌意乱，而幅员辽阔的俄国让俄军能够向本国腹地撤退，以最大限度地削弱拿破仑的军队。在这样的情况下，只要法国的行动（亚历山大皇帝不媾和或他的臣民不叛变，法国的进攻又怎么会成功呢？）不顺利，那么俄军就有可能发动猛烈的反攻，这种攻击可能造成拿破仑的覆灭。

由此可见，就算是高超的智慧，恐怕也难以提出和俄国人无意执行的战争计划相提并论的计划来。

在当时，虽然人们并没有明确提出这样的战争计划，甚至可能认为该计划是荒谬的，不过，这不能成为我们现在将它提出来并作为正确的东西的理由。

倘若我们想从历史中吸取教训，那么一定要将已经发生过的事情当成是将来也可能发生的事情。此外，拿破仑向莫斯科进军后所发生的一切重大事件，并非全是偶然事件，这点是不言而喻的。

如果俄国人能够勉强地在国境线进行防御，那么法国力量的衰弱和对俄国有利的变化尽管依旧可能出现，但是这种变化肯定不如后来的那样强而有力，那样具有重大意义。

俄国获得的这个巨大胜利是用牺牲和冒险换来的（当然，这种牺牲和冒险对其他任何国家来说都是太大了，对于大多数国家来说是不可能做到的）。

由此可见，人们如果仅仅以单纯的等待为战争目标是无法获得巨大的积极成果的，而只有永远以决战为战争目标，才能取得累累硕果。简单地说，就算是防御战，也只有下了大赌注才有可能获得更大的好处。

后记
POSTSCRIFT

　　历经两年多的艰辛操作，"战争论"丛书终于付梓出版发行了。我们当初提出这套选题，目的就是在当前国际形势日趋复杂的情况下，深感有必要在未雨绸缪之际，通过精选古今中外（尤其是国外的）军事名著，加以聚合编辑出版，成套系、整体性推出，一方面满足广大军事迷的阅读需要，另一方面为普通大众的军事素养提高、国防意识培育做出点贡献。在世界丛林中的狼烟骤起时，我们必须做到有备而无患。在国际风云变幻莫测、战争的危险丝毫未减甚至可以嗅到战争的烟火味时，作为嗜好和平的中国人，有必要具备必要的军事素养，以求在危机来临时刻保卫自己。与此同时，这套经典军事名著，也适合广大现役、退役以及预备役军人学习。

　　作为一部囊括了蒋百里《国防论》、马汉《海权论》、杜黑《制空权》、马汉《海军战略论》、克劳塞维茨《战争论》、若米尼《战争艺术概论》、弗龙蒂努斯《谋略》、米切尔《空中国防论》、韦格蒂乌斯《兵法简述》、鲁登道夫《总体战》等经典名著的大型军事丛书，从读者调查、市场摸底、资料搜集、材料分析、选题提出、选题立项、精选书目、翻译改编、编辑校对、内容审查、学术考证、核查定稿、装帧设计、印制发行等，在每一个环节中，参与该项目的人员都付出了巨大心血，我们在此一并表示感谢。我们由衷地感谢华中科技大学出版社各位领导、编辑，以及耿振达、陈雪、程效、甘梦竹、贾琦、齐芳、王晓黎、吴玲、徐冰莹、张亮、赵英媛、赵梓伊、宋毅、唐恭权、李传燕、魏止戈、温锦婷、王静、顾凤娟、曹锦林、曹燕兰、李玉华、宋国胜、李家训、薛莹、胡滨、李巍、景迷霞、查攸吟、周静、刘啸虎、肖倩、许天成、王顺君、褚以炜、杨志民、陈杰、马千、常在、李楠、张子平、张捷闻、翁伟力、吴田甜、王钻忠、孟驰、陈翔、张宏轩、李湖光、傅仰哲等等人员。

需要说明的是，《战争论》虽然是军事经典著作，但是其内容不可避免有其时代局限性。出于这样的考虑，也为了让读者更好地掌握《战争论》的主要思想精华，我们特地从《战争论》中精选内容，主要是第一、第二、第六篇和第七、第八篇中的部分内容，总字数约20万字，编成此书，以飨读者。

因时间紧、水平有限，整套"战争论"丛书中难免有疏漏之处。在此，恳请广大读者批评指正。我们在此表示由衷的谢意。